erleben & lernen

Band 13
Herausgegeben von
Prof. em. Dr. Michael Jagenlauf, Helmut-Schmidt-Universität, Hamburg
Prof. Dr. Werner Michl, Georg-Simon-Ohm-Fachhochschule, Nürnberg

Walter Fürst

Gruppe Erleben

Soziales Lernen in der erlebnispädagogischen Gruppe

Mit 12 Abbildungen und 5 Tabellen

Ernst Reinhardt Verlag München Basel

Walter Fürst, Würzburg, ist Dipl.-Sozialpädagoge und Heilpädagoge mit Weiterbildungen in Gruppendynamik, systemischer Familientherapie sowie körperpsychotherapeutischen Ansätzen. Er leitet seit vielen Jahren erlebnispädagogische Gruppen.

Cover unter Verwendung eines Fotos von Walter Fürst

Bibliografische Information der Deutschen Nationalbibliothek

Die Deutsche Nationalbibliothek verzeichnet diese Publikation
in der Deutschen Nationalbibliografie; detaillierte bibliografische Daten
sind im Internet über <http://dnb.d-nb.de> abrufbar.
ISBN 978-3-497-02094-2
ISSN 1612-8966

© 2009 by Ernst Reinhardt, GmbH & Co KG, Verlag, München

Printed in Germany
Reihenkonzeption Umschlag: Oliver Linke, Augsburg
Satz: Fotosatz Reinhard Amann, Aichstetten
Druck und Bindung: Friedrich Pustet, Regensburg

Ernst Reinhardt Verlag, Kemnatenstr. 46, D-80639 München
Net: www.reinhardt-verlag.de E-Mail: info@reinhardt-verlag.de

Inhalt

1 Einführung

„Gruppe erleben" richtet sich an alle, die im Bereich der ambulanten, stationären und teilstationären Jugend- und Behindertenhilfe erlebnispädagogische Gruppen mit verhaltensauffälligen Jugendlichen durchführen. Auch in sonstigen Bereichen sozialer Gruppenarbeit und Gruppentherapie kann dieses Konzept zu einer differenzierteren Praxis beitragen, die sich an den Entwicklungszielen der Jugendlichen orientiert. Mit Konzept ist hier nicht ein Modell gemeint, das man kopieren kann. Seine unterschiedlichen Perspektiven sollen vielmehr zur Kreativität anregen, eigene Gruppen entsprechend ihrem jeweiligen Kontext zu gestalten.

Die meisten erlebnispädagogischen Projekte nutzen natursportliche Aktivitäten wie Klettern, Höhlenbegehungen, Problemlöseaufgaben. Dabei bietet jede dieser Aktivitäten ein eigenes Wirkungs- und Anforderungsprofil, spezielle Lern- und Erfahrungsmöglichkeiten sowie unterschiedliche Planungs- und Mitbestimmungsmöglichkeiten(Heckmair/Michl 2008, 192).

Was aber trägt die Gruppe, betrachtet man sie als eigenes erlebnispädagogisches Handlungsfeld, wie etwa Klettern, dazu bei? Ist sie nur eine Voraussetzung, damit ein Projekt überhaupt möglich wird, oder können die Beziehungsprozesse in Gruppen noch qualitativ andere Lern- und Erfahrungsfelder erschließen? Erlebnispädagogische Handlungsfelder können so gestaltet werden, dass sie die Wechselwirkungen zwischen physischen Aktivitäten und den dabei ablaufenden psychosozialen Prozessen planmäßig nutzen.

Entscheidend ist dabei, ein Setting zu strukturieren, in dem psychosoziale Themen zwischen den Gruppenteilnehmern als unvermeidbare, existenzielle Herausforderungen entstehen und konstruktive Lösungen evoziert werden. Dies wird durch eine, an den Entwicklungszielen der jeweiligen Gruppenmitglieder orientierte, Strukturierung erlebnispädagogischer Aktivitäten und die praktische Anwendung gruppenpädagogischer, gruppentherapeutischer und gruppendynamischer Konzepte bewirkt. Wo „der Berg nicht für sich selbst spricht", können heilpädagogisch und therapeutisch fundierte Interventionen dazu beitragen, dass Erlebnisse zu einer Realitätsprüfung und damit zu einer Erweiterung bzw. Korrektur bisheriger Überzeugungen und Verhaltensstrategien führen. Dieses Buch will Praktikern Anregungen geben:

- wie sie erlebnispädagogische Handlungsfelder so gestalten können, dass sie nicht nur allgemein persönlichkeitsbildende Wirkungen haben, sondern günstige Voraussetzungen für die Bewältigung bestimmter individueller Entwicklungsaufgaben der Gruppenteilnehmer schaffen,
- wie sie Einzelne oder die Gesamtgruppe durch gezielte, heilpädagogisch begründete Interventionen bei der Bewältigung dieser Entwicklungsaufgaben unterstützen können,
- wie mit Jugendlichen in einem handlungsorientierten Beratungsprozess vor Gruppenbeginn eine gemeinsame Basis für individuelle Lernprozesse geschaffen werden kann,
- wie Gruppenleiter und Gruppenleiterinnen ihre verschiedenen Leitungsaufgaben im Rahmen eines kooperativen Teams wirkungsvoll unter einen Hut bringen können,
- wie Gruppenprozesse erfasst und genutzt werden können, um in der Gruppe ein positives Lernklima zu schaffen und Einzelnen individuell wichtige Erfahrungen zu ermöglichen.

Im Jahr 1992 erschien die erste Ausgabe von „Die Erlebnisgruppe. Ein heilpädagogisches Konzept sozialen Lernens", das von vielen Praktikern als Grundlage bei der Planung und Durchführung erlebnispädagogischer Gruppen genutzt wurde. In der vorliegenden, vollkommen überarbeiteten Neuauflage wurden einige inzwischen weniger bedeutende Inhalte gekürzt, dafür Weiterentwicklungen und Ausdifferenzierungen dieses Konzeptes hinzugenommen, insbesondere Aspekte aus systemisch lösungsorientierten Ansätzen. Erfahrungen im Rahmen ganz unterschiedlicher erlebnispädagogischer Projekte mit Jugendlichen, Kindern und Familien (Schuh/Fürst 2003, Teske/Fürst 2003, Fürst 2005, Fürst 2006, Fürst 2007) setzten neue Akzente.

Die Inhalte der einzelnen Kapitel bauen aufeinander auf. Zunächst werden allgemeine Grundlagen besprochen, deren praktische Umsetzung in den folgenden Kapiteln konkretisiert wird. Was hier nicht angeboten wird, sind „hard skills" wie Anleitungen für natursportliche Aktivitäten, etwa wie man sich in freier Natur bewegt und ernährt, Unterstände baut oder Erste Hilfe leistet. Dafür stehen bereits genügend praxiserprobte Veröffentlichungen zur Verfügung.

In Kapitel 2 sind die Komponenten beschrieben, die ein erlebnispädagogisches Handlungsfeld im oben beschriebenen Sinn ausmachen.

Kapitel 3 und 4 befassen sich mit zwei nahe beieinander liegenden Themen: Wie können Körpererfahrungen bei Gruppenteilnehmern nicht nur dazu beitragen, motorisch sicherer und geschickter zu werden, sondern auch dazu, Einstellungen und Überzeugungen positiv zu verändern? In Kapitel 4 werden verschiedene Aspekte von Grenzerfahrungen unter die Lupe genommen und sowohl deren unterschiedliches Lernpotenzial aufgezeigt, als auch damit verbundene Anregungen gegeben wie Gruppenleiter dieses für die Teilnehmenden optimieren können.

Kapitel 5 beschäftigt sich damit, was es heißt, eine Gruppe als erlebnispädagogisches Erfahrungsfeld zu gestalten. Im Mittelpunkt stehen dabei die Entwicklung eines sozialen Mikrokosmos und die Bedeutung der Selbstorganisation der Gruppenaktivitäten durch die Teilnehmer.

Kapitel 6 gibt in Anlehnung an die Kapitel 2 bis 5 praktische Anregungen zum Gestalten von geeigneten Rahmenbedingungen für erlebnispädagogische Projekte.

Im Kapitel 7 geht es um die speziellen Aspekte von Gruppenleitung, welche sich aus der Eigenart erlebnispädagogischer Handlungsfelder ergeben.

Eine Gruppe beginnt bereits bei den Vorgesprächen zur Teilnahme mit den Jugendlichen. Systemische Hypnotherapeuten sagen: Das erfolgreiche Erarbeiten von angemessenen Zielen mit den Gruppenmitgliedern ist schon die halbe Therapie. Diesen Gedanken verfolgt Kapitel 8.

Kapitel 9 setzt sich mit dem Beziehungsgeschehen in erlebnispädagogischen Gruppen auseinander, mit den für diese Gruppenform typischen Prozessen und wie sie zielorientiert für Lernerfahrungen genutzt werden können.

Das letzte Kapitel bietet Modelle an, die in Verbindung mit den vorher beschriebenen Perspektiven die Grundlage für das Verständnis von psychosozialen Prozessen und die Ableitung von hilfreichen Interventionen sind.

Aus Gründen der leichteren Lesbarkeit habe ich mich entschieden, statt weibliche und männliche Formen für „Leiter", „Leiterin", „Teilnehmer", „Teilnehmerin" usw. nur die männliche Form zu verwenden. Mit Gruppenleiter z. B. sind also Frauen wie Männer gemeint. Der Begriff pädagogische, also auch erlebnispädagogische „Medien" ist für manche zunächst fremd und erinnert an Handy, Playstation, Overhead etc. Da die Aktivitäten, die in der Erlebnispädagogik zum Einsatz kommen, inzwischen so vielfältig sind und keineswegs nur noch aus den Natursportarten kommen, halte ich den Oberbegriff „erlebnispädagogisches Medium" aber für angemessener als komplizierte Umschreibungen.

Danke sagen möchte ich vor allem Prof. Werner Michl, der mich immer wieder ermutigt hat, die erste Ausgabe zu überarbeiten, meinen Kolleginnen und Kollegen sowie den Leitungen im Überregionalen Beratungs- und Behandlungszentrum Würzburg (Sozialdienst kath. Frauen), die mich unterstützt haben, dieses Konzept zu entwickeln, meiner Familie, die meine häufigen dienstlichen Abwesenheitszeiten mitgetragen hat und schließlich meinem Sohn Ulrich und meinem Freund Günther Riecke, die mir mit ihren Kenntnissen in Datenverarbeitung hilfreich zur Seite gestanden sind.

2 Grundbedingungen eines erlebnispädagogischen Handlungsfeldes

Die heilpädagogische Wirkung einer erlebnispädagogischen Gruppe gründet nicht in erster Linie auf den abenteuerlichen Erlebnisfeldern selbst, sondern in der spezifischen Weise, in der sie gezielt gestaltet und genutzt werden. Wanderlager, Kajakfahrten, Radtouren, Höhlenbegehungen usw., all diese Aktivitäten können geeignete erlebnispädagogische Medien sein. Auch Freizeiten mit selbst organisierten Programmen, Zirkusprojekte, Aktionen mit Jugendlichen zur Schaffung eigener Lebensräume oder stadtorientierte City-Bound-Kurse (Crowther 2005) können dazugehören. Schließlich liegen den Konzepten mancher Alternativprojekte zur Heimerziehung und manchen Jugendwohngruppen erlebnispädagogische Gedanken zugrunde.

Ein Großteil dieser Betätigungen wird auch von Sportvereinen und der Freizeitindustrie angeboten. Teilweise gehören sie zur militärischen Ausbildung. Inwieweit sind diese Aktivitäten also erlebnispädagogisch? Es ist wohl unbestreitbar, dass eine Skitourenwoche, auch wenn sie von der Vollpension bis zur Gipfelgarantie restlos durchorganisiert ist, mehr persönlichen Einsatz verlangt und möglicherweise auch einiges zur Persönlichkeitsentwicklung beiträgt, als eine Woche Badeurlaub am Mittelmeer. Dies ist jedoch noch nicht hinreichend, um im Sinn einer erlebnispädagogischen Gruppe reifungsfördernde Bedingungen für Jugendliche mit Entwicklungsschwierigkeiten zu bieten. Das körperlich anstrengende Unterwegssein im Hochgebirge und die entsprechenden Erfolgserlebnisse erfüllen zwar einige erlebnispädagogische Grundbedingungen, für sich allein genommen reichen sie jedoch nicht aus. Es kommt vielmehr darauf an, ob der gesamte Ablauf des Projektes so strukturiert ist, dass für den Einzelnen existenzielle Erfahrungen ermöglicht werden, die mit seinem Alltag so im Zusammenhang stehen, dass sie dort zu positiv veränderten Einstellungen und Handlungen führen können. Die Gestaltung – und dazu zählt auch die Organisation – eines erlebnispädagogischen Settings kann also nicht allein von den Natursportarten ausgehend erfolgen: Es ist vielmehr ein nach relevanten erlebnis- und heilpädagogischen Gesichtspunkten strukturiertes „Handlungsfeld Gruppe" notwendig, das in Verbindung mit geeigneten natursportlichen Medien die Wirkfaktoren einer erlebnispädagogischen Gruppe möglichst effektiv zur Geltung bringt. Dabei geben die individuellen Entwicklungsziele der Teilnehmer die Richtung vor. Letzteres ist gerade in der Jugendhilfe unabdingbar. Erlebnispädagogik wird dann zu einem zieldienlichen Mittel, um Kinder und Jugendliche zu unterstützen und Bedingungen zu schaffen, unter denen Veränderung ermöglicht wird.

Eine Bergsteigerschule hat notwendigerweise ein anderes Ziel – die Förderung sicheren Bergsteigens. Persönlichkeitsentwicklung ergibt sich als positive Nebenwirkung. In erlebnispädagogischen Gruppen kann Bergsteigen ein Mittel sein, ein persönlichkeitsorientiertes Ziel zu erreichen. Jedes erlebnispädagogische Medium ist insoweit austauschbar als ein anderes für bestimmte Jugendliche bei deren diversen individuellen Ressourcen, Entwicklungszielen, sowie den soziokulturellen, landschaftlichen oder finanziellen Rahmenbedingungen diesen Zweck genauso oder gar besser erfüllt. Es muss jedoch mit den Grundbedingungen der erlebnispädagogischen Gruppe vereinbar sein.

Aber nicht nur die erlebnispädagogischen Medien haben sich an der Aufgabe auszurichten, ein eingegrenztes und zeitlich befristetes Erfahrungsfeld zu gestalten. Auch die Funktionen des Leitungsteams und seine Interventionsformen, die Festlegung der Rahmenbedingungen und damit der Entscheidungs- und Handlungsspielraum der Gruppe müssen diesem Ziel dienen.

Komponenten eines erlebnispädagogischen Handlungsfeldes

- Persönliche Ressourcen der Teilnehmer
- Persönliche Entwicklungsziele der Teilnehmer
- Materielle Ressourcen hinsichtlich Ausrüstung, Finanzen und geeigneter Landschaften
- Fachliche Qualifikationen der Erlebnispädagogen hinsichtlich erlebnispädagogischer Medien
- Fachliche Qualifikationen der Erlebnispädagogen hinsichtlich heil- und gruppenpädagogischer Praxis.

2.1 Die Dynamik der unfertigen Situation

Ein Jugendlicher mit vielfältigen Leistungsschwierigkeiten sagte einmal in einem Beratungsgespräch zu mir: „Die (gemeint sind die Erwachsenen) sollen mir mal eine Axt und ein Feuerzeug geben und mich dann im kanadischen Urwald alleine lassen. Dann würden sie sehen, was ich wirklich kann." Wenn Jugendliche über Alternativvorstellungen zu ihren Lebensfeldern sprechen, dann tauchen oft ganz bestimmte Assoziationen auf: Es handelt sich um offene, nach Gestaltung rufende und unfertige Situationen, die existenzielle Bedeutsamkeit haben, keinem Übungs- oder Schulzweck dienen. Aus den Umständen selbst ergibt sich eine massive Aufforderung, ein Bedürfnis oder sogar ein Zwang zum Handeln. Walter (1994, 32) erklärt dies am Beispiel der Kunst damit, „dass vielleicht eine besondere Art von Faszination – indem sie einen nicht mehr so schnell loslassen – gerade von solchen Kunstwerken ausgehen kann, die irgendwie unfertig sind: Man kann nicht aufhören, selbst nach Vollendung zu suchen."

Ein Fernsehfilm, Regelspiele wie Fußball oder Monopoly bieten ebenfalls Lernfelder. Wie fertig oder unfertig sind solche Situationen? Wo sind eine exakt geplante und gekonnt durchgeführte Ferienfreizeit oder ein Abenteuerfreizeitpark einzuordnen? Inwieweit enthalten sie das Element des Unvollendeten, das zum Weiterentwickeln und zum persönlichen Einsatz anregt? Je nach konkreter Gestaltung werden derlei Situationen einen mehr oder weniger großen Handlungsspielraum und Aufforderungscharakter beinhalten. Je abgeschlossener eine Situation jedoch ist, desto weniger fordert sie zum Handeln heraus, weil es nichts mehr zu tun gibt. Wer kennt nicht das Schweigen nach einem stilistisch und inhaltlich glanzvollen Vortrag? Alles ist schon gesagt, es gibt nichts mehr zu fragen oder zu diskutieren.

Viele Menschen verlassen morgens ihre wohltemperierte Wohnung, fahren in klimatisierten Fahrzeugen zu klimatisierten Schul- oder Arbeitsgebäuden. Da alle unsere Wahrnehmungen entstehen, indem wir Differenzen zwischen unterschiedlichen Reizen wahrnehmen, kann diese relative Gleichmäßigkeit auf die Dauer zum „Wärmetod des Gefühls" führen. Unfertige Situationen dagegen provozieren Erregung, sie rufen das Gefühl hervor, dass das Leben aktiv gestaltbar und spannend sein kann, dass ein junger Tag Neugierde darauf weckt, was mit ihm angefangen werden kann. Noch ist etwas zu entdecken, zu erfahren oder zu tun, und nicht nur ein vorgestanztes Puzzleteil an die „richtige", d. h. an die vorgegebene Position zu legen.

Merkmale der unfertigen Situation

- **Es ist bereits eine Struktur vorgegeben,** die auf konstruktive Gestaltungsmöglichkeiten verweist, z. B. eine Unterkunft, zu der man nur aus eigener Kraft kommen kann und sich selbst versorgen muss.
- **Die Struktur enthält noch viel Unfertiges,** sodass die Teilnehmer aktiv werden müssen, wollen sie sich wohlfühlen: z. B. planen, entscheiden, in Beziehung gehen, Karte lesen, kochen.
- Die Struktur enthält **Elemente zur Begrenzung destruktiver Entwicklungen:** z. B. vorgegebenes Haushaltsgeld, kein Alkohol erreichbar.

Was heißt es nun, die erlebnispädagogische Gruppe als unfertige Situation zu gestalten, die zur Vollendung auffordert? Zunächst einmal, dass bereits etwas angefangen wurde, dass etwas begonnen hat, Gestalt anzunehmen!

Es muss deutlich werden, in welche Richtung die Entwicklung konstruktiv weitergehen kann. Aus einem Steinhaufen lässt sich alles Mögliche bauen, man kann sich z. B. auch Wurfgeschosse holen; er fordert zu nichts Bestimmtem auf. Dieselben Steine unter den Bedingungen einer Gewitternacht, ohne Zelt, vielleicht in Form eines begonnenen oder zerfallenden Mauerwerks, geben eine Richtung an und fordern fast von selbst zum Weiterdenken und zum Bau eines in seiner individuellen Form noch weitgehend offenen Schutzes auf. Und zugleich verweisen diese Steine durch die relative Klarheit ihrer Struktur und ihr Eingebundensein in einen Kontext, in dem Schutz existenziell notwendig ist, auf eine Begrenzung ihrer Verwendungsmöglichkeiten.

Für die erlebnispädagogische Gruppe folgt daraus, dass eine Ausgangsposition zu schaffen ist, die als unfertige Situation erfahren wird.

2.2 Kontrast und Isomorphie zwischen Alltag und Erlebnispädagogik

Im Idealfall sucht und findet ein Kind in seinem alltäglichen Umfeld all die Herausforderungen und Unterstützungen durch Bezugspersonen, die für die altersgerechte und seinen Anlagen gemäße Bewältigung der jeweiligen Entwicklungsaufgaben notwendig sind. Diese aktualisieren sich unabweisbar im Alltag dieses Handlungsfeldes und bewirken eine primäre Sozialisation.

In der Jugendhilfe haben wir es meist mit Klienten zu tun, in deren primären Lebensfeldern ein solches Lernen nicht in ausreichendem Maß erfolgen konnte, und die folglich professionelle Unterstützung im Sinne einer sekundären Sozialisation benötigen. Erlebnispädagogische Settings, die diesem Ziel gerecht werden, beinhalten daher für die Teilnehmer deutlich erlebbare Strukturen, die isomorph zu den Lebensfeldern ihres Alltags sind.

Das bedeutet, dass veränderungsrelevante Verhaltensmuster aus der Lebenssituation der Teilnehmer im Rahmen der erlebnispädagogischen Situation möglichst kongruent abgebildet werden. Der Kontext und die Aktivitäten allerdings, in denen diese Muster angeboten werden, sollten dagegen möglichst neu und fremd sein, damit bisherige dysfunktionale, oft gar nicht mehr bewusste Bewältigungsstrategien nicht mehr greifen, und alternatives Verhalten erforderlich wird. Erlebnispädagogische Erfahrungsfelder machen, bildlich gesprochen, einen zweifachen Spagat: Einerseits sollen Erfahrungsfelder genau solche Situationen bereitstellen, deren Bewältigung bisher Schwierigkeiten bereitet hat, gleichzeitig sollen sie alte, dysfunktionale Lösungen verhindern. Einerseits sollen sie eine fremdartige Umgebung mit großem Kontrast zum Alltag zur Verfügung stellen, gleichzeitig aber so viel Strukturgleichheit zu diesem aufweisen, dass der Transfer erleichtert wird. Vom Leitungsteam wird dazu viel Kreativität gefordert. Im günstigsten Fall erleben Teilnehmer während einer Aktivität simultan zwei „Realitäten": Die aktuelle Erfahrung während einer Aktivität mit all ihren neuen Handlungen, inneren und äußeren Wahrnehmungen, Körperempfindungen, Denkmustern, Überzeugungen, Phantasien, Gefühlen und ihre damit korrespondierenden Alltagserfahrungen. Dabei kommt es zu einem inneren Vergleich zwischen den unterschiedlichen Bewältigungsstrategien im Hier und Jetzt und im Alltag (Gass 1993, 30). Selbstverständlich wird es nie eine volle Isomorphie geben. Dennoch, wenn ein Projekt oder eine einzelne Aktivität, eine motivierende Herausforderung und ein möglichst zwingendes, für die Betreffenden evidentes Muster, also eine packende Ähnlichkeit mit entsprechenden Alltagssituationen aufweist, reicht dies oft aus, um korrigierende Erfahrungen anzustoßen. Teilnehmer können aus ihrem bisherigen, möglicherweise dysfunktionalen Gleichgewicht gebracht werden, frühere Überzeugungen überprüfen, noch nicht genutzte Ressourcen, neue Sichtweisen und Lösungen entdecken. Die passende Strukturierung der Aktivitäten auf diese Weise ist oft der Schlüssel für tiefgreifende Erfahrungen und dauerhafte Veränderung. Neues Verhalten wird so in erster Linie während der Bewältigung einer erlebnispädagogischen Aktivität verinnerlicht und bei der anschließenden Reflexion bekräftigt. Transfer beginnt so bereits simultan beim Handeln. Metaphern für individuelle Entwicklungsziele, die sich dann in der „Anmoderation" von erlebnispädagogischen Aktionen wiederfinden, können den Effekt von Isomorphie noch verstärken.

Fragen zur isomorphen Strukturierung von Aktivitäten

- Mit welchen Entwicklungsthemen aus ihrem Alltag sollen die Teilnehmer konfrontiert werden?
- Welche erlebnispädagogischen Medien eignen sich besonders zur isomorphen Darstellung dieser Themen?
- In welchem Kontext, welcher aktuellen Modifikation, biete ich sie an, um die Analogie „Alltag – erlebnispädagogische Aktivität" zu verdeutlichen?
- Welche Gestaltungsvarianten können hilfreich sein, damit neue konstruktive Bewältigungsstrategien herausgefordert werden?
- Welche Gestaltungsvarianten können eingefahrene, dysfunktionale Lösungen unattraktiv machen?

Aktionsfelder gezielt isomorph zu gestalten, ist die eine Möglichkeit, derartige Prozesse anzuregen. Eine andere besteht darin, während einer laufenden Aktivität spontan auftauchende isomorphe Muster zu erkennen und zu nutzen, indem Gruppenleiter entsprechend intervenieren, um dem oder der Betreffenden diesmal eine bessere Lösung der Situation zu ermöglichen.

Beispiel

Der 15-jährige Paul erweist sich bei allen sportlichen Unternehmungen als Naturtalent. Auf Beziehungen lässt er sich so wenig wie möglich ein, läuft oft ein Stück vor oder hinter der Gruppe, beteiligt sich nur einsilbig an Gesprächen. Sein Entwicklungsthema – mit anderen in intimen Kontakt treten, sich auseinandersetzen, bei Gruppenplanungen und –entscheidungen eine aktive Rolle spielen – wird beim sportlichen Klettern, Kanufahren usw. nur am Rande herausgefordert. Es passiert das Gleiche wie zu Hause: Er setzt immer mehr Energie für sportliche Leistungen ein, vermeidet aber zwischenmenschliche Kontakte. Ihm wird Folgendes angeboten: Klettern (für ihn im Vorstieg) an einer sehr gut abgesicherten Kinderroute in Paaren, wobei jeweils der kletternde Partner die Augen verbunden hat. Der Sichernde muss den Kletterer mit Anweisungen durch die Route führen, d. h. auch zu Tritten, Griffen und Sicherungspunkten. Die eigentliche Herausforderung für Paul ist die Auseinandersetzung innerhalb der Gruppe um die Bildung der Paare, da er nicht selbst aktiv auf jemanden zugeht und von niemandem spontan gewählt wird. Die anderen können ihn bezüglich seiner Vertrauenswürdigkeit nicht einschätzen. Es ergibt sich mit Hilfe der Leiter ein intensives Gruppengespräch, in dessen Verlauf Paul spontanes Feedback bekommt und aufgefordert wird, sich zu äußern. Er tut dies dann auch, denn es ist ihm sehr wichtig, an der Kletterübung teilnehmen zu können. Schließlich schafft er es, mit einem Jungen zu verhandeln, und es kommt zu einer Teambildung.

Isomorph war hier für Paul die Aufgabe, sich einen Partner zu suchen, d. h. sich seinem Nähe-Distanz-Konflikt zu stellen oder ihn zu vermeiden. Kontrastierend war die Tatsache, dass der Versuch sich zurückzuziehen in diesem Kontext für ihn ebenfalls eine Auseinandersetzung mit den anderen bewirkt hätte. Außerdem hätte er es kaum ausgehalten, auf diese Herausforderung zu verzichten.

Beispiel

Die 16-jährige Julia lebt in einer Wohngruppe und versucht dort täglich Situationen zu vermeiden, denen sie sich nicht gewachsen fühlt. Sie schreit ihre Partner an, gebraucht Schimpfworte, gibt anderen die Schuld für einen Misserfolg, geht türenschlagend aus dem Raum. Auch beim gemeinsamen Kochen entwickelt sich dieses Ritual täglich. Als Verhaltensmuster wurde herausgearbeitet: Ich antizipiere, dass ich etwas nicht schaffe, gehe aus dem Feld und lehne die anderen ab, bevor sie mich wegschicken. Die Struktur eines erlebnispädagogischen Projektes wird daher so angelegt, dass ihr Muster auf eine Weise herausgefordert wird, die eine andere Lösung forciert: Jeder Gruppenteilnehmer bekommt für eine mehrtägige Kanutour eine Tonne mit allem, was er für seine Selbstversorgung braucht, inkl. Kocher und Spülmittel, und stellt seine Mahlzeit am Abend selbst her.

Isomorph ist dabei die Konfrontation mit der Situation „Kochen", in der Julia üblicherweise mit ihrem Ritual reagiert. Kontrastierend wirkt hier die Alleinverantwortlichkeit. Gruppenkochen hätte zwar auch die Bedingung der Isomorphie erfüllt, nicht aber die des konstruktiven Kontrastes, der eine neue Reaktionsform provoziert.

Beispiel

Statt eines Kletterfelsens mit Toprope-Sicherung bekommt Julia einen Klettersteig angeboten, von dem man nicht einfach bei Bedarf abgelassen werden kann. Wie intensiv isomorphe Muster erlebt werden und wie unreflektiert sie wirken können, lässt sich daran erkennen, dass Julia an einer schwierigen Stelle ihr übliches Schimpfwort schreit, die Klettersteigkarabiner aus dem Drahtseil zu nehmen beginnt und brüllt: „Ich mach da nicht mehr mit, ich gehe." Erst als die vorsorglich neben ihr kletternde Leiterin blitzschnell ihre Standsicherungsschlaufe in Julias Gurt klinkt, wird dieser bewusst, was sie riskiert hat.

Bisher hat sich ihre Überzeugung, dass das Verlassen des Feldes die einzig richtige Lösung ist, selbst verstärkt: Sie konnte ein nur vermutetes Misserfolgserlebnis verhindern. Jetzt hat diese Überzeugung einen Riss bekommen. Sind solche Reaktionen zu erwarten, ist es besser, die Gruppe von Beginn an an einem laufenden Seil zusätzlich sichern.

So erfolgreich der Einsatz abenteuerlicher Aktivitäten sein kann, ihre pädagogische Wirkung alleine darf nicht überbewertet werden. Zwar bieten eine fremde Umgebung und unbekannte Aktivitäten einen Anreiz und eine Forderung, sich mit Problemen auseinanderzusetzen, die das Leben auch sonst bereithält. In der Erlebnispädagogik gilt jedoch, dass die Lernziele beim Kajakfahren primär z. B. im präzisen Wahrnehmen des eigenen Körpers, im Erwerb eines reflexiven anstelle eines rein impulsiven Denkens und Handelns oder im längeren Aufrechterhalten der Konzentration usw. bestehen und nicht in der Beherrschung eines Bootes. Das mag ein angenehmer Nebeneffekt sein, die „Belohnung" für ein neu eingesetztes Verhalten, oder auch eine neue Ressource für den Beitritt in einem Kanuklub. Die kreative, an Entwicklungszielen orientierte Gestaltung isomorpher und gleichzeitig kontrastierender Handlungsfelder ist daher oberstes Gebot.

„Alltagsaufgaben" stellen insofern eine wesentliche Brücke für den Transfer dar, da bei der Organisation von Gruppenaktivitäten und der

Selbstversorgung wesentliche Themen aus dem heimischen Alltag erneut auftauchen. Die Krönung isomorpher Strukturen, das Beziehungsverhalten in der Gruppe, bekommt man praktisch umsonst, wenn man ein soziales Vakuum durch minimale Strukturen auf dieser Ebene erzeugt, das die Teilnehmer dann automatisch füllen.

2.3 Existenzielle Bedeutung des Erfahrungsfeldes

Ein kleines Kind wendet sich neugierig, ausprobierend und spielend seiner Welt zu und findet dabei allmählich heraus, wie sie funktioniert, wie es sich sinnvoll in ihr bewegen und seine Bedürfnisse befriedigen kann. Es wird nie auf den Gedanken kommen, dass es „für das Leben" lernt; es lebt jetzt, lernt erlebend. Die Parole „Nicht für die Schule, sondern für das Leben lernen wir!", trennt Leben und Lernen künstlich voneinander; sie entwertet die Erfahrung des Augenblicks. Wir alle lernen auf einen Horizont hin, der, kaum erreicht, nur einen neuen Horizont offenbart. Der Kindergarten bereitet auf die Grundschule vor, diese auf die weiterführende Schule, diese wiederum auf die Lehre usw. Aber wann beginnt das Leben endlich? Der Schriftsteller Milan Kundera lässt eine seiner Romanfiguren denken: „Man erlebt alles zum ersten Mal und ohne Vorbereitung. Wie ein Schauspieler, der auf die Bühne kommt, ohne vorher je geprobt zu haben." (Kundera 1987, 71)

Damit drückt er etwas aus, was existenzielle Bedeutung beinhaltet. Das Leben ist immer „Ernstfall" – Leben auf Probe gibt es nicht. Schule, pädagogische oder therapeutische Maßnahmen vertuschen dann den vergänglichen Charakter des Lebens, wenn sie nur als Vorübung für das spätere Leben gedacht und erlebt werden. Sie können zur ungelebten und vielleicht vergeudeten Zeit werden. Wenn z.B. Anforderungen von Ausbildung als „Probeleben" und als Vorbereitung erfahren werden, ist es dann noch wichtig, hat es spürbare Konsequenzen? Man kann es ja das nächste Mal anders machen! Das Eigentliche kommt erst noch! Manche Jugendliche beschreiben so oder so ähnlich ihre Einstellung zu Ausbildung oder Therapie. Die unfertige Situation der erlebnispädagogischen Gruppe muss daher so gestaltet sein, dass sie Ernstcharakter hat.

Dies geschieht am ehesten dort, wo es um die Befriedigung elementarer physiologischer und sozialer Grundbedürfnisse geht. Erstere aktualisieren sich im Lebensvollzug als Bedürfnis nach Anregung, dem Drängen danach, seinen Hunger und Durst zu stillen, schlafen zu können, nach körperlichem Wohlbefinden in Form von Schutz vor der direkten Einwirkung von Naturkräften, als Bedürfnis nach körperlicher Unversehrtheit durch Schutz und Sicherheit in Gefahrensituationen. Kalkulierbare Risiko- und Mangelsituationen und die direkte Einwirkung des Wetters in der Natur sowie deren Konsequenzen bieten diese Herausforderungen.

Abb. 1: Existenzielle Bedeutung durch Gestaltung des Erfahrungsfeldes

Aus unseren sozialen Grundbedürfnissen resultieren die Wünsche, einer Gemeinschaft anzugehören, geliebt zu werden und Einfluss auf die Gestaltung des Lebens in dieser Gemeinschaft zu haben. Situationen mit existenzieller Bedeutung finden daher in der erlebnispädagogischen Gruppe unter Bedingungen statt, unter denen die Gruppe sich weitgehend selbst organisiert, für ihre gesamte Versorgung selbst verantwortlich ist, genügend Raum für persönliche, emotional bedeutsame Beziehungen vorhanden ist und die Gemeinschaft ein Mindestmaß an Kohäsion und Attraktivität aufweist.

Mag auch je nach aktuellen individuellen Entwicklungsaufgaben einzelner oder der Gesamtgruppe der eine oder andere Gesichtspunkt ein besonderes Gewicht haben, so hat die Erfahrung doch gezeigt, dass die Auseinandersetzung um die Selbstversorgung veränderungsrelevante Erfahrungen besonders wirkungsvoll anstoßen kann. Hier verdichtet sich die existenzielle Bedeutung und die Notwendigkeit des Handelns wird besonders zwingend. Es aktualisieren sich Gruppenprozesse, individuelle Fähigkeiten und Problemlösungsstrategien. Vom Standpunkt der pädagogischen Effektivität könnte man unter Umständen auf alle anderen Medien verzichten, nicht aber auf die Selbstversorgung, bei der es um die Befriedigung auch kurzfristig unerlässlicher Bedürfnisse geht. Existenzielle Bedeutung zeigt sich aber auch im Kleinen: Ein Jugendlicher an der Steuerposition eines Kanadiers muss bei jedem Einstechen des Paddels prüfen, wie das Boot reagiert und gegebenenfalls eine Kurskorrektur vornehmen. Die Ernsthaftigkeit dieser Situation wird jedoch verharmlost, wenn ein Leiter mit im Boot sitzt, der unzweckmäßige Paddelschläge des Steuermanns ausgleicht und den günstigsten Kurs hält.

Zeitstruktur. Wie lange muss eine Gruppenaktivität mindestens dauern, damit eine lebenswichtige Herausforderung entstehen kann? Was die Selbstversorgung betrifft, so ist dies, obwohl pauschale Antworten unmöglich sind, während eines oder zweier Tage kaum wahrscheinlich: Je nach Gruppengröße können sich einzelne um die Verantwortung und die notwendigen Arbeiten drücken, ohne dass dies eine ernsthafte Gefährdung der Ernährung oder eine lösungsbedürftige Konfrontation in der Gruppe zur Folge hätte. Es ist für manche sicher einfacher, sich ein oder zwei Tage beim Essen einzuschränken oder den Anschein zu erwecken, sich irgendwie zu betätigen, als das Risiko auf sich zu nehmen, die Nudeln zu versalzen, einen Erfahrenen um Rat und Hilfe zu fragen oder die früher gelernte Überzeugung „Ich werde ja nicht wirklich gebraucht" in Frage zu stellen und an der Realität zu prüfen. Bei zunehmender Dauer sind solche Vermeidungsstrategien jedoch immer schwieriger durchzuhalten. Aktivitäten wie Abseilen, Klettern oder Wildwasserfahren lassen wegen ihrer nachhaltigen Infragestellung der persönlichen Sicherheit augenblicklich eine Ernstsituation entstehen. Bei einer Klettertour, die mitten in der Route eine schwierige Passage bereithält, kommt noch dazu, dass Weitergehen und Rückzug oft als gleich schwierig erlebt werden. Ausdaueraktivitäten wie Kanufahrten auf stehendem Gewässer oder Radtouren benötigen dagegen eine Mindestdauer, um die Erlebnisqualität einer ernsthaften Herausforderung aufzuweisen; sonst werden sie zu Vergnügungs- oder Trainingsfahrten.

Haushaltsgeld. Es gibt verschiedene Möglichkeiten, mit dem Haushaltsgeld der Gruppe umzugehen: Die Gruppe beschließt z. B. was gekauft werden soll. Die Leiter strecken das Geld vor und verwalten die Kasse. Nach jeder Gruppenaktivität wird errechnet, wie viel jeder zu zahlen hat und die Leiter sammeln das ausgelegte Geld wieder ein. Oder die Gruppe macht im Voraus einen Kochplan, setzt einen bestimmten Betrag fest, den jeder einzahlt und kauft von diesem Geld ein. Sollte es nicht ausreichen, wird der fehlende Betrag nachträglich anteilmäßig von den Teilnehmern entrichtet. Eine dritte Möglichkeit besteht darin, dass vor Beginn der Aktivität ein bestimmter Betrag festgesetzt oder vereinbart wird. Die Gruppe plant, kauft ein und verwaltet das Geld. Sie muss mit dem vorhandenen Etat auskommen.

Diese drei Möglichkeiten aktualisieren existenzielle Bedeutung in ganz unterschiedlichem Maß. Bei der ersten Version muss die Gruppe nur die Verantwortung für Planung und Einkauf übernehmen. Sie muss sich aber nicht damit auseinandersetzen, wie das Geld sinnvoll eingeteilt und wie mit unterschiedlichen Essgewohnheiten umgegangen wird, sondern sie kann unverbindlich wirtschaften. Es gibt ja „Nachschlag". Version zwei regt zu einer etwas verantwortungsvolleren Haushaltsführung an. Erst bei der dritten Möglichkeit entsteht eine Situation, die von selbst eine angemessene Wirtschaftsführung provoziert. Sie fordert Verbindlichkeit, ihre Grenzen zwingen von Beginn an zu Lösungen. Ein Leben über die eigene Kapazität wird sofort spürbar.

Schwierigkeitsgrad. Ein Ziel muss, soll es ernst genommen werden, sowohl einen subjektiv hohen Einsatz verlangen als auch erreichbar sein. So macht z. B. die Begrenzung des Haushaltsgeldes der Gruppe eine angemessene Ernährung möglich, ist aber so knapp bemessen, dass gute Mahlzeiten erheblichen Einsatz bei Planung, Einkauf und Zubereitung erfordern. Lebenswichtige Bedeutung wird zur Farce, wenn ein Ziel unerreichbar ist. Schließlich muss eine Klettertour doch aufgegeben werden, wenn schon der Einstieg kaum einem gelingt. Ist die Latte zu hoch angelegt, werden manche in ihren Minderwertigkeitsphantasien bestärkt und reagieren bei Misserfolg mit Resignation und Passivität. Die tatsächlich vorhandenen Fähigkeiten, wie die Motivation, das Alter der Teilnehmer und die Sicherheitsreserven für schwer kalkulierbare äußere Einflüsse, sind die geeigneten Kriterien, nicht Wünsche, Leistungsorientierung oder die Begeisterung der Teilnehmer und Leiter.

Ist jedoch das Ziel leicht zu erreichen, entsteht das Gefühl, nichts geleistet zu haben: „Das war ja nicht echt, das war ja nur ein Spiel für Kinder." Anders verhält es sich allerdings, wenn sich Jugendliche aufgrund unrealistischer Größenphantasien selbst inadäquate Leistungsnormen auferlegen. Zwar lässt sich davon selten die ganze Gruppe mitreißen, aber für den Einzelnen kann es gleichwohl wichtig sein, zu erleben, dass er es eben doch nicht schafft, auf Anhieb 150 Kilometer Rad zu fahren. Diese Erfahrung kann ihm dazu verhelfen, sich realistischer einzuschätzen und sich so anzunehmen, wie er wirklich ist, oder zu erfahren, dass er von den anderen auch oder gerade dann akzeptiert wird. Die existenzielle Bedeutung des Erlebnisfeldes zu verwirklichen, kann also auch bedeuten, ein zu anspruchsvolles Ziel und daraus resultierende Folgen zuzulassen.

Andrerseits versuchen einzelne Jugendliche und auch gesamte Gruppen manchmal durch Reduktion des Anstrengungsniveaus die Ernsthaftigkeit eines Angebotes zu unterlaufen. Die Leiter könnten sich nun mit den Jugendlichen – aus Bequemlichkeit vielleicht – verbünden und deren Spielwiesentaktik übernehmen oder in einen Machtkampf mit der Gruppe eintreten. Hier ist eine gezielte Auseinandersetzung mit der Gruppe über diese Verhaltensweisen unter Berücksichtigung der dabei möglicherweise ablaufenden Abhängigkeits- oder Gegenabhängigkeitsprozesse sowie der impliziten Gruppenthemen notwendig, soll die existenzielle Bedeutung des Erfahrungsfeldes gewahrt bleiben. So genutzt, bieten sich solche Gruppensituationen als fruchtbare Lernfelder an.

Gruppenprozess. Die dynamischen Beziehungsprozesse, die in jeder Gruppe entstehen, beinhalten ganz wesentliche Erfahrungspotenziale und Lernfelder. Soll die Gruppe die Funktion eines erlebnispädagogischen Mediums haben, so ist dem Erfahrungsfeld Beziehungsgestaltung eine gleich große Gewichtung zuzumessen wie den natursportlichen Medien. In der Natur lebt die Gruppe eng zusammen und die Teilnehmer sind aufeinander angewiesen. Vor diesem Hintergrund werden die Gruppenbeziehungen existenziell bedeutsam. Wenn formale Vorgaben fehlen, wie alle miteinander umgehen sollen oder wie eine Gruppe Sach- und Beziehungsprobleme löst, führt das zu einem sozialen Vakuum (Gilsdorf 2004). Viele Verhaltensmuster aus dem Alltag greifen nicht mehr. Jedes Beziehungsverhalten hat spürbare Konsequenzen. Das so entstehende Ungleichgewicht, aber auch Bedürfnisunterschiede, Machtkämpfe, Cliquenbildung, Eifersucht usw. gelten nicht etwa als lästige Behinderungen der „eigentlichen" Aktivitäten, sondern sind wesentliche Lernfelder.

Uneindeutige Strukturen. Will man den Ernstcharakter einer Gruppenaktivität sicherstellen, ist es wichtig, sich vorher klar zu machen, durch welche Hintertüren dieser entschärft werden kann. So könnte die Frage auftauchen, unter welchen Witterungsbedingungen eine Aktivität, wie z. B. ein einwöchiges Kletterlager, stattfinden soll und unter welchen nicht. Aber diese Frage ist falsch gestellt, denn ein schon vereinbartes Treffen findet auf jeden Fall statt. Es geht vielmehr darum, wie sich die Gruppe auf die problematischen Verhältnisse einstellt, was sie tut, um bei einem mehrtägigen Dauerregen einen trockenen Lagerplatz zu erhalten und was sie unternimmt, um mit der auftretenden Langeweile und Enttäuschung ebenso fertig zu werden wie mit zwischenmenschlichen Spannungen und nassen Kleidern. Eine entschärfende Prophylaxe nach Art des „Wenn es ganz arg wird, können wir ja immer noch" nimmt jedem Erlebnisfeld den Ernstcharakter. Allerdings ist die Grenze zwischen einer echten Notsituation und purer Bequemlichkeit fließend. Daher wird es auch hier Ausnahmen geben müssen, z. B. bei Naturereignissen, die zu lebensgefährlichen Risiken führen können. Das wichtigste Kriterium einer Entscheidung ist immer, dass der „Sinn" dieser Grundbedingung erfüllt wird.

Ein lehrreiches Beispiel zeigt folgende Situation: Das Begleitauto einer Kanufahrt wartet jeden Abend mit dem Gepäck am Übernachtungsplatz. Wie schnell ist ein Teilnehmer „zu erschöpft", um die nächste Etappe im Kajak fahren zu können. Wie leicht gilt ein Boot als irreparabel. Und ist es außerdem nicht eigentlich logisch, dass der Fahrer als Teil der Gruppe den Einkauf sowie das Ein- und Ausladen des Begleitautos übernimmt? Zeit hat er ja genug. Viel eindeutiger ist die Lage, wenn das „Transportauto" alle zur Einsatzstelle bringt, und zur vereinbarten Zeit am Endpunkt der Tour steht. Dann ist Gemeinschaftssinn gefragt, wenn einer wirklich nicht mehr kann, Kreativität, wenn das Reparaturmaterial nicht ausreicht, Konfliktfähigkeit, wenn einer aus irgendeinem Grund nicht mehr in die Gruppe zu passen scheint. Besuche von Freunden und Verwandten, die meist soziale, emotionale oder materielle Mitbringsel im Gepäck führen, entschärfen die Ernstsituation.

Beispiel

Ein mit dem Gruppenleiter befreundeter Kollege besucht die Gruppe abends auf dem Übernachtungsplatz. Da an diesem Tag viele Kleidungsstücke nass geworden sind, erbietet er sich, die Betroffenen auszurüsten. Damit ist die Gruppe der Aufgabe enthoben, sich selbst um eine eigene Lösung für das Problem der nassen Kleider zu bemühen. Auch der Vater, der seinen ernsthaft erkrankten Sohn abholen musste und ein halbes Dutzend Obstkonserven mitbrachte, hatte sich vorher nicht überlegt, dass die Gruppe allein mit dem vorhandenen Geld haushalten sollte. Mit seiner gut gemeinten Geste hatte er die existenzielle Bedeutung der Haushaltsplanung untergraben.

Genauso unernst, geradezu lächerlich und zwanghaft wäre es jedoch gewesen, wenn die Gruppenleiter es verboten hätten, die Kleider und Dosen anzunehmen. Mit einer solchen Intervention hätten sie ebenfalls die existenzielle Bedeutung missachtet: Das Verbot wäre als aufgesetzt, unlogisch und moralisierend verstanden worden. Künstlich kann man in eine Situation keine größere lebenswichtige Bedeutung hineinlegen, als diese natürlicherweise enthält. Wer es trotzdem versucht, macht sich unglaubwürdig.

Entscheidungsfragen müssen tatsächlich ernst gemeint sein; sie dürfen keine theoretische oder rein rhetorische Bedeutung haben. Es ist bestimmt nicht sinnvoll, mit einer Gruppe darüber zu diskutieren, wer in welchem Boot fährt, als sei jede Besetzung möglich, wenn der Gruppenleiter es aus Sicherheitsgründen von vorneherein beabsichtigt, nur ganz bestimmte Konstellationen zuzulassen.

2.4 Handlungsdruck durch situationsimmanente Probleme

Die Wirksamkeit erlebnispädagogischer Settings beruht in hohem Maß darauf, dass sich innerhalb eines Projektes, aus der aktuellen Situation heraus, Problemstellungen ergeben. Diese konfrontieren die Teilnehmenden unmittelbar mit der Notwendigkeit, aktiv zu werden und Verantwortung zu übernehmen. Solche Herausforderungen entwickeln sich zwangsläufig als Wechselwirkung zwischen den Anforderungen eines Projektes und dem aktuellen Lösungsverhalten der Gruppe. Viele Jugendliche werden mit bestimmten Entwicklungsaufgaben im Alltag oft nicht konfrontiert. Entweder kommen diese in ihrem Umfeld so nicht vor oder sie meiden entsprechende Situationen. Reaktionen Erwachsener auf daraus resultierende Entwicklungsschwierigkeiten bestehen häufig in anklagenden Forderungen, welche dann zu Machtkämpfen führen. Häufig geht es dann vorrangig nur noch um Durchsetzung, Anpassung und Opposition, jedoch nicht mehr darum, wie die aktuelle Situation sinnvoll gelöst werden kann. In einem angemessen strukturierten erlebnispädagogischen Handlungsfeld dagegen verlangen situationsimmanente Probleme von selbst nach Lösungen, so dass sich Appelle seitens des Leitungsteams weitgehend erübrigen.

Zur situationsimmanenten Problemstellung gehört die situationsimmanente Konsequenz. Selbst wenn einer oder gar die ganze Gruppe eine Form der Problemlösung darin sähe, kein Trinkwasser aus der Quelle zu holen, sind die daraus erwachsenden Auswirkungen unvermeidbar wie die ursprüngliche Problemstellung. Da braucht niemand zu drängen, endlich vernünftig zu werden, es ergeben sich ausschließlich situationsimmanente Folgen in Form von Durst. Umstände und Reaktionen sind unmittelbar miteinander verknüpft. Es macht wenig Sinn, etwas aus Anpassung oder Widerstand gegen Autoritäten oder um einer sekundären Belohnung willen zu tun oder zu lassen.

Härtere und weichere „Wirklichkeiten"

Es gibt jedoch „härtere" und „weichere" Wirklichkeiten (Simon 1990, 48). Die Härteren schreiben unmissverständlich vor, etwas zu tun oder zu lassen und ahnden „Fehler" sofort mit einer situationsimmanenten Konsequenz: Ein Kajak kann nur bis zu einem gewissen Punkt zur Seite gekippt werden, ohne zu kentern. Anders verhält es sich mit sozialen Spielregeln, die zu den weicheren „Wirklichkeiten" zählen. Sie sind aushandelbar, d. h. es muss ein Konsens gefunden werden, wie die Mitglieder einer Gruppe miteinander umgehen wollen. Bei Auseinandersetzungen über soziale Normen bleibt zunächst offen, wie das Ergebnis aussehen wird. Es ist also durchaus vorstellbar, dass Jugendliche versuchen, destruktive Normen ihrer Bezugsgruppe auch in der erlebnispädagogischen Gruppe zu etablieren.

Ähnliches gilt für die Umfeldbedingungen. Spielt sich das Gruppengeschehen wenigstens 50 km abseits der Zivilisation ab, stellt es eine härtere „Wirklichkeit" dar. Unter mitteleuropäischen Bedingungen müssen jedoch meist Rahmenbedingungen geschaffen werden, die derart „weiche" Wirklichkeiten etwas härten (Kap. 3).

Beispiel

Eine Trinkwasserstelle, die etwa 500 m vom Zeltplatz entfernt ist, stellt eine typische situationsimmanente Problemstellung dar. Durst gehört zur härteren Sorte „Wirklichkeit", sodass unabweisbarer Handlungsdruck herrscht. Einzelne Jugendliche oder die ganze Gruppe könnten sich jedoch mit einer Batterie Getränkedosen eingedeckt haben oder sich bei jeder Berührung mit Ortschaften neu damit versorgen. In diesem Fall wäre zwar die existenzielle Bedeutung des Durstes noch gegeben, die situationsimmanente Forderung jedoch erst dann, wenn der Vorrat an Dosen verbraucht und Nachschub nicht mehr möglich ist. Appelle werden in solchen Fällen wenig fruchten; die Abwesenheit von Einkaufsmöglichkeiten sowie verbindliche Vereinbarungen über die gemeinschaftliche Selbstversorgung sind wesentlich wirkungsvoller und eine Voraussetzung für die Entstehung situationsimmanenter Problemstellungen und Konsequenzen.

Typische situationsimmanente Problemstellungen

Die Natur bewertet nicht und vergibt weder Lob noch Tadel, sie macht „nur" unmissverständlich klar, dass ein Handeln eindeutige Auswirkungen auf das Wohlergehen hat. Es nützt wenig, das Wetter für mein Frieren verantwortlich zu machen, ich muss mir selbst einen Kälteschutz beschaffen.

Die meisten **erlebnispädagogischen Medien** sind eng mit Naturerfahrung verbunden. Fels, Wasser, Wind usw. werden genutzt und geben durch ihre physikalischen Bedingungen innerhalb eines begrenzten Spielraums vor, wie mit ihnen umgegangen werden kann. Sie lassen sich nicht ändern. Der Mensch muss sich auf ihre Eigenart einstellen. Eine andere natürliche Problemstellung erwächst aus dem **Zusammenleben in der Gruppe**, das unweigerlich Entscheidungssituationen, Konfrontationen, Sympathien und Antipathien hervorbringt, die nach Reaktionen verlangen. Dazu gehört auch die Selbstversorgung der Gruppe, die täglich situationsimmanente Anforderungen stellt. **Hindernisse, Beziehungskonflikte und Pannen** gelten im Konzept der erlebnispädagogischen Gruppe als besonders fruchtbare Situationen: Der Zug, der schon weg ist, als die Gruppe zum Bahnhof kommt, die Fahrradpanne, eine durch plötzliches Hochwasser unbefahrbare Flussstrecke, massive Ängste, Eifersucht – all diese Situationen verlangen von selbst danach, sie zu bewältigen.

Fördern situationsimmanenter Problemstellungen

In Sachen Wasserversorgung wird ein Gruppenleiter vielleicht feststellen, dass die Wassersäcke bald geleert sein werden. Er könnte nun jemanden dazu „einteilen", Wasser zu holen oder einfach auf den zu erwartenden Mangel hinweisen, ohne auf einer Reaktion der Gruppe zu beharren. Er könnte auch abwarten, bis die Jugendlichen selbst aktiv werden. Die letzte Form der Intervention setzt die Bereitschaft seitens der Leiter voraus, selbst eine Zeitlang zu dursten. Das Abwarten fördert den situationsimmanenten Handlungsdruck in diesem Fall am nachhaltigsten, die erste Lösung würde ihn verhindern.

Gleiches gilt für Gruppenprozesse. Ist ein Teil der Gruppe müde und möchte schlafen, ein anderer aber herumtoben, so verlangen diese Bedürfnisunterschiede irgendwann von sich aus nach einer Klärung. Gruppenleiter könnten stattdessen die „Störenfriede" disziplinieren oder die „Müden" besänftigen. Diesen situativen Handlungsdruck könnte man durch einen „pädagogischen" Druck ersetzen und ersteren damit seiner Kraft berauben.

Ein zu schwach aufgepumpter Fahrradschlauch hat möglicherweise eine Panne zur Folge. Gruppenleiter könnten sachliche Hinweise geben oder den Fahrer unter Druck setzen, ihn aufzupumpen. Letzteres würde vielleicht die Panne, aber auch die Chance für eine wertvolle Erfahrung verhindern.

Ertragen dysfunktionaler und minimaler Lösungen

Häufig werden Gruppenteilnehmer Schwierigkeiten auf eine Weise bewältigen, die zwar keine Rahmenbedingung verletzt, aber dem „gesunden Menschenverstand" oder der Einstellung der Gruppenleiter widerspricht.

Da werden Nudeln halb gar gegessen oder von einer 21-Gang-Schaltung nur zwei Ritzel genutzt, weil der Fahrer es ablehnt, die falsch eingestellten Stellschrauben zu regulieren. Den Gruppenleitern bleibt nur, das Problem bewusst zu machen und die eigene Ungeduld zu ertragen. Die Jugendlichen sind mit ihren Lösungen oft zunächst ganz zufrieden und würden jeden Druck als Zwang und nicht als Unterstützung auslegen. Vielleicht ist manche Minimallösung auch gar nicht so schlecht: Es kann für jemanden ein entscheidender Schritt gewesen sein, sich überhaupt an eine Aufgabe herangewagt zu haben, auch wenn sie aus Gruppenleiter-Sicht nur unzulänglich bewältigt wurde. Es hat sich bewährt, darauf zu vertrauen, dass wirklich unhaltbare Lösungen nach einiger Zeit von selbst Unzufriedenheit und damit eine situationsimmanente Forderung nach Veränderung hervorrufen.

Gruppendruck und eigene „Bedürftigkeiten" aushalten

Leiter von erlebnispädagogischen Gruppen sind manchmal besonders großem Gruppendruck ausgesetzt, wenn die Gruppe zwar angenehme, aber den Entwicklungszielen der Teilnehmer nicht dienliche Handlungen von ihnen fordert: „Könnten wir die Kanutour nicht hier abbrechen und du holst mit dem Taxi unseren Bus?" Oder Gruppenleiter können auf ein Problem vorschnell reagieren, bevor es von den Jugendlichen überhaupt wahrgenommen werden kann: Eine Tüte Mehl, ein Kleidungsstück werden abends achtlos vor dem Zelt liegengelassen. Verstaue ich sie wortlos im Trockenen oder überlasse ich die Verantwortung den Jugendlichen?

Eine besondere Verlockung, unbequeme Anforderungen oder Konfrontationen zu umgehen, stellen oft die erlebnispädagogischen Medien selbst dar. Die notwendige Klärung eines latenten Konfliktes kann oft leicht verhindert oder wenigstens verschoben werden, wenn das Leitungsteam stattdessen – evtl. auch von ihnen bevorzugte – Aktivitäten anbietet. Diese Beispiele sollen für die vielen Möglichkeiten stehen, situationsimmanente Problemstellungen zu neutralisieren.

Verbindlichkeit – auch für Gruppenleiter

Was passiert, wenn die Rahmenbedingungen doch nicht „wasserdicht" sind und Schlupflöcher und Hintertüren enthalten, an die zuvor keiner dachte und die von den Jugendlichen bewusst genutzt oder von ihnen gar nicht als solche gesehen werden?

Ein Entscheidungsprozess wird schnell zur Farce, wenn das Leitungsteam Lösungen ablehnt, die laut Rahmen möglich sind, oder gar nachträglich festlegt, dass die Angelegenheit von den Gruppenleitern zu entscheiden ist.

Die aus einer solchen Intervention erwachsenden Konflikte sind nicht mehr situationsimmanent, sondern von den Leitern provoziert. Eine nachträgliche Veränderung von Vereinbarungen missachtet die Grundbedingung der situationsimmanenten Problemstellung. In manchen Fällen wird dem Leitungsteam nichts anderes übrig bleiben, als die Abweichung hinzunehmen und als wichtige Erfahrung zu verbuchen. Manchmal wird eine partnerschaftliche Auseinandersetzung zwischen Leitungsteam und Gruppenmitgliedern genügen, um einen Konsens herzustellen. Und schließlich versteht es sich von selbst, dass Abmachungen über privates Taschengeld, Zigarettenkonsum und Alkohol auch für die Gruppenleiter gelten.

2.5 Primäre und sekundäre Handlungsfelder

Praktiker setzen heute die verschiedensten erlebnispädagogischen Medien ein: Natursportarten, Sport an künstlichen Anlagen, Zirkus- und Bauprojekte, Pilgern, Initiativaufgaben und andere. Häufig sind diese eingebettet in einen Rahmen „klassischer Erlebnispädagogik" vom **Typ „Expedition"**. In diesem Rahmen werden die Teilnehmer mit situationsimmanenten, ihre Grundbedürfnisse berührenden, unabweisbaren Anforderungen konfrontiert. Ich bezeichne diese als **primäre erlebnispädagogische Handlungsfelder**. Ein noch unaufgebautes Zelt am Abend bei einsetzendem Regen im Rahmen einer mehrtägigen Wanderung, die Auseinandersetzung, wer mit wem ein Team bildet, sind typische Beispiele.

Wie aber ist es mit einer Sportkletterwand, mit Initiativaufgaben wie Spinnennetz und Säureteich (Gilsdorf/Kistner 2004) oder Naturerfahrungsspielen (Cornell 1991)? Hier handelt es sich um „künstliche", aus pädagogischen Erwägungen heraus geschaffene Aufgaben. Solche Anforderungen entstehen nicht spontan aus den Bedingungen einer akuten „Lebenssituation" der Gruppe, sondern werden vom Leitungsteam vorgegeben. Derartige Settings zähle ich zu den **sekundären erlebnispädagogischen Handlungsfeldern**. Natürlich lassen sich erlebnispädagogische Aktivitäten nie eindeutig einer der beiden Formen zuordnen, denn es handelt sich hier um ein Kontinuum. Die einzelnen Handlungsfelder beinhalten jeweils mehr oder weniger Merkmale eines Pols, oft auch abhängig davon, in welchen Kontext eine unfertige Situation eingebettet wird: Stellt die Geländesituation auf einer Tour die Gruppe vor das Problem, ihr Gepäck trocken über einen kleinen Fluss zu bekommen, z. B. mit Hilfe einer Seilbrücke, oder bietet das Leitungsteam „Flussüberquerung mit Seilbrücke" an, weil es die Bedeutung dieses Lernfeldes für die Teilnehmer für wichtig erachtet?

Eine besondere Stellung nehmen auch Vorübungen ein, z. B. das Training für eine spätere Radtour oder das Üben des Zeltaufbaues. Leicht kann hier eine künstliche, schulische Lernsituation entstehen. Der Kontext ist auch hier entscheidend: Entsteht ein Übungsbedürfnis der Gruppe evtl. aus Erfahrungen vorangegangener Aktivitäten bzw. antizipierter künftiger Anforderungen oder geht die Initiative vom Leitungsteam aus? Tab. 1 gibt einen Überblick der Charakteristika primärer und sekundärer erlebnispädagogischer Handlungsfelder.

Anregungen für das Leitungsteam

Handlungsfelder lassen sich in beiden Richtungen kreativ gestalten, die sekundären meist mit geringerem organisatorischem Aufwand. Neben der Verfügbarkeit ist daher das grundlegende Kriterium auch hier in der Frage zu suchen, welches Setting den jeweiligen Klientenzielen und dem aktuellen Gruppenprozess am besten gerecht wird.

Einer großen Zahl von Klienten in der Jugendhilfe fällt es schwer, sich auf (Lern-)Angebote von „Autoritäten" einzulassen. Sie nehmen schnell eine Scheinsicherheit gebende, gegenabhängige Haltung ein und boykottieren auch attraktive Aktivitäten und die Gruppenleiter analog ihrem alltäglichen Umfeld. Sekundäre Handlungsfelder werden dann als „Spiel" abqualifiziert und nach dem Muster abgelehnt: „Die wollen was von mir, ich bin doch nicht blöd und tu ihnen den Gefallen." Fast jede Gruppe durchlebt Phasen, in denen sie das Leitungsteam in Machtkämpfe zu verwickeln versucht. Unter solchen Bedingungen ist es effektiver in einen Naturraum zu gehen, in dem solche Verhaltensweisen keine sich selbst verstärkende Wirkung haben können, also in ein primäres erlebnispädagogisches Handlungsfeld.

Sekundäre Erfahrungsfelder sind da wirkungsvoll, wo ein ausreichendes Maß an Bereitschaft vorhanden ist, sich auf eine Aktivität vom Typ Initiativaufgabe, auf Selbst- und Fremdwahrnehmung und Reflexion einzulassen. Für manche Jugendliche können sie eine Brücke zu intensiveren, längerfristigen Aktionen oder gar das wesentliche Lernfeld für wichtige Anstöße zur Weiterentwicklung sein. In den meisten Gruppen ist es möglich und effektiv, die Vorteile beider Möglichkeiten zu nutzen; allerdings sorgsam ausgewählt und modifiziert: Zur rechten Zeit das richtige Programm für die richtigen Leute.

Ein ganz wesentlicher Unterschied zwischen beiden Handlungsfeldern besteht in der Stellung der Gruppenleiter zu den Teilnehmern. Einmal stehe ich als Gruppenleiter außerhalb der Aufgabenstellung, einmal bin ich mitten drin und möglicherweise von der Qualität der Lösung mitbetroffen. Das hat Auswirkungen u. a. auf die persönliche Beziehungsgestaltung, auf die Form einer Anmoderation, auf pädagogische und therapeutische Interventionen, sowie auf die Form von Konfliktklärungen zwischen Gruppenleitern und Teilnehmern. Es bedarf daher einer besonderen Beachtung in welcher Funktion Gruppenleiter handeln.

Tab. 1: Schwerpunkte primärer und sekundärer erlebnispädagogischer Handlungsfelder

primäre Handlungsfelder	sekundäre Handlungsfelder
„Klassische" Erlebnispädagogik	Handlungsorientierte Pädagogik
Typ „Expedition"	Typ „Initiativaufgaben"
„Challenge by choice" vor Beginn einer Tour mit teils nicht vorhersehbaren Herausforderungen	„Challenge by choice" vor jeder neuen Herausforderung
Aufgaben stellt die „Natur"	Aufgaben stellt das Leitungsteam
Mitverantwortung bei Planung und Vorbereitung durch Teilnehmer wesentlicher Bestandteil	Mitverantwortung bei Planung und Vorbereitung durch Teilnehmer kaum möglich
Eigeninitiative ausgelöst durch Attraktivität des Angebotes und Infragestellung existenzieller Grundbedürfnisse	Eigeninitiative ausgelöst durch Attraktivität des Angebotes und antizipiertem Erfolg
Angebot essenziell	Angebot niederschwellig
Aussteigen, Vermeiden schwierig: Aussteigen genauso fordernd wie Weitermachen	Aussteigen, Vermeiden leicht möglich
Vermeiden hat meist direkte Auswirkungen auf das aktuelle Wohlbefinden	Vermeiden hat eher indirekte, evtl. spätere psychosoziale Auswirkungen
Geplante und spontane Lernangebote	Geplante Lernangebote
Gestaltung eines längerfristigen Handlungsfeldes im Hinblick auf Entwicklungsziele	Gestaltung einzelner Initiativaufgaben im Hinblick auf Feinentwicklungsziele und aktuellen Gruppenprozess
Prozessorientiertes Fokussieren auf Feinziele durch das Leitungsteam während und nach laufenden Aktivitäten	Aufgaben können passgenau und zeitnah für Feinziele Einzelner und den Gruppenprozess entwickelt werden
Leitungsteam ist in der Regel innerhalb der Gruppe, ringt mit um Lösungen, ist vom Ergebnis mitbetroffen	Leitungsteam kennt die Lösungsmöglichkeiten, ist in der Regel außerhalb der Gruppe und vom Ergebnis nicht betroffen
Vorrangige Leitungsfunktionen: mitbetroffener Teilnehmer, Prozessbegleiter, Fachmann	Vorrangige Leitungsfunktionen: Aufgaben stellen, Organisieren, Beobachten
Beziehung zwischen Gruppenleiter und Gruppenmitglied offen gestaltbar, Gruppenleiter bieten ihre fachliche Sichtweise an	Beziehung zwischen Gruppenleiter und Gruppenmitglied wie „Lehrer– Schüler"
Gefahr: Leiter verlieren die Distanz, werden von der Gruppe dominiert, beteiligen sich unangemessen an der Problemlösung	Gefahr: Gruppenleiter werden zu Animateuren oder Lehrern
Dauer: Mehrere Tage	Dauer: Ein bis mehrere Stunden

2.6 Raum zum Handeln

Gefordert sein und Handlungsdruck sind nötige, aber noch nicht hinreichende Bedingungen damit sich für jeden ein angemessener Raum zum Handeln bietet. Bei einer Gruppe mit recht jungen Teilnehmern fehlt diesen oft die Möglichkeit, sich verantwortungsvoll beim Beladen der Boote zu beteiligen. Da können evtl. nur die älteren zupacken, evtl. auch nur die Leiter. Raum zum Handeln geben bedeutet, nur das vorweg zu organisieren, was die Teilnehmer nicht leisten können. Dann gibt es genug für alle zu tun: Planen, Lebensmittel einkaufen, Material und Fahrpläne, Räder oder Zelte besorgen, den Rucksack packen, das Gemeinschaftsgepäck verstauen usw. Auch die Zeitstruktur öffnet oder begrenzt Handlungsräume. Ausprobieren, verändern, planen und entscheiden, kreative Versuche, „gute" und „schlechte" Erfahrungen, Diskussionen und Konfrontationen erfordern ein angemessenes Zeitbudget.

Anregungen für das Leitungsteam

1. Aktivitäten anbieten, die zur Arbeitsteilung anregen. Je besser sich eine Tätigkeit in Teilarbeiten aufgliedern lässt, desto wahrscheinlicher ist es, dass mehrere Leute gleichzeitig aktiv werden. Solche Beschäftigungen tragen bei allen zu dem Bewusstsein bei, dass ihr Beitrag nötig ist. Ein gutes Beispiel ist das Kochen. Da muss geplant werden, was gegessen werden soll, die Lebensmittel müssen eingekauft, für Küchenartikel muss gesorgt, es muss zubereitet, gegessen, gespült, abgetrocknet und aufgeräumt werden. Das Kochen erfordert wiederum eine ganze Reihe von Detailarbeiten. Wird mit Holz gekocht, muss man noch das Brennmaterial beschaffen und das Feuer in Gang halten.

2. Bildung von Untergruppen. Bei einer Radtour oder einer Wanderung mit einer größeren Gruppe können nur wenige für das Lesen der Landkarte, die Orientierung, für Reparaturen oder das Tempo verantwortlich sein. Die Mehrzahl der Jugendlichen läuft einfach mit. Anders in einer Kleingruppe von zwei bis vier Personen: Hier ist jeder Einzelne gefragt, trägt schon rein gefühlsmäßig mehr an Verantwortung und hat mehr Möglichkeiten, selbst zum Gelingen beizutragen.

Kleine Untergruppen sind auch bei der Planung und Organisation von Vorteil. Jeder hat schon einmal erlebt, dass sich in einer Gruppe von zwölf Teilnehmern nur ein Drittel der Leute aktiv beteiligt. In einer Gruppe von vier Personen reden jedoch oft alle mit. Auseinandersetzungen darüber, was an Ausrüstung mitgenommen, was eingekauft werden soll usw., verlaufen in größeren Gruppen oft langatmig und langweilig. Wenn aber mehrere Kleingruppen gleichzeitig verschiedene Teilaufgaben wie Kochplan,

Ausrüstungsliste, Wegstrecken, Fahrpläne oder Zeitstrukturierung angehen, geschieht alles viel aktiver, weil jeder zupacken muss. Die Darstellung und Diskussion ihrer Vorschläge in einem Plenum vermittelt der Untergruppe die Bestätigung, dass ihre Arbeit beachtet, vielleicht auch geachtet wird, auch wenn Ergänzungen hinzukommen oder manches verworfen wird. Die Mitsteuerung des Gruppenprozesses durch die Gruppenleiter ist hier sehr wichtig, damit den einzelnen Ideen genug Raum gelassen und niemand entwertet wird.

In der Anfangsphase von Gruppen ist es oft sinnvoll, Kooperation mit Hilfe von Initiativaufgaben einzuüben. Hier kann z. B. jedes Gruppenmitglied vorher alleine eine Teilfähigkeit erlernen, die es später einbringen kann, damit das Ziel der Gesamtgruppe erreicht werden kann. Bei einer Flussüberquerung z. B. sind das etwa bestimmte Knoten, der Bau eines Flaschenzuges, der Umgang mit dem Seil oder Anseilmethoden.

3. Raum für kreative und eigenwillige Lösungen geben. Jugendliche lassen sich von den Materialien, der Umgebung und dem positiven Beziehungsklima der erlebnispädagogischen Gruppe häufig zu Spielereien und ernsthaften Ideen anregen; da kommt es zu Fangspielen mit den Klettersteigkarabinern, man spielt Fischerstechen auf kieloben schwimmenden Kanadiern oder schwimmt kleine Wasserfälle hinunter. Manchmal gelingen ungewöhnliche „Erfindungen" wie das „Kaffeepulver" aus angebrannten Nudeln oder das „Spülen" eines Kochtopfes mit Kartoffelresten durch anschließendes Suppekochen.

Solch ausgefallenen Lösungen können Gruppenleitern als Fachleuten ein Dorn im Auge sein. Sie erfüllen jedoch ihren Zweck unter den gegebenen Bedingungen mehr oder weniger gut. Man braucht vielleicht einige Zeit, um derartige Methoden ertragen zu können, die oft für Einzelne oder eine Gruppe subjektiv ein Fortschritt sind. Hat jemand Angst, dann kann er eben beim Klettern keinen kraftsparenden Stützgriff anwenden. Er klammert sich zunächst fest und zieht sich an den Fingern hoch. Hier muss oft eine sportdidaktisch korrekte Unterstützung zugunsten einer prozessorientierten, experimentellen Begleitung zurücktreten. Ihre Grenzen findet diese natürlich dann, wenn Menschen, Umwelt oder Ausrüstung ernsthaft gefährdet sind.

4. Die Chancen von Wahlmöglichkeiten nutzen. Wirkungsvolle erlebnispädagogische Handlungsfelder gestatten oft mehrere gangbare Lösungen. Um von A nach B zu kommen, gibt es längere, kürzere, beschwerlichere, bequemere, interessantere oder langweiligere Wege. Ist nur eine einzige „Loipe" vorhanden, dann sind weder Auseinandersetzungen noch Entscheidungen oder gar Alternativen möglich. Wer Wahlmöglichkeiten nutzt, wird mit seinen Motiven konfrontiert: Wähle ich eine bestimmte Strecke wegen der Landschaft, der körperlichen Anforderung oder um mit bestimmten Personen zusammen zu sein?

Es kann sinnvoll sein, dass Untergruppen oder einzelne Teilnehmer verschiedene Wege gehen und Alternativen ausprobieren, was auch für Organisationsprobleme, Reparaturen usw. gilt. Auch Denken ist Handeln, d. h. zunächst Probehandeln. Hier steht die Abwägung und Bewertung von Alternativen im Vordergrund, was zu einer wichtigen Entwicklungsaufgabe für Jugendliche gehört. Situationen, die nur eine einzige Lösungsmöglichkeit zulassen, bieten dem Denken und Handeln weniger Anreiz. Allerdings können sie andere Lernchancen beinhalten und eventuell zu Grenzerfahrungen führen. Dann gilt es, sich einer unausweichlichen Tatsache zu stellen, die man vielleicht am liebsten nicht wahrhaben möchte.

Trotz aller Lernchancen, die eine Gruppe bietet, birgt sie doch eine gewisse Gefährdung individueller Handlungsräume. Es kann ein Gruppendruck entstehen, dem sich mancher nicht entziehen kann. Umso wichtiger ist es die Rahmenbedingungen (Kap. 3) entsprechend zu gestalten und Entscheidungsprozesse so zu begleiten, dass jeder die Möglichkeit hat, sich seine Meinung zu bilden, sie zu äußern und gegebenenfalls danach zu handeln.

5. Auf Anforderungen für alle Fähigkeitsstufen achten. Die Leistungsfähigkeit einer Gruppe wird niemals homogen sein, und das sollte sie auch gar nicht. Gerade deshalb braucht jeder etwas für sich Passendes, um dort ansetzen können, wo er gerade steht. Als leitender Gesichtspunkt gilt immer: Was fördert die Entwicklungsziele einzelner Teilnehmer? Die Selbstversorgung ist erneut das Paradebeispiel: Vom Anfänger bis zum Profikoch kann sich jeder engagieren.

Ganz besondere Aufmerksamkeit erfordern Auswahl und Schwierigkeitsgrad der Aktivitäten. Es wäre ideal, wenn das Klettergebiet der Gruppe verschiedene Routen in allen Schwierigkeitsgraden aufweisen würde und ein Wanderfluss Zahmwasser-Strecken für die Unerfahrenen und Abschnitte mit Schwällen für bessere Fahrer. Das Angebot verschiedener Bootstypen, die allein, zu zweit oder zu mehreren gefahren werden können, berücksichtigt die unterschiedlichen sportlichen Fähigkeiten und stellt ganz verschiedene soziale Anforderungen. Bei sehr heterogenen Gruppen ist abzuwägen, ob es nicht sinnvoller ist, den Untergruppen je spezielle Schwierigkeitsgrade anzubieten.

Manchmal muss einem Einzelnen ein besonderer Handlungsraum geschaffen werden, um ihm den Anschluss an die Gruppe zu erleichtern oder gar erst zu ermöglichen, oder um eine seiner Stärken zu verdeutlichen: In einer Gruppe war ein bestimmter Nachtisch, zubereitet von einem schwer integrierbaren Mitglied, obligatorisch. In einer anderen diente das sonst verpönte selbstgebaute Minitransistorradio eines Jungen zum Abhören des Wetterberichtes.

2.7 Überschaubarkeit des Aktionsfeldes

Nur wer sein Handlungsfeld überschauen kann und alle wesentlichen Einzelheiten kennt, vermag seinen Handlungsspielraum nutzen und wirklich Verantwortung tragen. Andernfalls können sich Eigeninitiative, Verantwortung für sich und die Gruppe sowie das Bewusstsein für die Bedeutung des eigenen Beitrags nur schwer entwickeln. Nur in einem überschaubaren Umfeld kann jeder ein Bewusstsein seiner Identität entwickeln, weil er ständig und unmittelbar erlebt, wie die anderen ihn wahrnehmen. In einer chaotischen Gruppe oder einem Wirrwarr von Aufgaben wird dagegen ein Gefühl der eigenen Bedeutungslosigkeit und Handlungsunfähigkeit erzeugt. Eine aktuelle und situationsbezogene Einschätzung der Konsequenzen einer Handlung wird erschwert.

Information als Entscheidungs - und Handlungsgrundlage

Eine erlebnispädagogische Gruppe beginnt bereits mit den Kontraktgesprächen. Alle Teilnehmer erfahren dabei möglichst genau, was auf sie zukommt und worum es für sie persönlich in der Gruppe gehen kann. Dann können sie auch verstehen, welchen Sinn die Verbindlichkeit der Entscheidung zur Teilnahme hat.

Dieser Informationsprozess setzt sich während einer laufenden Gruppe fort. Die Informiertheit der Teilnehmer und damit ihre Kompetenz, sich verantwortlich zu beteiligen, wird immer größer. Jeder braucht das ganze, zu einem bestimmten Zeitpunkt erforderliche Wissen darüber, von wem welche Entscheidungen getroffen werden können und um welche Inhalte es dabei geht. Sind z.B. die vorhandene Ausrüstung, der augenblickliche Stand der Haushaltskasse oder die Zielorte nur den Leitern oder wenigen Teilnehmer bekannt, dann ist die Gruppe nicht wirklich verantwortungs- und handlungsfähig. Damit jeder all diese Informationen überhaupt wahrnehmen, speichern und ihre Bedeutung einschätzen kann, ist eine Begrenzung der Gruppengröße, der Anzahl der erlebnispädagogischen Medien, Ausrüstungsgegenstände und Aktionsorte nötig. Sicher wird diese Grenze je nach Alter und Reifegrad der Jugendlichen, den soziokulturellen und logistischen Umständen anders zu ziehen sein.

Gruppengröße und Transparenz

Wie groß darf eine Gruppe im Hinblick auf den Reifegrad der Jugendlichen sein, damit das Geschehen als Ganzes und das Verhalten Einzelner noch

von jedem wahrgenommen, Planungen und nahe Beziehungen in der Gesamtgruppe möglich sind? Bis zu welcher Gruppengröße ist es noch möglich, befristete Untergruppen zu bilden, ohne dass die dort erlebte Geborgenheit den Rückzug aus einer als zu groß und bedrohlich erlebten
Gesamtgruppe provoziert? Große Gruppen verlieren zunehmend an Verbindlichkeit und Transparenz. Sie erschweren individualisierende Interventionen. Jugendliche, die zu Vermeidungsverhalten neigen, können sich
leichter Konfrontationen und unbequemen Anforderungen entziehen,
ohne dass es auffällt. Der Gruppenprozess wird weniger transparent, reifungsfördernde Auseinandersetzungen werden erschwert. Andererseits
können zu kleine Gruppen oft Angst auslösend wirken. Manche Jugendliche können zu viel Nähe nicht aushalten oder fühlen sich dauernd beobachtet und werden so daran gehindert, spontan zu sein.

Abgrenzung nach außen

Sowohl auf der sozialen wie auf der räumlichen Handlungsebene der erlebnispädagogischen Gruppe sind eindeutige Abgrenzungen unumgänglich.
Eine neue Gruppe kann nur dann ein Gefühl dafür entwickeln, wer dazu
gehört und wer nicht, wenn die Zusammensetzung der Gruppe längerfristig konstant bleibt. Brächten einzelne Jugendliche gelegentlich die Freun-
din oder den Bruder mit, die sich, wenn auch nur kurz, am Gruppenleben
beteiligten, dann würde die Identität der Gruppe unklar. Unsicherheiten
können auch entstehen, wenn Spezialisten zur Unterstützung eines Leitungsteams befristet hinzugezogen werden, z.B. Fachübungsleiter. Dazu
ist deren gezielte Einführung in die Gruppe mit Klärung ihres Status nötig.
    Unterkunft oder Lagerplatz sollten so beschaffen sein, dass es der erleb-
nispädagogischen Gruppe möglich wird, sich als eigenständiges Sozialge-
bilde zu erfahren. Halten sich dort noch andere Gruppen auf, werden
Räume oder einen Lagerfeuerplatz gemeinsam benützt, besteht vor allem
anfangs die Gefahr, dass die Grenze zu den anderen verwischt wird. Dadurch kann eine Art Großgruppe entstehen, die intime Beziehungen erschwert und Ausweichtendenzen fördert. Lernerfahrungen, die nur in
einem überschaubaren Beziehungsprozess mit längerfristig gleichen Partnern möglich sind, werden so verhindert. In der Schlussphase kann ein solches Setting allerdings hilfreich oder gar nötig sein, um den Übergang in
den Alltag anzubahnen.
    Je eindeutiger die Natur nur das bereitstellt, was für die erlebnispädagogi-
schen Aktivitäten nötig ist, desto deutlicher wird es für die Teilnehmer, was
die Ausgestaltung einer unfertigen Situation von ihnen fordert. Schon ein
Bootsverleih an einer Flussstrecke oder Ausflugslokale, können die Überschaubarkeit eines Aktionsfeldes beeinträchtigen. Je mehr Ablenkungen vor-

handen sind, desto unüberschaubarer wird das Gruppengeschehen und die Wahrscheinlichkeit von Ausweichverhalten nimmt zu. Auch der Umfang des Aktionsbereiches gehört zur Gruppenidentität. Wenn er zu groß ist, wenn die Handlungsorte zu weit voneinander entfernt sind, dann geht die Ganzheit des Geschehens verloren und es entsteht der Eindruck einzelner, voneinander unabhängiger Aktionen. Das wirkt sich auch auf die Übersichtlichkeit der Organisation aus: Können die Jugendlichen noch selbst planen oder nur noch Detailarbeiten nach Einweisung durch die Gruppenleiter ausführen?

Ein weiterer Bestandteil der Abgrenzung nach außen ist die Zeitstruktur. Beginn und Ende der gesamten Gruppenlaufzeit und der einzelnen Aktivitäten müssen eindeutig definiert sein. Der Gesamtzeitraum eines Projektes darf eine aus der Sicht der Teilnehmer überschaubare Dauer nicht überschreiten. Was in weiter Ferne und im „Irgendwann" liegt, wird leicht irreal und verliert an Bedeutung, sich auf Unbekanntes und Neuartiges einzulassen kann auf später verschoben werden.

Unmittelbarkeit der Rückmeldung

Die Zuversicht der Jugendlichen, alle erforderlichen Aufgaben bewältigen zu können, hängt u. a. von der subjektiven Überschaubarkeit einer Situation ab. Viele Jugendliche mit Entwicklungsproblemen können einen direkten Zusammenhang zwischen ihrem Tun und dessen Folgen nur schwer herstellen. Wohlwollen und Kritik, Sympathie und Antipathie der Umwelt führen sie oft ausschließlich auf Zufälle und die Einstellung der anderen zurück. Erfolg oder Misserfolg scheinen aus purem Zufall, aus den Eigenschaften des Materials oder der Aufgabe zu resultieren. Eine der Aufnahmefähigkeit der Gruppe angemessen begrenzte Anzahl von Strukturelementen ermöglicht oft erst die Wahrnehmung für die Wirkungen des eigenen Tuns. Auch das positive Beispiel anderer kann nur in einem übersichtlichen Umfeld ins Auge springen.

Bedingungen für das Wahrnehmen von Handlungskonsequenzen

- Das aktuelle „Gruppenklima" fördert ein angemessenes Maß an innerer bzw. äußerer Achtsamkeit der Teilnehmer während ihres Tuns.
- Der Zeitraum zwischen einer Handlung und ihrer Auswirkung ist so bemessen, dass beide als Einheit erlebt werden können.
- Eine Konsequenz kann unmissverständlich als Folge der vorangegangenen Handlung identifiziert werden.
- Wird diese Handlung unter gleichen Bedingungen wiederholt, dann sollte sich diese Auswirkung möglichst auch wiederholen.

Eine erlebnispädagogische Gruppe erfüllt diese Bedingungen nicht nur, indem sie Raum zum Handeln in einem überschaubaren Aktionsfeld bietet, sondern vor allem durch die Strukturierung der Aktionen. Wirksame erlebnispädagogische Medien setzen möglichst geringe, vor allem keine theoretischen Vorkenntnisse und praktischen Erfahrungen voraus, ihre Struktur und die geforderten Handlungsabläufe sind unkompliziert und unmittelbar einsichtig, schließlich erlauben sie eine direkte, für jeden nachvollziehbare Rückmeldung über die Folgen des eigenen Verhaltens. Drückt man auf den Sensor eines modernen Elektroherdes, sind die damit ausgelösten Abläufe relativ unklar und indirekt. Anders verhält sich das bei einem Holzfeuer: Da ist sofort einsichtig, dass Brennholz benötigt wird. Man erfährt sehr schnell, wie eine zu große oder zu kleine Luftzufuhr wirkt. Alle Ausrüstungsgegenstände sollten so beschaffen sein, dass sie diese unmittelbare Erfahrung vermitteln: Ein Boot, das einen konstruktionsbedingten Rechtsdrall hat, der laufend korrigiert werden muss, ein Langlaufski, dessen Abdruckzone nicht gut haftet oder verwickelte Kenntnisse über richtiges Wachsen erfordert, erfüllen diese Anforderung nicht.

Die Unmittelbarkeit einer Erfahrung hängt auch von der Auswahl und Strukturierung der Aktivitäten ab. Ist es für eine Gruppe angemessen, Kajaks aus Polyester zu gießen, d. h. einige Wochen Arbeit zu investieren, bevor das Boot das erste Mal ins Wasser kommt und seine Tauglichkeit getestet wird? Oder wäre es passender, in wenigen Stunden aus leeren Tonnen und Holzbalken ein Floß zu bauen? Eine spürbare Rückmeldung über die Wirkung ihrer Paddelführung bekommen die Leute auf den mittleren Positionen eines Mannschaftskanadiers nur, wenn sie auch einmal die Bug- bzw. Heckposition einnehmen oder im Einerkanadier fahren.

Auch die Höhe des Gesamtetats der Gruppe muss in einem angemessenen Verhältnis zur Fähigkeit der Gruppenmitglieder stehen. Kann die Gruppe noch den unmittelbaren Zusammenhang zwischen ihrem Umgang mit dem Haushaltsgeld und den Konsequenzen wahrnehmen?

Eine wichtige Rolle spielt auch die Anzahl der verwendeten erlebnispädagogischen Medien im Verhältnis zur verfügbaren Zeit. Ist noch genug Raum zur Verfügung, dass sich eine angemessene Achtsamkeit entwickeln kann? Müssen zu viele oder zu starke Reize gleichzeitig oder in zu kurzer Folge verarbeitet werden? Wenn ein viertägiges Zeltlager die Hin- und Rückfahrt mit dem Rad, dazu Selbstversorgung, Kajakfahren und Klettern beinhalten soll, entsteht leicht Zeitdruck. Wichtige Lernerfahrungen, werden dann durch vorschnelle sachorientierte Lösungen verkürzt. Die Gruppenleiter laufen Gefahr, ergebnis- und nicht mehr personen- und prozessorientiert zu strukturieren. Ist eine Situation nicht mehr transparent, dann schaffen die Teilnehmer durch Streichung von „verzichtbaren" Teilen des Programms Überschaubarkeit. Und als „verzichtbar" werden dann in erster Linie die Herausforderungen eingestuft, die auch im Alltag vermieden werden. Steht genug Zeit zur Verfügung, können mehrere Medien neben- und nacheinander eingesetzt werden, ohne die Unmittelbarkeit der Rückmeldung zu gefährden. Andererseits führt ein Setting, das zu wenig Anregung und nur wenig Abwechslung enthält, zu nachlassender Motivation. Schließlich kommt Langeweile auf. Die Situation der Gruppe ist „zu fertig".

2.8   Werte: Verantwortlich unterwegs sein

Ob bewusst oder unbewusst, Werte oder Ersatzwerte bilden die allgegenwärtige Grundlage unserer Normen, beeinflussen alltägliche Entscheidungen und Handlungen. Das gilt auch für die erlebnispädagogische Gruppe. Allein die Durchführung von Aktivitäten in der freien Natur mit einer Gruppe erfordert schon eine auf dieses Umfeld bezogene und real gelebte Wertehierarchie.

Außerdem gehört es zu den altersgemäßen Entwicklungsaufgaben Jugendlicher, sich mit Werten und Normen auseinander zu setzen. Die erlebnispädagogische Gruppe sollte auch daher dieses Thema einbeziehen. Werte lassen sich allerdings nicht wie Anseilknoten vermitteln. Sie können nur dann klar von den Teilnehmern wahrgenommen werden, wenn sie vom Leitungsteam getragen und gelebt werden, und den roten Faden der gesamten Rahmenbedingungen bilden.

Erlebnispädagogische Aktivitäten in der Natur haben immer auch eine spirituelle Dimension. Ohne dies gezielt zu steuern, können spirituelle Erfahrungen auftauchen: wenn Sinnfragen angesprochen werden, jemand von einem Baum, einer Felswand, der Nacht unter freiem Himmel usw. angerührt wird, oder wenn aus dem Unbewussten plötzlich Metaphern hervortreten, die zum eigenen Leben und Erleben Bezug haben, wenn spontan Mitgefühl, innerer Friede, Präsenz im Hier und Jetzt und innere Achtsamkeit entstehen. Es hängt von der Bereitschaft der Gruppe oder Einzelner ab und wo die Gruppenleiter auf dem eigenen Weg ihrer spirituellen Entwicklung stehen, ob und wie sie solche Erlebnisse aufgreifen und nutzen können. Häufig wirken sie ja bereits durch sich selbst. Erlebnispädagogische Settings lassen sich auch sehr gut mit spirituellen Themen verbinden. Das Leitungsteam kreiert dann Erlebnisfelder wie bei anderen Entwicklungsthemen auch(Muff/Engelhard 2007).

Aus einer erotischen Grundhaltung heraus auf die Welt zugehen

Eine erotische Grundhaltung (Schellenbaum 1993) bedeutet einerseits einen liebevollen Umgang mit der Umwelt, andererseits die Begrenzung des Ich und seiner Ansprüche auf Selbstbehauptung. Sie enthält noch mehr als Ruth Cohns Axiom: „Ehrfurcht gebührt allem Lebendigen und seinem Wachstum." (Farau/Cohn 2001). Bei einer erotischen Grundhaltung steht der Mensch seiner Umwelt nicht primär gegenüber, sondern betrachtet sich als Teil eines größeren Ganzen, wie ein Auge, das den eigenen Körper nicht nur betrachtet, sondern eines seiner Organe ist. Ein liebevolles Umgehen mit sich selbst findet sein Pendant im Leben mit der Natur.

Allerdings liegt es gesellschaftlich nahe, seinen Leib auszubeuten, ihn exzessiv zu benutzen, um Macht, Gewinn oder Lust zu maximieren, wie es auch in weiten Bereichen mit der Natur geschieht. Wer sich als Teil eines Umfeldes mit all seinen Menschen, Tieren und Pflanzen empfindet, der belastet es nicht unnötig, sondern lebt mit ihm. Darin könnte sich der Interessenkonflikt zwischen Naturnutzern und Naturschützern „eigentlich" aufheben.

Achtung vor sich selbst

Selbstachtung setzt Selbstwahrnehmung voraus und die Bereitschaft, Körperempfindungen oder Gefühle ins Bewusstsein treten zu lassen, d. h. achtsam zu sein. Achtsamkeit ist selbst ein Wert und nicht nur Mittel der Wahrnehmung; das Leben ist an sich wertvoll, nicht erst sein Nutzen für andere.

Selbstwahrnehmung bedeutet, seine Belastbarkeit zu spüren und zu merken, was tatsächlich gut tut und was schadet. Wie sorgsam macht man von seinem Körper Gebrauch? Wie kleidet man sich bei Hitze, Kälte oder Regen? Welche und wie viel Nahrung ist zuträglich? Gibt es genug Ruhe und Schlaf? Lässt man seine Bedürfnisse nach Intimität, Zugehörigkeit und Anerkennung zu? Einerseits geht es um Selbstverwirklichung, andererseits um die Tugend der Absichtslosigkeit (Guardini 2007), d. h., etwas um seiner selbst willen ohne Hintergedanken zu tun: Ich mache etwas ganz im Einklang mit mir und dem Umfeld, nicht um z. B. besser zu sein als andere, oder selbstzerstörerische innere Forderungen zu erfüllen.

Dass Leistung eigentlich wertlos oder gar überflüssig sei, wäre jedoch ein falscher Schluss. Schon die Tatsache der Existenz stellt uns vor die Aufgabe, die zur Bewältigung des Lebens notwendigen Leistungen zu erbringen. Leistungsfeindlichkeit gehört daher ebenso wenig zu den positiven Werten des Konzeptes der erlebnispädagogischen Gruppen wie Leistungsverherrlichung. Praktiziert man eine erotische Grundhaltung, dann werden Kletterfelsen nicht bezwungen, nicht zum Ding gemacht, mit dem der Kletterer kämpft, sondern das Klettern wird zur Interaktion zwischen Fels und Mensch: Was ist zwischen uns möglich? (Panchyrz 2006)

Achtung vor anderen innerhalb der Gruppe

Ruth Cohn postuliert die vollständige Selbstverantwortlichkeit (Farau/ Cohn 2001). Obwohl dies indirekt den verantwortlichen Umgang mit anderen bedeutet, wurde die Regel „Sei deine eigene Chair-Person" manchmal im Sinne einer einseitigen Selbstverwirklichung missverstanden. Selbstverantwortlich handeln impliziert, die Folgen seines Tuns abzuwägen und zu berücksichtigen, wie es sich auf andere auswirken könnte. Dies setzt Achtung vor den anderen voraus.

Die erlebnispädagogische Gruppe verlangt ein beständiges Abwägen zwischen eigenen und fremden Bedürfnissen: Da wird z. B. nicht genug eingekauft oder gekocht, damit alle satt werden können, oder die ganze Gruppe wird vom Gewitter eingeholt, wenn sie auf jemanden wartet, der langsamer als die anderen ist. Für die Gruppenleiter entsteht daraus die günstige Gelegenheit, aber auch die Verpflichtung zur behutsamen Auseinandersetzung mit Werten: Solidarität oder Autonomie, konfrontative und verantwortungsvolle Entscheidung oder Suche nach Schuldigen, Recht der Stärkeren? Welche Werte einzelner und der Gruppe zur Richtschnur taugen, bemisst sich daran, wie andere geachtet werden, informelle Gespräche über Spiritualität, Politik oder Ethik geführt werden. Will z. B. jemand im Gegensatz zur Gruppenmeinung am Sonntag in die Messe oder zu den Zeugen Jehovas, hat ein 15-Jähriger noch ein „Schmusekissen" dabei, werden „unglaubliche familiäre Zustände" offenbar oder sozial geächtete „Delikte" begangen, dann ist nicht nur ein Gruppenproblem zu lösen, sondern auch eine Auseinandersetzung über Werte angesagt. Den Gruppenleitern wird dann die Gratwanderung zwischen einer klaren persönlichen Stellungnahme und einer Allparteilichkeit, d.h. der Würdigung aller Betroffenen abverlangt – am meisten dann, wenn Grenzen gesetzt werden müssen, ohne die Betreffenden zu diffamieren. Ziel ist dabei immer auch Werte zu vermitteln, Verhalten zu modifizieren, das die gegenseitige Achtung zerstört.

Kooperation gilt mehr als Konkurrenz – dem hat der Rahmen zu entsprechen. Eine erlebnispädagogische Gruppe hat rein gar nichts mit solchen Survival- und Managementtrainings gemein, bei denen es darum geht, hart gegen sich selbst und gegen andere zu werden.

Leiter, die immer wieder mit neuen Gruppen arbeiten, werden oft gefragt, ob die anderen Gruppen besser oder schlechter waren. Manchmal ist es gar nicht leicht, darauf so zu antworten, dass jedem Teilnehmer und jeder Gruppe ihr individueller Eigenwert zuerkannt wird.

Achtung vor der Gesellschaft

Achtung und Verantwortung in der Gruppe entsprechen der Achtung vor der Allgemeinheit. Der gesellschaftliche Aspekt wird direkt relevant, wenn es etwa darum geht, mit Gemeineigentum wie Eisenbahnabteilen, Verkehrsschildern oder Telefonzellen sorgsam umzugehen. Aber auch der Bauer, der seine Wiese zur Verfügung stellt, und die unbekannten ehrenamtlichen Helfer, welche die Sicherungshaken gesetzt haben, haben darauf Anspruch. Eine Gruppe, die nach einem mehrtägigen Regen bei einem Bauern ein Bündel Anschürholz geklaut hat, hätte ihren Frühstückstee sicher schnell fertig gehabt, hätten die Gruppenleiter es zugelassen, das Holz zu verwenden. Die durch die Kritik dieses Diebstahls angefachte Wertediskussion war indessen eindeutig wichtiger.

Verhaltensnormen, welche die Achtung vor Allgemeingut fordern, sind weniger gut zu erkennen und den Jugendlichen schwerer einsichtig, wenn sich Entscheidungen und Handlungen nicht sofort und augenfällig auf die unmittelbare Umgebung auswirken. Sollen Dosen, Tetrapacks und Pappbecher verwendet werden oder nicht? Wie geht die Gruppe mit dem Verpackungsmaterial um? Bleibt der Müll beim Verkäufer, werden möglichst unverpackte Produkte gekauft, Kartoffeln, Eier und Milch vielleicht beim Bauern? Wie beseitigt die Gruppe ihren Abfall? Was kann beim Bauern kompostiert, was vergraben, was im Kochfeuer verbrannt werden? Werden Autos wirklich nur energiesparend zu den nötigsten Wegen genutzt oder fährt man schnell mal zum Lebensmittelhändler, obwohl man für die fünf Kilometer auch das Fahrrad nehmen könnte?

Achtung vor der Natur

Dass man sich als Teil der Natur begreift und sie achtet, stellt besonders im Zeitalter des Massentourismus eine Bedingung für die moralische Berechtigung dar, erlebnispädagogische Gruppen überhaupt durchzuführen. Die Achtsamkeit beginnt schon, wenn man sich zur Rast im Gras niederlässt oder sein Zelt aufbaut. Wer ist sich schon dessen bewusst, dass das Leben ist, auf dem er sitzt und das er zusammendrückt? Gras, das klingt banal. Schließlich wird darauf Fußball gespielt, es wird verfüttert und ist praktisch unausrottbar, eine Art Unkraut. Es gibt keinen Grund, sich nicht ins Gras zu legen, denn schließlich gebraucht man ja auch seinen Körper und verbraucht ihn damit. Leben heißt, sich mit jedem Herzschlag, jedem Atemzug, jedem Schritt ein bisschen zu verschleißen. Die Natur nicht zu gebrauchen, das hieße auf das Leben verzichten, und darum kann es nicht gehen. Es geht vielmehr darum, mit welcher Ehrfurcht man ein Grasbüschel entfernt, das unter der Isomatte drückt, eine Beere pflückt oder einen Stock als Zelthering abschneidet. Einen Orchideenkenner berührte es überhaupt nicht, wenn er auf dem kürzesten Weg durch saftige Wiesen „weniger wertvolle" Blütenpflanzen niedertrampelte. „Die Bauern kennen mich und haben nichts dagegen." Von einer erotischen Beziehung zur Natur oder wenigstens Achtung war nichts zu spüren.

Aktivitäten erlebnispädagogischer Gruppen sind keine Schweigemärsche. Umso wichtiger ist es, dass die Gruppe ein Gefühl dafür entwickelt, welche Lautstärke in welcher Landschaft zu welcher Jahres- und Tageszeit angemessen ist.

Das Verhalten der Tiere in der Wildnis ist ein gutes Vorbild. Ein Reh frisst, wenn es genug Lebensraum hat, nie eine einzige Stelle kahl, sondern zieht äsend über eine größere Fläche. Werden essbare Pflanzen wie Brennnesseln, Wegerich oder Schlüsselblumenblätter gesammelt, dann wird von einer Staude oder Rosette immer nur so viel genommen, dass die Pflanze unbeeinträchtigt weiterwachsen kann. Stöcke kann man aus verschiedenen Büschen herausschneiden und so, dass ein Strauch nicht in seiner natürlichen Wuchsform beeinträchtigt wird. Holzige Teile werden nicht abgerissen, sondern mit sauberen Schnitten abgetrennt.

Auch bei der Wahl eines Zeltplatzes geht es nicht nur um technische Fragen, sondern zudem um die Achtung vor der Natur: Wo werden mehr Pflanzen oder Kleintiere beeinträchtigt? Steht eine seltene Pflanze etwa genau vor dem Zelteingang und wird wahrscheinlich die nächsten Tage nicht überleben? Ähnliches gilt auch für An- und Abstiegswege an Kletterfelsen, bei Umtragungen von unbefahrbaren Flussstrecken und bei Querfeldeinwanderungen. Kleine, in den Boden gesteckte Stöckchen rund um eine Pflanze machen in der Umgebung des Lagers darauf aufmerksam, dass hier etwas besonders Verletzliches lebt.

Beispiel

Arno ist nichts heilig, täglich gibt es blaue Flecken oder blutige Nasen. Während er alleine die Kletterausrüstung bewacht, entdeckt er eine kleine blühende Fliegen-Ragwurz. Begeistert betrachtet er sie bei späteren Gelegenheiten immer wieder und achtete wie ein Wachhund darauf, dass das Trockenrasenstück, auf dem die Pflanze wächst, nicht betreten wird. Das war ein erster Schritt zum Aufbau einer neuen Wertehierarchie, der u. a. aus dem entsprechenden Modellverhalten des Leitungsteams resultierte.

Dass jeder Platz möglichst ohne Spuren verlassen wird, bedarf eigentlich keiner Erwähnung. Dazu gehört Achtsamkeit bereits während des Aufenthalts, nicht erst am Schluss, wenn der Abfall aufgelesen werden muss. Feuerstellen lassen sich z. B. durch Ausheben und späteres Wiedereinsetzen von Grasnarbenstücken so anlegen, dass von ihnen später nicht mehr viel zu sehen ist. Pfade zwischen den Zelten oder zum nächsten Weg können so angelegt werden, dass sie der Vegetation nicht allzu sehr schaden, was dazu führen kann, dass ein Pfad am Heckenrain verläuft statt mitten durch den Trockenrasen, auch wenn das „erlaubt" wäre. Manchmal kann es richtig sein, nur einen einzigen Pfad zu treten und den Restbereich zu schonen, manchmal sind immer wieder neue Wege angebracht, um keinen Bereich nachhaltig zu schädigen.

Diese Beispiele sollen eine Einstellung veranschaulichen, die zu einem achtsamen Unterwegssein führt. Regeln können mithelfen, diese Einstellung aufzubauen. Sie werden aber oft nicht greifen, denn bloßes Regelbefolgen erfüllt oft nur den Buchstaben des Gesetzes, aber nicht seinen Geist. Lieben kann man nur, was man bewusst wahrnimmt und kennt. In der Natur unterwegs zu sein, bedeutet daher nicht nur, sie zu nutzen und zu schonen, sondern auch, sich ihren ästhetischen und überraschenden, ihren interessanten oder beängstigenden Erscheinungsformen zu öffnen. Kenntnisse über Tiere und Pflanzen, Geologie und ökologische Zusammenhänge können dazu beitragen, wenn sie nicht als Lernstoff, sondern in aktuellen Anlässen anschaulich vermittelt werden, wenn die Natur nicht auf ein zu beobachtendes oder gar auszubeutendes Objekt reduziert wird.

3 Körpererfahrung als Lernprozess

Körperliche Aktivitäten sind in jeder Form der Erlebnispädagogik unverzichtbar. Im Kontext der erlebnispädagogischen Gruppe wird die Interdependenz zwischen sinnlicher Wahrnehmung, Körperempfindungen, Fühlen, Denken und körperlicher Bewegung gezielt dazu genutzt, konstruktive Lernprozesse einzuleiten, unterstützend zu begleiten und zu festigen.

„Von sich Gebrauch machen, das bedeutet vor allem: Sich Fortbewegen und das geschieht gewöhnlich, indem die Konfiguration des Körpers verändert wird." (Feldenkrais 2008, 80) Dies geschieht immer in Wechselwirkung mit den besonderen räumlichen, materiellen und sozialen Bedingungen eines Lebensraumes. Jeder Mensch baut daher nach und nach nur ihm eigentümliche Bewegungsmuster und Körperhaltungen auf, die von diesem Lebensraum mitgeprägt sind, die nicht nur Ausdruck der gelernten motorischen Abläufe, sondern ebenso seiner Denk- und Gefühlsmuster sind. Wer mit zusammengepressten Pobacken, eingezogenem Bauch und angespannten, nach unten gezogenen Schultern von einem aufregenden Erlebnis erzählen will, wird schnell merken, wie sich diese Haltung auf die Atmung auswirkt und wie schwer es ihm fällt zu denken, zu sprechen und die prickelnden Gefühle zu vermitteln, die für ihn mit seiner Geschichte verbunden sind.

An diesem Beispiel wird deutlich, wie die Konfiguration des Körpers, Sinneswahrnehmungen, Gefühlsreaktionen und Denkvorgänge miteinander in Wechselwirkung stehen, und dass über eine Veränderung der Motorik auch die anderen Prozesse beeinflusst werden und sich beeinflussen lassen. Der Körperausdruck eines Menschen spiegelt vorübergehende Zustände wie Müdigkeit, Freude und Angst, das Ergebnis aktualisierter Erbinformationen, und auch das Produkt seiner gesamten Lebenserfahrung. Körperorientierte psychotherapeutische Schulen sprechen daher von der im Körper eingefleischten Lebensgeschichte. Bewegungsmuster entsprechen Lebensplänen. Individuelle Körperformen und Körperhaltungen sowie die Art von Bewegungen sind u. a. Ausdruck der Überzeugungssysteme einer Person. Diese selektieren, was aus dem Umfeld wahrgenommen wird und fungieren als Grundlage der Beurteilung von Situationen. Sie prägen Denkmuster, Gefühle, Körperstruktur und Bewegungsmuster.

Wer durch einseitige frühere Erfahrungen die Überzeugung gewonnen hat, dass er nur dann Zuwendung erhält, wenn er sich für andere einsetzt, wird ein entsprechendes Ich-Bild und dazu passende Haltungen und Bewegungsabläufe ausbilden. Hat er aber gelernt, dass ein schwaches oder inkompetentes Verhalten zu diesem Ziel führt, wird er ein ganz anderes Ich-Bild entwickeln. Die Körpererfahrung kann daher als Bezugspunkt für das Feed-back des Körpers dienen und Überzeugungen bewusst machen. Werden sie wahrgenommen, lassen sie sich auf ihre Auswirkungen hin überprüfen. Das ist bereits durch eine Veränderung der gewohnten motorischen Abläufe möglich. Dabei kann unter günstigen Bedingungen erfahren werden, dass auch eine neue Bewegungsform befriedigend ist und eine befürchtete Folge wie z. B. ein Sturz nach dem Aufgeben der alten Gewohnheit gar nicht eintritt. Körpererfahrungen sind häufig Grenzerfahrungen nach Art des Erforschens der Selbstbegrenzungen und beinhalten die Auseinandersetzung mit Selbstbildern und Überzeugungen. So verstanden, geben derartige Prozesse Anhaltspunkte für differenzierte Interventionsstrategien.

In einer erlebnispädagogischen Gruppe geht es immer auch um die Verbesserung motorischer Fertigkeiten. Ziel wird jedoch nicht die Ertüchtigung zu persönlichen Höchstleistungen oder die Einübung sozialer Konkurrenz sein. Allerdings bringen Jugendliche selbst solche Vorstellungen in die Gruppe ein. Insofern eröffnet sich hier ein wichtiges Lernfeld. Für Einzelne kann es ganz neu, unerhört und bedeutend sein, mit anderen in Konkurrenz zu treten. Für manche ist es überhaupt das grundlegende Entwicklungsziel, sich auch durch Leistung zu definieren, etwas bis zum Ende durchzuhalten und Erfolg zu haben. Es ist jedoch bedenklich, rein „sportliche" Leistungen einseitig zu bestärken und ein Verhalten vorwiegend nach seiner Nützlichkeit zu bewerten. Bei manchen Jugendlichen können so selbstdestruktive Denk-, Gefühls- und Bewegungsmuster bestätigt oder die Auseinandersetzung mit anderen Entwicklungszielen erschwert werden.

Rein verbale Konfrontationen und ein sprachfixiertes Denken wiederholen oft nur die eingefahrenen Schemata. Gefühle direkt durch Belehrung, Trost oder Überredung zu beeinflussen, führt nur zu kurzfristigen Veränderungen. Wenn sich jedoch körperliche Muster umgestalten, dann wandeln sich auch das Ich-Bild und die Überzeugungssysteme. Feldenkrais (2008, 66) sagt dazu:

> „Eine grundsätzliche Änderung in der motorischen Grundlage jeder beliebigen Integrationsfigur (dies meint die Gesamtheit der Reaktionen aller Teile des Organismus, die bei einer Handlung aktiviert und koordiniert werden – W. F.) wird daher den Zusammenhalt des Ganzen zerstören und dadurch dem Denken und dem Gefühl den Halt entziehen, …" – „Gewohnheit hat ihre stärkste (gemeint ist wohl: ihre stärkste Macht – W.F.), die Stütze der Muskeln verloren. Jetzt lässt sie sich ändern."

3.1 Ungewohnte Körpererfahrungen machen

Neue, unerwartete und unbekannte Anforderungen an die Motorik verlangen die Modifikation alter Bewegungsmuster. Fremdes mit deutlichem Kontrast zu Bekanntem wird mit gesteigerter Bewusstheit wahrgenommen. Gewohnheiten, damit auch die Einstellungen, Denk- und Wahrnehmungsmuster werden in Frage gestellt. Manche Jugendliche machen zum ersten Mal die Erfahrung, wie es ist, „von so großer Höhe" auf eine Landschaft hinabzuschauen, frei an einem Seil hängend, der Schwerkraft ausgesetzt sein und zugleich Sicherheit empfinden. Durch solche Erlebnisse können Verunsicherung, Verwirrung oder Angst und das Bedürfnis nach Rückzug entstehen, aber ebenso Neugierde, Lust und das Bedürfnis, die neuen Empfindungen auszukosten; eine Grenzerweiterung wird möglich.

Wir können Körperhaltungen bei nur leicht angespannten, beweglichen Muskeln am besten wahrnehmen und neu strukturieren. Die Mobilität erlaubt es, alte Muster auf ihre Brauchbarkeit zu überprüfen und zu verändern. Starke Anspannung und hoher Krafteinsatz dagegen vermindern die Fähigkeit zur Selbstwahrnehmung und zu muskulären Veränderungen. Manche Gruppenteilnehmer brauchen Hilfe, damit sie ihre Anspannung situationsangemessen einsetzen können.

Anders verhält es sich bei einem Jugendlichen, der bisher auf eine Forderung, die mit Anstrengung verbunden sind, mit Vermeidung von Krafteinsatz reagiert hat. Wenn dieser zum ersten Mal einen anderen mittels Halbmastwurfsicherung am Seil freihängend festhält, ist zwar auch eine unverkrampfte Haltung geboten, es kommt jedoch ein der Gegenkraft angemessenes Zusammenpressen der Hand um das Seil dazu. Für ihn tut sich hier die Chance auf, unmittelbar zu empfinden, dass es auch sehr befriedigend sein kann, Kraft einzusetzen.

3.2 Die Lebendigkeit des Körpers steigern

Bewegung und eine intensivere, tiefere, den wechselnden Anforderungen rhythmisch angepasste Atmung fördern die Lebendigkeit des Körpers. Bisher ungenutzte Muskelpartien werden aktiviert, durch Muskelanspannung eingeschlossene Gefühle und Gedanken werden frei: Manchmal geschieht dies unter heftigen Muskelschmerzen oder löst derart tiefe Empfindungen aus, dass der Betroffene am liebsten aufhören möchte. Dann braucht er eine einfühlsam Sicherheit vermittelnde Begleitung, die keinesfalls ängstlich behütet oder fordernd antreibt.

Beispiel

Am ersten Wochenende einer erlebnispädagogischen Gruppe stand ein anstrengender Rückweg durch den Schnee auf dem Programm. Bis auf die körperlich gut trainierte Veronika hörten alle anderen allmählich auf zu sprechen. Veronika hielt das nicht aus und redete umso mehr, je stiller die Gruppe wurde. Als der Weg dann auf einem Höhenrücken merklich leichter wurde, begann sie heftig zu weinen. Die anderen waren sichtbar betroffen oder überspielten die Situation mit spöttischen Bemerkungen. Veronika konnte nur sagen, dass sie plötzlich traurig war. Ein verdrängtes Gefühl war zu Bewusstsein gekommen. Die Erschöpfung und die lockernde Atmung an der Steilstufe hatten bewirkt, dass sich die Muskeln, die bislang die Gefühlsregung zurückhielten, entspannen konnten. Die Gruppenleiter bestätigten ihr, dass so etwas nicht außergewöhnlich sei und hielten die anderen dazu an, ihre Bewegtheit hinzunehmen und nicht wegzudiskutieren oder zu trösten. Sie unterbanden jeden Versuch, nach den Gründen der Tränen zu forschen oder spöttische Bemerkungen zu äußern. Bisher war Veronika nur durch ihr Temperament, schlagfertige Reden und Späße hervorgetreten. Jetzt war sie mit einem bisher umgangenen Bereich ihrer Persönlichkeit in Berührung gekommen. Erst Monate später erzählte sie einer Gruppenleiterin, was damals in ihr vorging. Ähnliche, wenn auch weniger dramatische Erfahrungen musste sie danach noch öfter durchleben, bis sie in der Lage war, problematische Gefühle nicht durch Aktivität zu überspielen, sondern sie zuzulassen und entsprechend zu handeln.

3.3 Das Selbstbild erweitern

Körperpartien, die normalerweise nicht oder nur selten gebraucht werden, sind auch weniger bewusst. Sie werden im Körperschema nur undeutlich wahrgenommen, andere dagegen mögen einseitig hoch entwickelt sein. Daher sind auch bestimmte Gedanken und Gefühle im Selbstbild überrepräsentiert, während andere wenig verwendet, geübt und verfügbar sind. Feldenkrais sagt über das körperliche Ich-Bild,

> „dass der Weg über die systematische Korrektur des Bildes kürzer und gründlicher sein wird als der über die Korrektur einzelner Handlungen und einzelner Fehler in Verhaltensweisen. (…) Die Korrektur einzelner Handlungen gleicht dem Korrigieren des Spiels auf einem verstimmten Instrument." (2008, 48)

Die Beschäftigung mit erlebnispädagogischen Medien erfordert neue Bewegungsabläufe, z. B. das Bedienen eines Stechpaddels. Ein Kanadierfahrer braucht ein ausreichendes Bewusstsein dafür, wie sich die Stellung von

Becken, Schulter, Arm und Hand verändert, wenn er sein Paddel bewegt. Er kann mehr oder weniger gut spüren, wie er mit dem Boot verbunden ist und wie die Kraft des gegen den Wasserdruck bewegten Paddels auf das Boot übertragen wird. Wenn er dann wahrnimmt, wie sich seine unterschiedlichen Bewegungen auf die Fahrtrichtung des Bootes auswirken, kann er einen Kanadier richtig steuern und im voraus wissen, wie sich das Boot verhalten wird. Das bloße Üben eines Paddelschlages mit jemandem, dessen Körperschema unzureichend entwickelt ist, würde sehr lange dauern. Es könnte auch dazu führen, dass er um eine „richtige" Reaktion des Bootes zu erzielen, eine, physiologisch betrachtet, unökonomische Armbewegung lernen und vielleicht unnötig Kraft einsetzen würde. Im obigen Zitat entspräche das dem „richtigen" Spiel einer Melodie auf einem „falsch" gestimmten Instrument. Ökonomischer wäre es, um im Bild zu bleiben, das Instrument ganz neu zu stimmen: Der Paddler wird unterstützt, sich seiner Glieder bewusst zu werden und sie physiologisch angemessen zu nutzen.

Häufig ergeben sich solche Lerneffekte ganz nebenher. Andere erfordern jedoch physiotherapeutische Unterstützung durch einen Gruppenleiter, der hilft, die körperdynamischen Zusammenhänge zu spüren. Vorübergehend geht es dann nicht mehr um das Vorwärtskommen, sondern um Erforschung: Wie reagiert das Boot, wenn ich…, was macht die Hüfte, wenn…; was habe ich gemacht, als das Boot… Die Bewegung wird zum Spiel mit Alternativen und führt zu unterscheidendem Lernen. Dafür sind die Bewegungen, die den angestrebten Effekt erreichen, genauso nützlich wie die mit einer nicht gewollten Wirkung. Aus dem Vergleich beider entwickelt sich eine größere Körperbewusstheit, technisches Können und ein sensomotorisches Verständnis für die physikalischen und physiologischen Vorgänge, vor allem jedoch werden Körperschema und Selbstbild erweitert.

3.4 Überzeugungssysteme wahrnehmen, überprüfen und differenzieren

Das Erleben ungewohnter Körperempfindungen, die Steigerung der Beweglichkeit und Lebendigkeit und die Erweiterung des Selbstbildes durch die Bewusstwerdung des Körperschemas tragen bereits zu differenzierterer Selbstwahrnehmung bei. Sie fördern die Erfahrung, wann eine bestimmte Überzeugung stimmig ist und wann nicht. Manchmal ist es wirkungsvoller, das erlebnispädagogische Setting nicht nur von selbst wirken zu lassen, sondern einzelne Jugendliche gezielt und individuell zu unterstützen. Dazu zwei Beispiele:

Beispiele

Gert ist durch einen nächtlichen Wolkenbruch im Schlafsack an den Füßen nass geworden. Beim Frühstück sitzt er mit angewinkelten Beinen und eingezogenen Schultern da, obwohl es nun warm ist und er gar nicht mehr friert. Es stellt sich heraus, dass er Angst hat, krank zu werden und glaubt, er müsse deshalb jede Bewegung vermeiden. Besonders absurd klingt seine ernsthaft gemeinte Frage, ob er denn mit dem Rad zum Einkaufen fahren könne oder ob ihm das schaden würde. Von der Gruppe nahezu einstimmig ermutigt, ließ er sich zögernd darauf ein. Als die Gruppe am Mittag wieder zusammenkam, fühlte er sich sichtlich wohl und verkündete stolz, gesund zu sein. Gert hatte zu Hause „gelernt", dass er zerbrechlich sei und sich schonen müsse. Die Eltern hatten ihn immer beschützt, er hatte die „Wärmflasche" stets dankbar angenommen. Die erwartete gesundheitliche Katastrophe konnte so immer wieder „verhindert" werden, und Gert war daher nicht sehr abgehärtet und für kleine Erkältungen immer empfänglich. Nun war ihm seine Überzeugung und die daraus resultierende Strategie bewusst, aber zugleich massiv in Frage gestellt worden. Später konnte er mit der Unterstützung der Gruppe zwischen Situationen unterscheiden, in denen es gut war, „auf sich aufzupassen", und solchen, in denen die Angst um seine Gesundheit unbegründet war.

Die 17-jährige Ilona ist gut gesichert über eine sehr leichte Route auf einen 15 Meter hohen Felsen geklettert, aber zurück traut sie sich nicht mehr. Eine kurze Abseilstelle, die auf einen bergseitigen Pfad führt, macht ihr auch Angst. Ein Gruppenleiter ermutigt sie dazu, mit ihm nach einem Ausweg zu suchen. Es dauert eine halbe Stunde, bis sie sich nach mehreren anderen Versuchen endgültig für die Abseilstelle entscheidet. Der Gruppenleiter begleitet sie die ganze Zeit und gibt ihr durch seine Ruhe und Sicherheit den Mut, eine Entscheidung zu treffen und sich schließlich, einem zusätzlichen Sicherungsseil vertrauend, selbst abzuseilen.

Bei Ilona ging es nicht darum, eine bergsteigerische Leistung zu absolvieren, sondern um die leibhaftige Erfahrung, dass sie in einer kritischen Situation ihren eignen Weg gehen kann und darf. Eine Woche danach schrieb sie dem Gruppenleiter einen Brief, in dem sie ihm berichtete, dass sie es zum ersten Mal in ihrem Leben geschafft hat, bei einem ständig wiederkehrenden familiären Konflikt weder davonzulaufen noch nachzugeben, sondern ihren Standpunkt zu vertreten. Sie habe das gleiche Gefühl gehabt wie an der Abseilstelle. Ilonas Überzeugung, ihre Bedürfnisse würden die anderen überfordern, hat in dem Augenblick einen Riss bekommen, als jemand ihre Angst und Entscheidungsunsicherheit aushielt, sie sich zumuten durfte. Ihre bisherige Strategie des Rückzugs erwies sich als unangemessen, sie konnte ein selbstbestimmtes Verhalten erproben und im Alltag anwenden.

4 Entwicklungschancen durch Grenzerlebnisse

Grenzerlebnisse sind das Stichwort, das vielen zuerst einfällt, wenn sie an Erlebnispädagogik denken. In einem Film sprangen die Teilnehmer eines Outward Bound-Kurses vor dem Frühstück in das eisige Wasser eines Gebirgsflusses, überquerten später an einem Stahlseil hängend eine Schlucht und absolvierten dann Marathonläufe. Nach vier Wochen konnten beinahe alle einen Viertausender ersteigen.

Vergleichbare Herausforderungen waren früher Hauptbestandteil der meisten Formen von Erlebnispädagogik, wenn sie auch oft weniger spektakulär ausgefallen sind. Die allmähliche Steigerung der Leistung, die zunehmende Fähigkeit, Unannehmlichkeiten und Angst auszuhalten sowie strapaziöse körperliche Dauerbelastungen stehen im Vordergrund. Die Jugendlichen erleben so, dass hinter ihren bisher angenommenen Grenzen ihres Leistungsvermögens beachtliche, noch nicht wahrgenommene Reserven liegen. Sie verlassen ihre als sicher erlebte Komfortzone (Luckner/Nadler 1997, 28ff), begeben sich auf Neuland mit unwägbaren Risiken und können so neue Fähigkeiten und ein erweitertes Selbstbild zu entwickeln.

Die Entdeckung solcher Reserven wird oft als Resultat des Überschreitens bisher für unüberwindbar gehaltener Leistungsgrenzen betrachtet. Selbstbegrenzungen gibt es jedoch auch noch auf anderen Ebenen. Wenn diese in erlebnispädagogischen Settings berücksichtigt werden, eröffnet dies weitere pädagogische und therapeutische Potenziale.

4.1 Ein erweitertes Verständnis von Grenzerfahrung

Ein konstruktiver Umgang mit dem, was wir subjektiv als Grenzen in unserem Leben erfahren, ist u. a. Thema und Ziel in jeder Art von Therapie.

Da geht es z. B. darum, den eigenen Verhaltensspielraum zu vergrößern, der durch einengende Überzeugungen begrenzt ist („ich muss das machen oder darf es nicht tun, damit ich geliebt werde", „das schaffe ich nie"), unerreichbare Ziele („nur wenn ich dieses Mädchen – das gar nichts von mir will – gewinne, diese – für mich ungeeignete Ausbildung – bestehe, gelingt mein Leben") durch realisierbare zu ersetzen und damit das Dauergefühl der Unzulänglichkeit los zu werden. Für manche liegt die Lösung darin, ihre tatsächlichen Leistungsgrenzen zu spüren und zu akzeptieren, anstatt sich dauerhaft zu überlasten oder die Abgrenzungsbedürfnisse anderer wahrnehmen und zu achten, statt immer wieder zurückgestoßen zu werden. Manche Jugendliche suchen geradezu das Begrenztwerden durch verschiedene Formen massiver Provokation. Allen diesen Beispielen ist gemeinsam, dass die Begrenzung „im Kopf" der Betreffenden stattfindet, wenn sie auch zunächst oft durch die Interaktion mit der Umwelt als von außen gesetzt wahrgenommen wird.

Man kann spüren, wie die Kraft an einer Kletterstelle nicht ausreicht, wie sich die Angst ausbreitet, noch einen Schritt näher zum Abgrund zu tun, wie man sich davor fürchtet, auf einen anderen Menschen zuzugehen. Dabei kann der vom Beobachter geschätzte Schwierigkeitsgrad der Situation zweitrangig sein, denn er ist subjektiv. Wichtiger ist, die Frage zu stellen, was denn nun an dieser Grenze geschehen könnte, damit sich jemand tatsächlich auf Neuland begibt, ein neues Denk-, Gefühls- und Handlungsmuster ausprobiert. Für einen mag es neu sein, dem Sichernden zu vertrauen und sich von einer Kante aus abzuseilen, für eine andere genau das Gegenteil: „Ich stehe zu meiner Angst, gehe nicht bis zur Kante und überprüfe meine Überzeugung, dass mich die Gruppe ablehnen wird, wenn ich mich so entscheide." Eine Kletterstelle ist möglicherweise mit etwas mehr Biss zu schaffen, vielleicht jedoch nur durch eine veränderte Körperhaltung: Ist hier die Ermutigung sinnvoll, „du schaffst es" oder eher „spüre mal nach, wo dein rechter Fuß stehen müsste, damit du …".

All diese unterschiedlichen Grenzerfahrungen beinhalten jeweils eigene Entwicklungschancen und fordern spezielle Formen der Auseinandersetzung. Sie werden meist durch einen äußeren Auslöser provoziert und führen dann zu inneren Prozessen der Vermeidung und des Rückzugs oder zu ihrer Überschreitung und zu persönlichem Wachstum.

4.2 Vier Handlungsmuster an Grenzen

In der Praxis ist es nützlich vier Handlungsmuster an Grenzen zu unterscheiden: Grenzerlebnisse vom Typ des Durchbeißens, des Ertragens, des Erforschens von Selbstbegrenzungen sowie des Gestaltens von Beziehungen. Natürlich ist auch diese Typisierung nicht eindeutig, es kommt zu Überschneidungen, einseitigen Pointierungen. Bei vielen Aktivitäten sind mehrere Muster möglich. Sie können jedoch den Blick dafür schärfen, wann sich ein Teilnehmer vor oder in einer bestimmten Art von Grenzerfahrung befindet und welche begleitenden Interventionen dabei hilfreich sind.

Tab. 2: Handlungsmuster und Grenzerfahrungen

Handlungsmuster	Herausforderung	Typische Auslöser	Interventionen	Lernziele
Durchbeißen	Eigene Grenzen überschreiten; sich überwinden; Ziele verfolgen	Anstrengende Wanderung; Abseilaktion; in der Gruppe abweichende Bedürfnisse vertreten	Sicherheit und Zuversicht vermitteln; Unterstützung durch die Gruppe anregen; Problemlösungshilfen geben; anspornen; selbst als Modell durchhalten	Steigerung der Handlungskompetenz im motorischen, sozialen und kognitiven Bereich; Steigerung des Selbstwertgefühls; Entdeckung bisher ungenutzter Fähigkeiten
Ertragen	Grenzen respektieren; sich beschränken; Ziele modifizieren und zurückstellen	Einhaltung der Rahmenbedingungen; unangenehme Witterungseinflüsse; die eigene Leistungsgrenze erfahren	Handlungsalternativen erarbeiten; Frustrationsgefühle zulassen und anregen, diese auszudrücken; praktische Hilfen für Verhalten in schwer erträglichen Situationen geben	Unrealistische Größenphantasien aufgeben; eigene Grenzen und unveränderbare Umfeldbedingungen akzeptieren; Fähigkeit zum Verzicht auf eigene Ansprüche; Fähigkeit zum Entspannen und Loslassen
Erforschen von Selbstbegrenzungen	Grenzen kennenlernen; sich wahrnehmen; zieloffen handeln	Ängste; situationsunangemessene Stressgefühle; latente Konflikte; Misserfolg trotz intensiver Bemühungen; Schwierigkeiten mit bestimmten Bewegungsabläufen und Haltungen	Auf aktuelle körperliche Empfindungen, Bewegungsabläufe, Gefühle, Denkmuster oder Überzeugungen fokussieren; Verhalten gemeinsam mit dem Betroffenen auf seine Auswirkungen hin überprüfen	Dysfunktionale Bewegungsmuster, Haltungen, Einstellungen wahrnehmen und alternative Verhaltensweisen entdecken; situativ unangemessene Vermeidungsstrategien aufgeben; realistische Bewertung von Handlungen
Gestalten von Kontaktgrenzen	Grenzen miteinander aushandeln; sich einlassen; Ziel miteinander abstimmen	Persönliche Kränkungsgefühle; Bewusstwerden unterschiedlicher Nähe-Distanz-Bedürfnisse; Konflikte um persönlichen Einfluss zwischen den Teilnehmern	Konfliktlösungs- und Entscheidungsstrategien bei aktuellen Beziehungsproblemen erarbeiten; unterstützen Einzelner, ihre Wahrnehmungen, Bedürfnisse, Gefühle, Absichten, Meinungen auszudrücken	Eigene und fremde Bedürfnisse ernst nehmen; die aktuell angemessene Distanz zu anderen spüren; die Fähigkeit entwickeln, dynamische Grenzen zwischen sich und den anderen auszuhandeln

Durchbeißen

Die Grenzen, an denen jemand bisher halt gemacht hat, können durch „ein Mehr desselben" überschritten werden. Jemand steuert ein vertrautes, bisher nicht erreichtes Ziel an. Dazu sind Selbstüberwindung und Anstrengung nötig. Das Verhaltensrepertoire zu erweitern hat nur am Rande Bedeutung. Da gilt es, über eine beängstigende Felswand abzuseilen, eine lange Radtour im Schneeregen durchzuhalten, eine bisher vermiedene Aufgabe zu übernehmen oder sich zu trauen, seine Bedürfnisse und seine Meinung zu vertreten.

Beispiel
Eine Muskelanspannung wertet Michael bereits als Ermüdung. Wenn seine Kräfte etwas nachlassen, dann glaubt er schon, erschöpft zu sein und möchte aufhören. Er braucht kein qualitativ neues, etwa motorisches Verhalten zu lernen, sondern muss erleben, dass es positive Auswirkungen hat, sich anzustrengen, um z. B. aus einer unangenehmen Belastungssituation in die angenehmere Atmosphäre einer Hütte zu gelangen. Trotz Ziehen in den Beinen, trotz Blasen, gilt es weiterzulaufen, bis das Ziel erreicht ist.

Mögliche Lernerfahrungen. Die eigene Kraft und Handlungskompetenz können erfahren, noch nicht genutzte Ressourcen entdeckt und geübt werden. Dies hat eine innere Entsprechung in Selbstsicherheit, Selbstvertrauen und Selbstwertgefühl. Selbstzweifel und Minderwertigkeitsgefühle stehen auf dem Prüfstand, das Selbstbild kann durch wiederholte Erfahrungen der eigenen Steigerungsfähigkeit korrigiert werden.

Interventionen sollen vor allem ermutigen und anspornen sowie Sicherheit und Zuversicht vermitteln; gezielte Verstärkung konstruktiven Verhaltens und andere therapeutische Interventionen spielen eine wichtige Rolle, aber auch praktische Unterstützung oder die Anregung der Gruppe dazu, einzelne zu unterstützen.

Akzeptieren und Ertragen

Solche Grenzerlebnisse können sich bei der Begegnung mit nicht beeinflussbaren Einschränkungen entwickeln, z. B. angesichts unbeeinflussbarer Umfeldbedingungen, in der Konfrontation mit unerreichbaren Idealen und an der Kontaktgrenze. Durch den vorgegebenen Gruppenrahmen ist ebenfalls eine Grenze gesetzt, die ein Respektieren fordert und Lösungen diesseits der Barriere verlangt.

Hier kann es zunächst nur darum gehen, eine Grenze zu akzeptieren und sich selbst zu beschränken: Wenn kein Schnee liegt, kann man nicht mit Skiern zur Hütte, wenn es in Strömen regnet, nicht klettern. Hier verlangen die äußeren Umstände Respekt, den Verzicht auf Pläne, die Reduktion der Wünsche. Jugendliche können darauf mit Resignation, Aggression oder mit der Erarbeitung situationsangemessener Alternativen reagieren. Legt die Gruppe den Weg nun zu Fuß statt auf Skiern zurück? Wenn die Haushaltskasse so gut wie leer ist, kann die Gruppe nicht wie geplant einkaufen. Wie ernähren wir uns die letzten beiden Tage? Fasten? Ernährung aus der Natur? Irgendwo etwas Geld verdienen?

Beispiel
Nils hatte bereits eine fünfstündige Wanderung mit Gepäck durch heftiges Schneetreiben hinter sich, welche die meisten Gruppenmitglieder und auch ihn an die Grenzen der Belastbarkeit gebracht hatte. Als nach einer Stunde Pause ein Gruppenleiter aufbrach, um einen wichtigen Ausrüstungsgegenstand zu holen, den er etwa eineinhalb Stunden zuvor vergessen hatte, ließ sich Nils nicht davon abbringen, mitzugehen. Nach kaum der Hälfte der Strecke war er total erschöpft und konnte nicht mehr weiter. Auch sonst überschätzte er häufig seine körperlichen Fähigkeiten. Für Nils war es nicht so entscheidend, ungenutzte Leistungsreserven zu entdecken und seine körperlichen Grenzen zu erweitern, sondern seine tatsächlichen Fähigkeiten realistisch einzuschätzen, seine Neigung zur Selbstüberforderung zu überprüfen.

Mögliche Lernerfahrungen. Bewusstere und distanziertere Wahrnehmung und Akzeptanz äußerer Gegebenheiten sowohl im materiellen Sinn als auch auf der Ebene von Empfindungen, Gefühlen, Absichten, Handlungen anderer, die Auseinandersetzung mit unrealistischen Selbstbildern bzw. Größenphantasien, die Annahme eigener Grenzen, die Erhöhung der Frustrationstoleranz und der Bereitschaft zum Verzicht. Die Auseinandersetzung mit eigenen Ansprüchen wird unausweichlich: Muss unbedingt jeden Tag Fleisch auf dem Teller sein, sind die Bedürfnisse des einen wichtiger als die der anderen? Braucht man unbedingt seine volle Ration oder reicht eine Tafel Schokolade für fünf, wenn der Proviant verdorben ist?

Vielleicht wird jemand zum ersten Mal erfahren, dass er einen anderen ertragen und als zugehörig betrachten kann, auch wenn er für alle eine Belastung darstellt. Äußerst wichtig ist die Erfahrung der Kontaktgrenze: Nimmt jemand die Bedürfnisse anderer wahr, besonders ihre persönliche Art der Kontaktsuche und kann er sie respektieren, kann er die eigenen Wünsche realistisch beurteilen und gegebenenfalls loslassen?

Die Möglichkeiten der Leiter sind dabei so weit gespannt wie die Situationen und Lernziele: Sie reichen vom einfachen Mitertragen bis zu gezielten Interventionen, welche den Umgang mit individuellen und Gruppen-Krisen ebenso betreffen können wie die gemeinsame Suche nach neuen, Grenzen akzeptierenden Lösungen. Oft kann es hilfreich sein, zur Innen- und Außenwahrnehmung anzuregen. Wo Rahmenvereinbarungen unzulässig aufgeweicht werden, ist die persönliche Präsenz der Gruppenleiter gefragt, um die Auseinandersetzung mit dieser Grenze einzufordern.

Erforschung von Selbstbegrenzungen

Hier geht es, im Gegensatz zum Durchbeißen und Ertragen, um eine qualitative Veränderung. Diese wird gefördert, indem man seine Selbstwahrnehmung verfeinert, Handlungsalternativen ausprobiert und deren Auswirkungen miteinander vergleicht. Dabei werden die inneren Gegebenheiten und Barrieren unter die Lupe genommen: Wie begrenze ich mich selbst? Kann und will ich dies verändern, wie könnten Alternativen aussehen? Wie würden diese sich auswirken, was wäre der „Preis" einer Veränderung? Will ich den „bezahlen"? Erforschen heißt in diesem Kontext zieloffen vorgehen.

Grenzen körperlicher Bewegungsfähigkeit korrespondieren oft mit Begrenzungen von Sinnesempfindungen, des Fühlens und Denkens. Daher sind körperliche Grenzerfahrungen hervorragend dazu geeignet, kognitive und emotionale Selbstbeschränkungen sowie Überzeugungssysteme zu erforschen und zu verändern.

Am Klettern lässt sich das gut veranschaulichen. Besonders wichtig ist hier, dass das Ziel nicht vorrangig in der Bewältigung einer Kletterstelle gesehen wird, sondern in der Selbsterforschung.

Beispiel

Renate kommt an einer Stelle nicht weiter, sie kann einen notwendigen Tritt mit dem linken Fuß nicht erreichen. Aber um ihn auf einen kleinen Felsvorsprung stellen zu können, genügt bereits eine leichte Drehung des linken Beines im Hüftgelenk. Renate hat aber den ganzen Körper verspannt, so dass ihr die isolierte Bewegung eines Körperteils unmöglich ist; außerdem ist ihr Körperbewusstsein in diesem Gelenk sehr gering. Durchbeißen hilft vermutlich wenig, denn aller Erfahrung nach würde sie sich dann mit den Fingern solange festkrallen, bis sie entkräftet loslassen muss. Das könnte sie ohne Erfolg noch einige Male probieren. Sie nimmt ihren Haltungsfehler nicht wahr und kann ihn daher auch nicht korrigieren, sondern sie übt ihn vielmehr durch die Wiederholung noch ein. Sie könnte nun diese Leistungsgrenze einfach hinnehmen, sie könnte ihre Selbstbegrenzung jedoch auch erforschen und verändern.

Will sie ihren Bewegungsradius erweitern, braucht sie Anleitung und Unterstützung, um zu erspüren, wo und wie sie ihren Bewegungsablauf begrenzt, welche Muskeln sie anspannt und welche sie loslassen muss. Der Weg dahin führt über ein kleinräumiges Bewegungsspiel mit Bein und Fuß. So spürt sie ganz langsam die Punkte, an denen die Drehung im Hüftgelenk nach rechts und links ihr vorläufiges Ende findet. Ihr werden selbstaufer- legte Begrenzung bewusst und allmählich auch die Haltungen und Ver- spannungen, mit denen sie diese erzeugt. Zu solchem Suchverhalten ist jedoch nur imstande, wer sich sicher fühlt. In diesem Fall bedarf es viel- leicht der Unterstützung durch Seilzug, räumlicher Nähe oder körperlicher Berührung eines gesichert hinter ihr Kletternden und der verbalen Beglei- tung ihres Experiments.

Dysfunktionale körperliche Bewegungsmuster und Haltungen können somit ebenso erfahren und hinterfragt werden wie unangemessene Über- zeugungen.

Beispiel

Heinz beteiligt sich nur halbherzig, als beschlossen wird, wer welche Route gehen möchte und wer mit wem zusammen sein will. Schließlich bleibt ein Platz in einer Untergruppe für ihn übrig. Ein Gruppenleiter stellt dies noch einmal zur Diskussion, erkundet, wie sich das anfühlt, ob er zufrieden ist und was er eigentlich möchte. Wie bei Renates Spiel mit dem Körper spielt Heinz nun mit seinen Gedanken, Gefühlen und Phantasien. So lernt er seine Begrenzungen kennen, seine Bedürfnisse, Befürchtungen und Hoffnungen können ihm bewusst werden. Schließlich kann er eine wirkliche Entschei- dung treffen.

Oft fühlt sich jemand ausgegrenzt und versucht dem durch verstärkten Einsatz alter Lösungsmuster abzuhelfen. Wenn jedoch das Ziel gar nicht hinter der von ihm vermuteten Grenze liegt, dann führt das nicht zu einem befriedigenden Ergebnis. Er muss erst einmal herausfinden, was ihn tat- sächlich einengt. Der Vergleich der zunächst vermuteten mit der tatsäch- lichen Wirkung einer Handlung, indem verschiedene Möglichkeiten ge- danklich oder praktisch ausprobiert werden, eröffnet neue Perspektiven.

Beispiel

Frank sucht sich immer die schwierigste und anstrengendste Aktivität he- raus, weil er meint, dass die anderen ihn nur dann mögen, wenn er beson- dere Leistungen erbringt. Bei der Heimfahrt aus einem Kletterlager findet er niemanden, der mit ihm die 160 km mit dem Rad fahren möchte. Er will seinen Entschluss dennoch ganz alleine verwirklichen, „weil ich vor dem Ende der Gruppe noch möglichst viele Erfolgserlebnisse für die Zeit da- nach sammeln muss". In dem Gespräch, das sich daraus ergibt, wird ihm das Paradoxe seines Verhaltens bewusst: Er will Nähe zu den anderen gewinnen, indem er sich von ihnen absetzt. Er verwechselt Beachtung durch die anderen mit Kontakt zu ihnen. Jetzt erlebt er, dass er selbst die Grenze setzt und dass die Lösung in seiner Bereitschaft zur Beziehungsaufnahme liegt, nicht in einer vermeintlich zu kompensierenden Unzulänglichkeit. So vermag er sich mit den anderen richtig austauschen, statt da nach Freunden zu suchen, wo es keine gibt.

Albert hält sich oft ein bisschen abseits, ist aber bei allen Planungen und Aktivitäten äußerst engagiert. Bei einem Spiel, dessen wesentliches Element Körperkontakt ist, macht er nicht mit, umkreist die Gruppe aber dauernd wie ein Vogel, der es nicht wagt, sich niederzulassen. Bei einer Kotenübernachtung im Spätherbst, während alle dicht gedrängt um das Feuer hockten, schläft er gleich nach dem Aufbau des Zeltes ein, während die anderen kochen und essen. Er erwacht erst drei Stunden später, als Ruhe eintritt und alle sich schlafen legen. Eine Busfahrt, auf der er im Sicherheitsgurt auf Tuchfühlung zu seinem Nachbarn angeschnallt ist, kann er anfangs nur ertragen, indem er sich mit Ellenbogen und Fäusten recht rabiat Distanz verschafft. Alberts Verhalten beleuchtet eine weitere Grenze, die Kontaktgrenze. Körperliche, emotionale und verbale Nähe kann er nur mit Unbehagen ertragen. Um sich sicher zu fühlen, braucht er mehr Distanz als die anderen zu ihm. Er löst dieses Problem durch Rückzug oder distanzierende Konfrontation. Erfolgreich durchgestandene sportliche Risiken werden ihm sicher wenig Gelegenheit bieten, eine neue Orientierung zu gewinnen, wenn er dabei nicht zugleich befriedigendere Erfahrungen und Lösungen findet, mit seinen Nähe- und Distanzbedürfnissen umzugehen.

Mögliche Lernerfahrungen. Neue Bewegungs- und Denkmuster können entdeckt und ausprobiert, die Fähigkeit der Unterscheidung geschult werden: Unter welchen Bedingungen sind bestimmte Handlungs- oder Denkmuster nützlich oder hinderlich? Bisher nicht zugelassene oder unterdrückte Bedürfnisse können wahrgenommen und Lösungen gefunden werden, wie man damit sinnvoll umgehen kann.

Gestalten von Beziehungen

Grenzerfahrungen in Beziehungen ergeben sich unmittelbar aus dem Zusammenleben. Charakteristisch ist, dass es dabei um ein Aushandeln geht, dass diese Kontaktgrenzen nicht objektiv feststehen und ihr Verlauf sich immer wieder verändern kann. Wenn zwei Teilnehmer ein Zelt bewohnen, sind territoriale Grenzen abzustecken: Wie viel Raum nehmen die Isomatte und das Gepäck des einen ein, was ist der Bereich des anderen? Wie nah möchte die eine der anderen sein? Wo liegt bei den unter Jugendlichen so beliebten ironischen Bemerkungen oder kleinen Rangeleien die Grenze, an der jemand das gar nicht mehr lustig findet, während der andere dies möglicherweise überhaupt nicht bemerkt hat? Wieweit ist jemand dazu bereit und fähig, Gemeinschaftsarbeit zu leisten und das Gemeinschaftsgepäck zu tragen? Wo liegt die Grenze des einen, wo die des anderen?

Mögliche Lernerfahrungen. In erster Linie geht es um die Erfahrung von Identität und Interdependenz, um ein Lernen, das aus der Wahrnehmung von Unterschieden bezüglich der Bedürfnisse, Interessen und Fähigkeiten erwächst. Gehalt und Grenze der eigenen Person werden in dem Maß deutlicher, in dem jemand andere klarer sehen kann. Kooperations- und Konfliktlösemodelle werden auf ihre Passung in der jeweiligen Situation überprüft. Gelegentlich kommt es zu Beziehungen, in denen sich die Grenzen verwischen: Jemand identifiziert sich mit dem anderen oder beide gehen eine „kollusive Beziehung" (Willi 1990) z. B. nach dem Muster ein: „Ich bin so beherrschend, weil du dich so unterordnest" – „Ich ordne mich unter, weil du dich so beherrschend verhältst". Hier haben beide die Chance, ihre individuellen Grenzen wieder zu spüren und ihre Identität zurückzugewinnen. Manchmal gehen sich einzelne Jugendliche aus dem Weg, oder es gibt sehr nahe Begegnungen und Konfrontationen.

Das sind dann sehr nützliche Situationen, Lernprozesse anzuregen, um eine angemessene Distanz auszuhandeln, Geben und Nehmen ins Verhältnis zu bringen und dynamische Grenzen zu ziehen. Aus solchen Prozessen können kurzlebige und einmalige Lösungen entstehen oder Nähe und Distanz, Über- und Unterordnung werden dauerhafter geklärt. Unter Umständen ergibt sich eine Weiterentwicklung oder Modifikation von Gruppennormen.

4.3 Grenzerfahrungen und Gruppenprozess

Manchmal ist es sinnvoll, mit einer ganzen Gruppe aktuelle unklare Begrenzungen und ihre Auswirkungen zu erforschen: Nichts geht so recht voran, die Teilnehmer wirken lustlos, angespannt oder gelangweilt. Diese Situation könnte durch eine Intervention in Form eines mitreißenden Angebotes oder durch Abwarten und „Aussitzen" bewältigt werden. Das erste würde eine Grenzerfahrung verhindern, das zweite dagegen voraussichtlich ein massives Ansteigen des Unlustpegels und damit die Auseinandersetzung mit dieser situationsimmanenten Problemstellung unausweichlich machen. Ein Gruppenleiter könnte aber auch einen gemeinsamen Suchprozess und damit eine Grenzerfahrung vom Typ des Erforschens mittels zirkulärer Fragen anregen z. B.: Wie würde sich unsere Stimmung ändern, wenn …? Angenommen, wir sitzen heute Abend noch immer so da, wem ginge es dann besser, wem schlechter? Wenn Dany ihren Job mit Christina tauschen würde, wer würde dann …? Stellt euch vor, einer könnte zaubern, wie könnte der uns jetzt helfen?

Hypothetisierende Lösungsvorschläge (Schlippe/Schweitzer 2003), die nicht die rasche organisatorische Abwicklung einer Aufgabenstellung, z. B. die Aufteilung einer Bootsbesatzung bezwecken, sondern die Erforschung und Erweiterung der Handlungsgrenzen einer Gruppe, können bewirken, dass offene und unausgesprochene Beziehungswünsche, Ablehnungen, Abhängigkeiten oder Ängste vor einer Aktivität deutlich werden. Weitere Interventionen können dann fokussieren, von wem beispielsweise das Team Ulla und Fred akzeptiert wird, wie es sich auf die anderen auswirkt, wie sicher sich wer bei wem im Boot fühlt. Alternativwünsche Einzelner werden prägnanter und es wird klarer, worin die Begrenzungen liegen, an der die Gruppe hängen bleibt. Weitere Aspekte der Entscheidung können angesprochen werden. Schließlich wird die Gruppe als Ganzes wieder handlungsfähig und Einzelne hatten die Chance, Erfahrungen an einer für sie wichtigen Grenze zu machen.

Manchmal kann es angebracht sein, die Gruppe darauf aufmerksam zu machen, dass sie jemandem durch falsch verstandene Hilfsbereitschaft eine Grenzerfahrung erspart: Felix hat Angst davor, im Einerkajak zu fahren, und irgendwie klappt es immer, dass er einen Platz im Mannschaftskanadier bekommt. So unterstützt die Gruppe sein Vermeidungsverhalten.

4.4 Gestaltungselemente an der Grenze

Grenzerlebnisse können nicht künstlich erzeugt werden. Es ist aber wohl möglich, durch die Gestaltung eines erlebnispädagogischen Handlungsfeldes im Sinne der Grundbedingungen günstige Voraussetzungen dafür zu schaffen, dass Grenzerlebnisse entstehen. Das ist in erster Linie dort der Fall, wo elementare Grundbedürfnisse in Frage gestellt sind, z. B. bei einem Wettersturz, der eine mittelschwere Wanderung zu einem Gewaltmarsch werden lässt, oder bei spontan entstehenden Beziehungsspannungen. Solche Situationen entsprechen den Grundbedingungen eines erlebnispädagogischen Handlungsfeldes am ehesten und verwirklichen den Gedanken der erlebnispädagogischen Grenzerfahrung am besten. Man steht unabwendbar vor einer Herausforderung mit dem Dilemma, dass bekannte Muster nicht mehr ausreichen, neue aber einen höchst riskanten Schritt bedeuten. Bei Grenzerfahrungen, die sich aus situationsimmanenten Konfrontationen entwickeln, ist eine Entscheidung, ob sich jemand einlassen will, gar nicht möglich. Solche Grenzerlebnisse dürfen allerdings nicht zu Extremerfahrungen werden, denn sie haben ihre optimale Wirksamkeit weder im Bereich des schon Vertrauten noch in dem der Überforderung und des Unlösbaren, sondern genau an der flexiblen, undefinierbaren Grenze zwischen beidem.

Daneben kann aber auch das gezielte Angebot eines Grenzerlebnisses sehr wirkungsvoll sein, auf das sich jemand nach einer wohlüberlegten Entscheidung einlässt, z. B. eine Abseilübung, ein Solo oder eine Initiativaufgabe. Bei der Ausgestaltung solcher Angebote ist entscheidend, dass relevante Entwicklungsziele der Teilnehmer möglichst isomorph zur Darstellung kommen und ein gewisser Sog entsteht, dass das gewohnte Muster verlassen und etwas Neues ausprobiert werden kann. Spezielle Formen der Einführung, z. B. die Einbettung in eine Geschichte, eine meditative oder metaphorische Einstimmung können dabei hilfreich sein. Letzteres ist besonders dann wirkungsvoll, wenn bereits während der Kontraktphase „Lernzielmetaphern" mit den Jugendlichen entwickelt wurden und nun wieder aufgegriffen werden.

Begleitende Interventionen. Nach der gezielten Strukturierung des erlebnispädagogischen Handlungsfeldes können Gruppenleiter Grenzerfahrungen der Teilnehmer wirkungsvoll begleiten. Bereits die oben erwähnte „Einführung" hat Interventionscharakter, es kann jedoch sehr nützlich sein auch eine laufende Handlung zu begleiten (Kap. 7.4).

5 Die Gruppe als erlebnispädagogisches Medium

5.1 „Lebensgemeinschaft auf Zeit"

„Wilderness therapy is living together, not just carrying out a programm."
(Kimball/Bacon 1993, 22). Bildlich gesprochen, aber oft auch ganz praktisch legt die erlebnispädagogische Gruppe einen Weg zurück, den zwar
jeder alleine gehen muss, bei dem er jedoch auf die anderen angewiesen ist,
soll dieser gut bewältigt werden. Das Territorium, auf dem sich die Gruppe
ihren Weg suchen kann, ist begrenzt durch den vom Leitungsteam vorab
gestalteten Rahmen (Kap. 6) und von den Bedingungen des aktuellen Umfeldes.

Eine Gruppe in diesem Sinn unternimmt eine Expedition, bei der zuerst
die Mannschaft zusammengestellt wird, die dann gemeinsam plant, die notwendige Ausrüstung zusammenstellt und benötigte Fertigkeiten erwirbt.
Danach wird das Projekt durchgeführt, und die Gruppe findet Gegebenheiten vor wie Flüsse, Berge und Witterungsbedingungen und natürlich die
individuellen Eigenheiten der verschiedenen Teilnehmer, die sie immer wieder vor neue Aufgaben stellen. Die Auseinandersetzung mit diesen existenziellen Herausforderungen ist das Treibmittel für die Entstehung von
Gruppenprozessen und damit von intensiven Beziehungserfahrungen. Gegenseitige Verantwortung und Abhängigkeit können als notwendig und
sinnvoll erfahren werden. Auf diesem Weg hat jedes Ereignis einen Bezug
zum Ganzen. Eine Abseilübung stellt keine abgeschlossene „Übungsein-
heit" dar, sondern dient der Vorbereitung des späteren Abstiegs von einer
Felswand. Die Erfahrung, wie viele Nahrungsmittel die Gruppe beim ersten Wochenende braucht und was das kostet, gibt einen ersten Anhalts-
punkt für die Organisation späterer Unternehmungen. Auch jede Interaktion zwischen den Einzelnen hat einen Bezug zum Gesamtgruppenprozess,
wirkt in nachfolgende Beziehungsereignisse der Gruppe hinein. Sie geht
nicht nur die unmittelbar Beteiligten an, sondern ist in ihrer Bedeutung erst
auf dem Hintergrund des Gesamtgruppenprozesses zu verstehen.

Im günstigsten Fall bildet sich während der Laufzeit der Gruppe eine Art
funktionsfähiger Lebensgemeinschaft heraus: Die Mitglieder unterstützen
und konfrontieren sich gegenseitig während der Bewältigung von erlebnispädagogischen Herausforderungen und bei persönlichen Reifungsprozes-
sen. Die Gruppe bekommt so den Stellenwert eines erlebnispädagogischen
Mediums.

Eine Gruppe dagegen, die sich sechs Wochen lang ein paar Mal für einige Stunden z. B. zum Sportklettern trifft, vielleicht um die Körperkoordination zu schulen, stellt keine „Lebensgemeinschaft" im Sinne dieses Konzeptes dar; es wird allerdings ein erlebnispädagogisches Medium verwendet. Die Beziehungsgestaltung unter den Teilnehmern hat nur untergeordnete Bedeutung.

Verbindlichkeit. Wie manche natursportlichen Medien braucht auch das Medium Gruppe eine längere Dauer, um wirksam zu werden. Erst die Langfristigkeit des Gruppenlebens macht verbindliche Beziehungen möglich und lässt das Vertrauen und die notwendige Sicherheit entstehen, dass man sich auf andere wirklich einlassen kann. Langfristigkeit bedeutet auch, dass es nicht nur eine einzige, sondern eine ganze Reihe von Aktionen gibt, in denen Beziehungserfahrungen weitergeführt, korrigiert und gefestigt werden können. Der Einsatz unterschiedlicher Aktivitäten bewirkt dabei, dass jeder gefordert ist, sich je nach seinen Fähigkeiten auf immer wieder neue Rollen und Beziehungsmuster einzulassen. Raum für alltagsnahe Situationen im Gruppenalltag, in denen es nicht um Spitzenerlebnisse geht, können bereits innerhalb der Gruppe zur Festigung eines verbindlichen Verhaltens und zur Förderung des Transfers beitragen. Gerade an einem Regentag, wenn keine packenden abenteuerlichen Aktivitäten anstehen, welche einen großen Teil der Aufmerksamkeit und Energie fordern, kann „Beziehung pur" entstehen. Häufig entwickelt sich daraus eine massive Herausforderung, welche die tatsächliche Tragfähigkeit von Beziehungen auf den Prüfstand stellt und wesentliche Lernerfahrungen ermöglicht.

Eine Woche voller Grenzerfahrungen und hoher Intimität wird ihrer Verbindlichkeit und ihrer existenziellen Bedeutung beraubt, wenn die Beziehungen danach abgeschnitten, nicht mehr überprüft und weiterentwickelt werden können. In kurzzeitigen Gruppen würden Jugendliche, zu deren gewohntem Repertoire es gehört, dass Beziehungen beendet werden, sobald es größere Konfrontationen gibt, geradezu in ihrem dysfunktionalen „Lösungsmuster" bestärkt: Zur Fähigkeit, schnell Kontakte aufzunehmen, muss die Erfahrung kommen, dass es lohnend ist, Beziehungen auch dann auszuhalten, wenn Spannungen auftreten und ein eigenes Handwerkszeug hilft, um diese Spannungen befriedigend aufzulösen. Es ist leichter, Verantwortung an die anderen abzugeben, seine Aggressionen oder Versorgungsbedürfnisse an jemandem auszulassen, den man nach einem Wochenende nicht mehr sieht, als wenn man ihm mehrere Monate lang immer wieder begegnet. Es ist schwerer, jemandem wegen eines Verhaltens zu konfrontieren, das man als unangemessen erlebt, wenn man ihn erst kurz kennt. Mit der Dauer einer Beziehung steigen das Bedürfnis und die Notwendigkeit, diese aktiv zu gestalten. Reicht eine Tourenwoche aus, um der Gruppe den Charakter einer Lebensgemeinschaft auf Zeit zu verleihen, genügt ein Wochenende, ein halbes Jahr, ein Jahr mit häufigen kürzeren oder längerfristigen Aktionen?

Die Frage, wann die Bedingungen einer Lebensgemeinschaft im Hinblick auf den Zeitfaktor erfüllt werden, hängt auch von den Lebensumständen der Teilnehmer ab: Kommen sie z. B. aus unterschiedlichen Familien oder Heimen, kommen sie aus einem einzigen Heim, aus einer gemeinsamen Wohngruppe, in der das Erlebte im Alltag weiter wirken kann? Wie weit sind die Gruppenleiter in ihren Alltag integriert?

Der Kontrakt. Wird vor Beginn einer Gruppe ein Kontrakt (Kap. 8.) mit jedem Teilnehmer geschlossen, so schafft das eine wichtige Ausgangsbasis für die Entstehung von Verbindlichkeit.

Fördern von Gruppenkohäsion. Eine Gruppe, deren Mitglieder intensiv und positiv aufeinander bezogen sind, entwickelt ein hohes Maß an Verbindlichkeit und „Arbeitsorientierung" in Bezug zu Sach- und Beziehungsanforderungen. Das wirkt sich auf die Form und Dichte der Kommunikation untereinander aus. Es ist daher, besonders zu Beginn einer Gruppe, eine wichtige Aufgabe der Gruppenleiter Kohäsion in der Gruppe zu fördern (Kap. 9.3.1).

5.2   Sozialer Mikrokosmos

Indem jeder auf seine Weise an den gemeinsamen physischen, kognitiven und psychosozialen Herausforderungen Anteil nimmt, konstituiert sich die Gruppe: Welche Interaktionsmuster wenden einzelne Jugendliche an, um von anderen etwas zu bekommen oder etwas zu verweigern? Bitten sie, überzeugen oder überrumpeln sie die anderen, fragen sie um Unterstützung an? Wer reagiert wie, wenn einer gezielt Streit anzettelt, wenn Gemeinschaftsverpflegung verschwindet oder jemand sichtlich Kummer hat? Wen stört, wem gefällt es oder wer zeigt keinerlei Reaktion, wenn zwei Teilnehmer bei jeder Gelegenheit aufeinander aggressiv reagieren oder immer alles gemeinsam tun wollen? Wie beteiligt sich wer am Lösungsprozess, wenn eine Stange zum Aufbau der Kote zerbrochen ist oder die knappe Restverpflegung aufgeteilt werden muss? Dabei wird jeder, meist unbewusst, mit den anderen und mit den Materialien so umgehen, wie er es in seiner alltäglichen Umgebung gewohnt ist. Er versucht, sich gewissermaßen das interpersonale Universum schaffen, das ihm vertraut ist. Jeder versucht sein soziales Atom (Moreno 2007) in der Gruppe zu etablieren. Für Yalom (2007) ist es ein grundlegendes Konzept von Gruppenpsychotherapie, dass soziales Lernen und korrigierende emotionale Erfahrungen entstehen, indem die Gruppenteilnehmer ihren sozialen Mikrokosmos in der Gruppe zu etablieren versuchen: Sie setzen ihre Ressourcen, ihre gelernten Beziehungsmuster und –ziele, ihre Bewältigungsstrategien, ihre situativ angemessenen und un-

Tab. 3: Soziodynamische Kennzeichen der erlebnistherapeutischen Gruppe

Personalisationsphase	Vorrangige Gruppenprozesse	Bedeutung für die Erlebnisgruppe	Beispiel
Anonyme Ansammlung	Etikettierendes Wir: wir Fans von ...; Kontaktloses Nebeneinander; Unverbindlichkeit, jeder sorgt für sich;	Unprägnanter Aufforderungscharakter; zu offene Situation;	Interessenten für eine erlebnispädagogische Gruppe; Warten auf den Beginn eines Informationstreffens;
Prägruppales Zusammensein	Strukturloses Nebeneinander; Beginnendes Interesse an Kontakt; Viel unterschwellige Unsicherheit; Anspruch, dem anderen überlegen oder wenigstens gewachsen zu sein;	Unfertige Situation mit hohem Aufforderungscharakter, etwas zu gestalten; Vakuum an Verhaltensregeln und Beziehungsmustern;	Erlebnispädagogische Gruppe vor Beginn des ersten Treffens oder während der Phase des Kennenlernens;
Soziodynamische Phase	Soziale Mobilität bei prägnanten und gleichzeitig flexiblen Beziehungsmustern; Verbindlichkeit; Bereitschaft, individuelle Unterschiede in der Gruppe anzuerkennen;	Unfertige Situation mit prägnantem, aber nicht festlegendem Aufforderungscharakter zur Gestaltung von Beziehungen; Existenzielle Bedeutung auf der sozialen Ebene; Ressourcen und Beziehungskonflikte kommen zur Darstellung;	Im Sinne der Grundbedingungen strukturierte und geleitete erlebnispädagogische Gruppe;
Durchorganisierte Institution	Vorgefertigte Rollenerwartungen; Verfestigte Strukturen und Rituale; Unflexible Beziehungsmuster; Anpassungsdruck; Unbefriedigte Bedürfnisse werden unterdrückt.	Fertige Situation mit geringem Spielraum für das Ausprobieren neuer Verhaltensmuster; Alternative Lösungsversuche oft nur Varianten der bisherigen; Umgestaltungsbedürfnis erst bei Leidensdruck.	Überstrukturierte erlebnispädagogische Gruppe; Leitungsstil, vorrangig an Didaktik oder Leistung ausgerichtet; erlebnispädagogische Gruppe mit mehrjährigen Wohngruppenmitgliedern; „Langzeit-Familien-Gruppe".

angemessenen Lösungsmuster und Überzeugungssysteme ein. Dabei begegnen sie denjenigen der anderen. Oft sind dann gewohnte Lösungen nicht mehr mit denen anderer Teilnehmer vereinbar und es müssen neue gefunden werden. Es entsteht ein „psychisches Ungleichgewicht" (Gilsdorf 2004, 62), dessen Beseitigung neue Sichtweisen und Handlungsoptionen erfordert.

Voraussetzungen für das Entstehen eines sozialen Mikrokosmos

Soziales Vakuum. In vielen Alltagssituationen wie Kino, Schule, Jugendzentrum sind angemessene Verhaltensweisen mehr oder weniger vorgegeben – anders in der erlebnispädagogischen Gruppe. Gass (1993, 8) verwendet die Analogie mit einem Rorschach-Test, bei dem keinerlei Anhaltspunkte für die Interpretation der Bilder vorhanden sind. Jeder muss die Situation neu interpretieren, d. h. es entsteht ein Vakuum, das dazu drängt, es zu füllen. Entsprechend der Grundbedingung der unfertigen Situation wird daher das Beziehungsverhalten minimal strukturiert. Die Rahmenbedingungen beschränken bzw. beeinflussen den individuellen Verhaltensspielraum nur insoweit, als dies zur Erzeugung eines isomorphen und kontrastierenden Settings und zum Aufbau eines positiven Gruppenklimas notwendig ist. Vorgaben entstehen überwiegend aus den Herausforderungen des Projektes. Nur so kann jeder das (er)leben, was er spontan bevorzugt: Beziehungsziele wie z. B. „ich möchte mich anlehnen", der Aktive oder der eher Passive sein, dominieren; Motive und Überzeugungssysteme wie „ich darf mich nie unterkriegen lassen" oder „nur wenn ich schwach bin, werde ich gemocht", werden aktualisiert. Zugleich werden die sozialen Verhaltensweisen manifest, die jeder einsetzt, um seine typischen Ziele in bestimmten Situationen zu erreichen. Seine Grenzen hat dieser individuelle Spielraum selbstverständlich immer da, wo Teilnehmern psychischer Schaden entstehen könnte oder die Sicherheitsstandards nicht eingehalten werden.

In einer Sportgruppe dagegen, deren Zweck im Gewinnen eines Wettkampfes liegt, wird der Trainer die Varianz der möglichen Beziehungsmuster je nach ihrem Wert für den Sieg der Mannschaft streng begrenzen.

Soziale Flexibilität. Sollen die Chancen des sozialen Mikrokosmos genutzt werden, so brauchen die Teilnehmer Freiräume, um immer wieder neue Verteilungen aktueller Aufgaben, die Übernahme unbekannter Rollen, Teamarbeit in wechselnden Zusammensetzungen, Erleben von Nähe und Distanz zu unterschiedlichen Leuten, ausprobieren zu können. In einer Gruppe, in der überwiegend oberflächliches Nebeneinander vorherrscht und Einzelne wenig prägnant hervortreten, sind die Voraussetzungen dazu noch nicht gegeben. Bei einem Team, das schon jahrelang zusammenarbeitet und bei dem die Rollen und Nähe-Distanz-Verhältnisse weitgehend erstarrt sind, ist diese Flexibilität nicht (mehr) vorhanden. Letzteres kann auch für Heimgruppen gelten, die geschlossen an einer erlebnispädagogischen Maßnahme teilnehmen.

Das Konzept der Personalisationsphasen (Schindler 2008) ist geeignet, um den diesbezüglichen Stand einer Gruppe zu beurteilen und hilfreiche Interventionen der Gruppenleiter daraus abzuleiten. Tab. 3 stellt im Überblick die vier Personalisationsphasen dar, die sich in der Entwicklung menschlicher Gruppierungen unterscheiden lassen. Ein Mikrokosmos im Sinne der erlebnispädagogischen Gruppe beginnt sich in der Phase des prägruppalen Zusammenseins zu entwickeln und erreicht seine größte Wirksamkeit in der soziodynamischen Phase. Die Strukturen sind im Fluss, die Rollen veränder- und austauschbar. Hier können die unterschiedlichsten Verhaltensweisen beobachtet, gelernt und ausprobiert, in ihren Auswirkungen erfahren, gegebenenfalls korrigiert, wieder erprobt und erneut überprüft werden. All das ist weder in einer „anonymen Menge" noch in der „durchorganisierten Institution" möglich.

Einmal erreichte interpersonelle Mobilität kann jedoch infolge von Gruppenprozessen jederzeit in Richtung einer prägruppalen oder einer fixierten, institutionalisierten Struktur verloren gehen. Es obliegt dann dem Leitungsteam, die Personalisationsstufe der dynamischen Gruppenbeziehungen (wieder) herzustellen. Im Rahmen von Erlebnispädagogik kommt dies häufig bei Langzeitwohngruppen und Kleinstheimen vor. Die Gestaltung der Rahmenbedingungen wird in solchen Fällen zunächst vorrangig das „Verflüssigen" erstarrter Rollen und Zuschreibungen berücksichtigen, um Bedingungen für entwicklungsrelevante Lernprozesse zu schaffen.

Die Gruppe als Ort der Geborgenheit und Verunsicherung

Ein weitgehendes Vakuum an Regeln für das soziale Verhalten, wechselnde Rollen und Beziehungskonstellationen bedingen während des gesamten Gruppenprozesses immer wieder Phasen starker Verunsicherung. Die Teilnehmer werden nicht nur in harmonische, sondern auch in Unlust und Angst auslösende Situationen geraten. Um solche Anspannungen, denen manche der jugendlichen Teilnehmer bisher möglichst ausgewichen sind, nicht nur ertragen, sondern auch als Lernchance nutzen zu können, ist ein Klima der Akzeptanz und Sicherheit vonnöten. Nur dann kontrollieren sich die Jugendlichen nicht im Hinblick auf die vielleicht unausgesprochenen Erwartungen anderer, besonders der GL, sondern trauen sich mit bereits gelerntem und neuem Verhalten zu experimentieren.

Eine Voraussetzung dafür sind gegenseitiges Vertrauen und ein hohes

Maß an Gruppenkohäsion. Wenn diese spürbar sind, können die Jugendlichen längere Beziehungen und schwierige Leistungsanforderungen vielleicht erstmals positiv erfahren, selbst wenn Ängste mobilisiert werden, die auf zurückliegenden Erfahrungen beruhen. Eine prozessorientierte Ausgewogenheit im Spannungsfeld zwischen verunsichernder Unklarheit und stützender Geborgenheit ist daher eine wesentliche Grundbedingung.

Lernchancen verschiedener Phasen des Gruppenprozesses

Alle Gruppen durchlaufen verschiedene Phasen, in denen sich jeweils andere Dimensionen des menschlichen Zusammenlebens aktualisieren und die daher auch unterschiedliche Lernfelder bereithalten. So sind unterschiedliche Verhaltensaspekte wichtig, wenn es darum geht, Normen des Zusammenlebens zu entwickeln oder mit Sympathien und Antipathien umzugehen. Die Lebensgemeinschaft auf Zeit wäre unvollständig, wenn nicht für möglichst viele unterschiedliche Beziehungsthemen genügend Zeit bestünde. Eine Gruppe, in der es hauptsächlich um Normen und Entscheidungen geht, bietet nur begrenzt die Möglichkeit, Nähe-Distanz-Themen zu klären und umgekehrt. Erlebnispädagogische Gruppen sind daher so zu konzipieren, dass jeder die Gelegenheit erhält, sich mit den ihn besonders betreffenden Dimensionen zu beschäftigen. Auch deshalb ist eine Dauer von mehreren Monaten effektiv. Das Leitungsteam kann dann die im Rahmen der Beziehungsdynamik auftretenden Themen aller Phasen nutzen und durch gezielte Interventionen deren Lernangebote unterstützen. Manchmal wird es sinnvoll sein, das Programm zu hinterfragen und eine Änderung anzustreben, wenn wichtige Gruppenprozesse dies als zweckdienlich erscheinen lassen.

5.3 Handlungsebenen der Selbststeuerung

Rahmenbedingungen. Hinter dem Gedanken der Selbststeuerung steht das Postulat der Themenzentrierten Interaktion (TZI): „Sei deine eigene Chairperson" (Langmaack 2004). Um dies praktizieren zu können, sind geeignete Rahmenbedingungen nötig, in denen für jeden eindeutig geklärt ist, wo Handlungsspielraum gegeben ist und genutzt werden kann. Selbststeuerung beginnt da, wo die Jugendlichen diese verantworten können, und sie endet da, wo es ihnen unmöglich wird, alle kritischen Aspekte zu überschauen oder die notwendigen Kenntnisse und Fähigkeiten fehlen. Diese Grenzen sind bei jeder Gruppe individuell zu ziehen.

Situative Grenzen. Auch bei angemessenen Rahmenbedingungen kön-

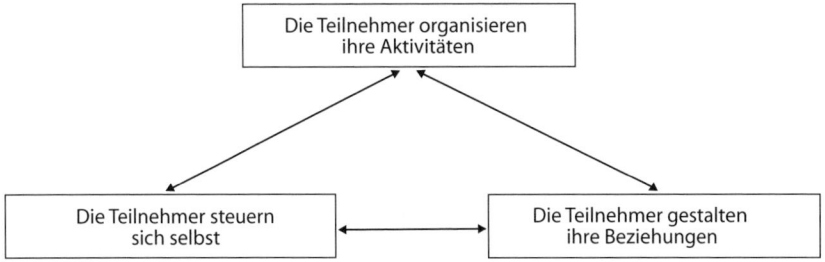

Abb. 2: Selbststeuerung – drei Blickwinkel

nen Situationen eintreten, die eine akute weitere Begrenzung des Handlungs- und Entscheidungsspielraums der Gruppe notwendig machen, z. B. dann, wenn Einzelne, Untergruppen oder die Gesamtgruppe den vereinbarten Kontrakt verletzen, wenn sich Teilnehmer durch Risikoverhalten selbst gefährden, wenn Naturzerstörung droht oder gegen Gesetze verstoßen wird. Einschränkungen sind auch dann nötig, wenn die Gruppe durch unvorhergesehene Ereignisse wie extreme Wetterbedingungen oder durch Konflikte mit Außenstehenden überfordert ist.

Die Entscheidung, ob die Selbststeuerung aufgehoben werden muss, ist oft nicht leicht, weil Krisen subjektiv als mehr oder weniger gefährlich eingestuft werden können. Die persönliche Erfahrung im Umgang mit solchen Situationen ist ausschlaggebend. Formale Kriterien gibt es nicht, es kann nur aktuell abgewogen werden, ob die Aufrechterhaltung der Grundbedingungen oder eine mögliche Gefährdung den Vorrang haben. Für die Gruppenleiter kann es sehr unbequem werden, wenn sie zu ihren Grenzen und ihrer Verantwortung stehen, auch wenn die Jugendlichen gar keine objektive Gefahr sehen.

Eine gute Grundlage für das Verhalten in Krisen bilden Verhaltensmodelle, welche die Gruppe zuvor bei vergleichbaren Schwierigkeiten bereits erprobt hat, deren Ausmaß jedoch unter dieser Gefahrenschwelle lag. Wurden dort angemessene Entscheidungsformen erfahren, wird es viel seltener nötig sein, die Notbremse zu ziehen. Unter Umständen kann sich daraus dann ein besonders herausragender und erfahrungsträchtiger Kulminationspunkt der Gruppenerfahrung ergeben.

Im Folgenden soll der an sich nicht teilbare Prozess der Selbststeuerung um der Überschaubarkeit willen aus drei Blickwinkeln betrachtet werden (Abb. 2).

Die Gruppenmitglieder organisieren ihre Aktivitäten

Der Mikrokosmos einer erlebnispädagogischen Gruppe soll die Grund-bedingungen einer unfertigen Situation mit existenzieller Bedeutung und situationsimmanenten Problemstellungen erfüllen. Das bedeutet, dass die Gruppe alle Aktivitäten soweit wie möglich selbst organisiert. Die Teilneh-mer tragen im Rahmen des Kontrakts und der vorgegebenen Rahmenbe-dingungen (Kap. 6.) die Mitverantwortung für alles, was geschieht, gelingt oder fehlschlägt. Da geht es um die Einteilung der verfügbaren Zeit, um Wecken, Einkauf, die Gestaltung von unverplanten Zeiten z. B. am Abend usw. Die Verteilung der Arbeit und sonstiger Aufgaben wird ebenso eigen-verantwortlich organisiert wie das Planen und Finden von Wegstrecken. Auch die Mitgestaltung natursportlicher Aktivitäten gehört zu den Angele-genheiten der Teilnehmer. Allerdings bleiben sicherheitsrelevante Aspekte immer in der Verantwortung des Leitungsteams.

Manche Teilnehmer sind hoch motiviert, für den Ablauf des Gruppen-geschehens mitverantwortlich zu sein. Andere erleben dies als völlig neu und verunsichernd oder als Überforderung, Ärgernis, sogar als Zwang und Zumutung. Da zeigt sich dann, dass Selbststeuerung ein mühsamer Pro-zess sein kann und Zeit braucht, um sich entwickeln zu können. Gerade Jugendliche, die in früheren Kontexten Planungs-, Entscheidungs- und Konfrontationsgespräche oft als Scheinmitsprache, als Überredungsver-such von Autoritätspersonen, als „Gehirnwäsche" oder Strafe wahrge-nommen haben, können diese in der erlebnispädagogischen Gruppe wie-der als sinnvoll erfahren.

Manche Gruppen versuchen anfangs „Planungssitzungen" möglichst zu vermeiden. Sie werden erst durch unerwartete Ladenschlusszeiten, den ab-gefahrenen Zug, Hunger, durch Wetterbedingungen oder Spannungen durch Bedürfnisunterschiede damit konfrontiert, dass Planung, Entschei-dungen und Eigeninitiative unumgänglich sind. Konsequente Selbstorgani-sation kann u. U auch einmal einen Fasttag für die Gruppe, also auch für das Leitungsteam bedeuten.

Die Gruppenmitglieder gestalten ihre Beziehungen

Ging es bei der Organisation der Aktivitäten um sachliche Aspekte, so han-delt es sich hier um die interaktionellen, die sozialen Dimensionen. Aller-dings passt hier das Bild von einer Expedition in einem wichtigen Punkt nicht ganz: Diese hat in der Regel ein wissenschaftliches, sportliches, wirt-schaftliches oder sonstiges Ziel, mögen die Motive der Teilnehmer auch persönlicher Natur sein. Eine erlebnispädagogische Gruppe hat jedoch in erster Linie das therapeutische Ziel, die psychosoziale Entwicklung der Teilnehmer zu fördern. Überdies ist es ja eine bekannte Tatsache, dass selbst in Gruppen, die sich Sachzielen widmen, die praktische Arbeit oft weitgehend von psychosozialen Faktoren beeinflusst wird. Es wäre also selbst zur Förderung rein inhaltlicher Arbeit unökonomisch, diese Energie zu ignorieren. Im Einzelfall können sogar korrigierende Erfahrungen mancher Teilnehmer verhindert werden, wenn das Leitungsteam allein auf die Wirksamkeit natursportlicher Medien setzt. Das therapeutische Potenzial von Gruppenprozessen wird dann nicht nur ignoriert, sondern problemstabilisierende Einstellungen und Verhaltensweisen können sogar gefördert werden. Spezielle Ressourcen, Beziehungsmuster, Rollen und Konfrontationen werden dann nicht in ihrer Bedeutung für bestimmte Entwicklungsziele gesehen, sondern als Störungen des Handlungsablaufs oder als bedeutungslos bewertet

Die Gruppenmitglieder steuern sich selbst

Was für die Selbststeuerung der Gesamtgruppe gilt, das gilt auch für jeden einzelnen: Er hat die Verantwortung dafür, wie er am Projekt und am Beziehungsgeschehen teilnimmt, wie er mit seinen Bedürfnissen, Gefühlen, seinem Fahrrad oder der Ordnung in seinem Rucksack umgeht. Sich selbst organisieren heißt in erster Linie auch, sich mit sich selbst auseinanderzusetzen. Jeder kann sich immer wieder fragen: Was lösen die Sachaufgaben und Beziehungsangebote in mir an Körperempfindungen, Gefühlen, Gedanken und Absichten aus? Welche Potenziale entdecke ich da bei mir, was möchte ich noch besser können? Welche Ziele habe ich? Was kann, was will ich zur Auseinandersetzung mit einer bestimmten Situation beitragen? Wie will ich sie mit gestalten?

Diese Fragen, die eine mehr oder weniger umfassende Innen- und Außenwahrnehmung bedingen, dienen der Vorbereitung einer eigenverantwortlichen Entscheidung und ihrer praktischen Umsetzung auf der intrapsychischen, der Beziehungs- und der Leistungsebene. Nur wer sich wirklich entschieden hat, kann die Konsequenzen mittragen, d.h. das Ergebnis als Folge seines eigenen Handelns anerkennen.

Die Gruppe ermöglicht es den Einzelnen, sich selbst im Hier und Jetzt zu aktualisieren. Sie ist ein zweckdienliches Mittel, eine Ressource, individuelle Entwicklung zu fördern. Zugleich schränkt sie aber auch die Bandbreite individuellen Verhaltens und damit von Entwicklungsmöglichkeiten ein, wie gruppendynamische Experimente und Feldstudien eindringlich belegen. Besonders in stark kohäsiven Gruppen neigen einzelne dazu, ihre individuellen Vorstellungen tendenziell zugunsten einer oft unausgesprochenen Gruppennorm aufzugeben. Die Teilnehmer stehen daher im Spannungsfeld zwischen der Selbstorganisation eigener Bedürfnisse und der Berücksichtigung der Gruppenbedürfnisse. Diese Gratwanderung erzeugt starke und konstruktive Entwicklungsreize.

Wichtige Konstellationen für Selbststeuerung

Offenkundige explizite Problemstellungen. Sie entstehen zwangsläufig aus den situationsimmanenten Anforderungen des erlebnispädagogischen Handlungsfeldes und provozieren Planungen, Entscheidungen und Klärungen zwischen Teilnehmern. Dazu gehören u. a. Fragen wie die, wer mit wem in welchem Boot fährt, was geschieht, wenn kein Brennholz mehr da ist, was zu tun ist, wenn Petra nach einem Streit in den Wald gelaufen ist und immer noch nicht zurückkommt. Solche Situationen sind die typischen Handlungsfelder einer erlebnispädagogischen Gruppe, da sie als originäre Problemstellungen von selbst nach Initiativen verlangen. Die Gruppenleiter sind dabei Prozessbegleiter oder/und Mitbetroffene.

Latente, implizite Problemstellungen. Hier handelt es sich um noch nicht bewusst wahrgenommene, verschwiegene oder vermiedene Sachprobleme, Bedürfnisse, Ängste, Spannungen und Konflikte usw. Sie können erst dann gelöst werden, wenn sie beachtet werden, etwa weil das Missbehagen zu groß wird, oder die Gruppenleiter sie in den Fokus der Aufmerksamkeit rücken. Das können z. B. Situationen sein, in denen einzelne ausgenutzt werden, ohne es zu bemerken oder es nicht wagen, sich zu wehren, wenn Stars die Gruppe „führen" und damit anderen die Verantwortung abnehmen; oder wenn Unlust, Hektik oder Lähmung herrschen, die Gruppe jedoch zugrunde liegende Prozesse weder definieren noch lösen kann. Es liegt in der Verantwortung der Gruppenleiter, die impliziten Prozesse zu erkennen und die Gruppe durch gezielte Interventionen dabei zu unterstützen, sie wahrzunehmen und Lösungen zu erarbeiten.

Institutionalisierte Gruppengespräche. Solche Kommunikationsformen haben vor allem zu Beginn einer Gruppe und für unerfahrene Teilnehmer als Hilfestellung für den Aufbau der Gruppennormen einen hohen Stellenwert. Sie vermitteln die Sicherheit, eigene Ideen, Störungen und Fragen ansprechen zu können. Sie haben ihren Platz insbesondere bei Planungen und Auswertungen. Wenn Gefährdungen zu befürchten sind, oder wenn es darum geht, Grenzverletzungen Einzelner oder der Gruppe zu verhindern, kann es auch sinnvoll sein, dass die Gruppenleiter ein Gruppengespräch verlangen. In reiferen Gruppen initiieren Jugendliche manchmal selbst „Gruppensitzungen", wenn sie spüren, dass es hilfreich ist, auf diese Weise offene oder latente Probleme zu lösen.

6 Der Gruppenrahmen

6.1 Die vier Funktionen des Rahmens

Jede erlebnispädagogischen Gruppe braucht einen Rahmen, der gewährleistet, dass die Grundbedingungen des erlebnispädagogischen Handlungsfeldes praktisch umgesetzt werden. Er macht unmissverständlich klar, was in diesem Gruppensetting möglich ist, und was keinen Platz in ihm haben kann.

Begrenzung des Handlungsfeldes

Das Wort Rahmen beinhaltet bereits Begrenzung, wie bei einem Bild, bei dem zuerst das Format bestimmt wird. Auch der Raum des erlebnispädagogischen Handlungsfeldes ist nicht beliebig, sondern festgelegt. Nur dann können situationsimmanente Forderungen zu ebensolchen Auswirkungen führen. Diese Abgrenzung schafft Klarheit und Kontinuität, z. B. durch Festlegung von Beginn und Ende der Gruppenzeit sowie einige Grundregeln, wie den Umgang mit Alkohol, die Ausgrenzung von Besuchern oder bestimmter Aktivitäten, die nicht den Grundbedingungen des erlebnispädagogischen Handlungsfeldes entsprechen.

Festlegung der Inhalte

Diese inhaltlichen Rahmenbedingungen erlauben den Überblick über das Gesamtgeschehen wie der Blick von einem Aussichtsturm auf eine Landschaft. Ich kann zwar nicht jedes Detail erkennen, aber doch wahrnehmen, was auf mich zukommen wird: Die vorgesehenen erlebnispädagogischen Medien, die Handlungsorte und die Bandbreite der möglichen Anforderungen, Selbstorganisation und Selbststeuerung der Gruppe, das Leben in freier Natur sowie die Schlichtheit von Unterkunft und Verpflegung. Mit der inhaltlichen Gestaltung und der Begrenzung des Territoriums ist das therapeutische Milieu der erlebnispädagogischen Gruppe weitgehend konstituiert.

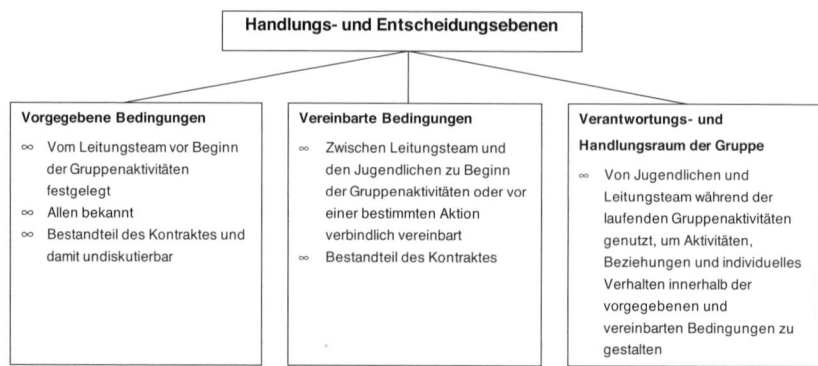

Abb. 3: Handlungs- und Entscheidungsebenen

Verantwortungsbereiche der Teilnehmer

Durch die formale und inhaltliche Abgrenzung wird ein Territorium definiert, in dem sich der Mikrokosmos der Gruppe entwickeln kann. Sind diese Bestandteile eindeutig festgelegt, ergibt sich der verfügbare Handlungsspielraum der Gruppe. Der Rahmen klärt, was jeder nur für sich alleine entscheidet, z. B. aus welcher Höhe er sich abseilt, welche Entscheidungen Untergruppen für alle treffen können, und wann die Gesamtgruppe zuständig ist. Er legt fest, was verbindlich ist und wo „challenge by choice" gilt. Gruppenleiter und Teilnehmern sind diesen Vorgaben gleichermaßen verpflichtet, für ihre Ausgestaltung sind alle verantwortlich und nötige Entscheidungen und Handlungen gehen jeden an. Von der Trennschärfe zwischen dem, was unumstößlich vorgegeben ist und was die Gruppe gestalten kann, hängt es ab, ob die Grundlage für einen konstruktiven Gruppenprozess gelegt wurde. Undeutlichkeit wird immer wieder zu unfruchtbaren Diskussionen um die Auslegung von Abmachungen und Vorgaben führen. Den Handlungsspielraum im Nachhinein einzuschränken oder zu erweitern macht unglaubwürdig. Es käme einer paradoxen Handlungsaufforderung gleich: „Du darfst alles, aber mach es ja so, wie wir Leiter es uns (unausgesprochen) vorstellen!" Der Gruppenprozess könnte sich in der Bearbeitung von Abhängigkeits- und Gegenabhängigkeitsprozessen erschöpfen, die nicht Darstellung von Entwicklungsthemen der Jugendlichen wären, sondern das Ergebnis eines unklaren Settings.

Klare Definitionen der Verantwortungsbereiche sind überdies notwendig, weil die vollständige Aufzählung aller Einzelheiten oder Handlungen des Projektes weder möglich noch sinnvoll ist. Globale Rahmenbedingungen sind oft angemessener, damit jeder selbst entscheiden kann, was zum Handlungsspielraum gehört. Wenn alles zum Aufgabenbereich der Gruppe erklärt wird, was die Selbstversorgung angeht, so meint dies auch wirklich alles, z. B. auch die Höhe des Haushaltsetats; wenn nicht, müsste dies ausdrücklich ausgenommen sein.

Orientierung für das Leitungsteam

Fragen der allgemeinen Orientierung. Die Verinnerlichung des Rahmens erlaubt es den Gruppenleitern, sich spontan zu verhalten. Er dient ihnen als Bezugsgröße dafür, wie sie ihre persönlichen Bedürfnisse angemessen einbringen können. Nur dann sind sie tatsächlich glaubwürdig und wirken als modellhafte Teilnehmer. Der Rahmen gibt die Kriterien dafür, was Sache der Leiter ist und was die der Jugendlichen, er bestimmt die Grenzen und die Inhalte der „Demokratie". Er gestattet es, vorab darüber zu befinden, was und wie das Leitungsteam vorstrukturiert, wo und wie es Teilnehmer bei der Vorbereitung einbezieht.

Gegenseitige Orientierung im Team. Bereits beim Führen der Kontraktgespräche ist ein Konsens über den Rahmen unter den Gruppenleitern unverzichtbar. Die gemeinsame Erarbeitung des Grobrahmens und seiner Details im Team kostet zwar Zeit, aber diese zahlt sich aus, da sie das Team stärkt und sich ein gemeinsamer „Geist" der erlebnispädagogischen Gruppe entwickelt. Dann haben die einzelnen Leiter auch bei Turbulenzen eine Orientierung für Entscheidungen ohne Absprache mit den Kollegen. Ein solcher Konsens vermindert die Gefahr, dass Gruppenleiter, vielleicht unbewusst, persönliche Differenzen auf dem Rücken der Gruppe austragen. Herrscht Konsens, dann vermitteln alle Leiter den Jugendlichen die gleichen Inhalte. In einem gut eingespielten Leitungsteam ist es sehr schwer, dass Jugendliche die Leiter gegeneinander ausspielen können.

> **Beispiel**
> Ein Mitarbeiter macht mit seiner Untergruppe während einer Radtour Rast in einem Gasthaus, um etwas zu trinken, obwohl alle noch Tee in ihren Flaschen haben. Einigen reicht das vereinbarte, minimale Taschengeld nicht aus, und er hält sie frei. Ein anderer Gruppenleiter spendiert jedem nach mühsam geschaffter Rückfahrt zu Hause ein Eis.

Oberflächlich betrachtet haben beide Gruppenleiter etwas Vergleichbares getan und doch ein unterschiedliches Verständnis des Rahmens und seiner praktischen Umsetzung gezeigt. In einem konsensuell agierenden Team wäre jedem ohne weiteres klar gewesen, dass Gasthausbesuch und Taschengeldzuschuss gegen das Postulat der vollkommenen Selbstversorgung verstoßen. Der zweite Leiter besserte die Haushaltskasse zwar ebenfalls auf, handelte jedoch nicht gegen den Geist des Rahmens.

Tab. 4: Interventionen in Bezug zum Rahmen

Situation	Beispiel	Intervention
Die Teilnehmer können Probleme nicht lösen, auf die sie innerhalb des Rahmens stoßen;	Eine Gruppe schafft es nicht, bei Nacht die Blätter einer Kote richtig zusammenzuknüpfen	Die Gruppenleiter werden als Prozessbegleiter, Fachleute für bestimmte Medien oder modellhafte TeilnehmerInnen aktiv;
Die Teilnehmer sind unsicher bezüglich der praktischen Umsetzung von Rahmenbedingungen;	Sind bei einer Kooperationsaufgabe nicht vorgesehene, aber tatsächlich vorhandene Hilfsmittel erlaubt? Soll das Angebot eines Motorbootfahrers angenommen werden, ein Kanu zu ziehen?	Die Gruppenleiter verdeutlichen als Vertreter von Normen noch einmal den Rahmen; Werden Verstöße geplant, so stellt sich zunächst die Frage, ob es Jugendliche gibt, die für die Einhaltung des Vereinbarten sorgen; Andernfalls tun dies die Leiter;
Einzelne oder die gesamte Gruppe verletzten die Rahmenbedingungen.	Teilnehmer bringen Alkohol mit, oder brechen nachts Zigarettenautomaten auf.	Die Gruppenleiter setzen als Vertreter von Normen die Rahmenbedingungen durch; Gegebenenfalls wird der Kontrakt oder Teile davon noch einmal ausdrücklich vereinbart; In Extremfällen kann die vorzeitige Beendigung des Kontraktes mit Einzelnen notwendig sein.

6.2 Strukturmerkmale des Rahmens

Die Strukturmerkmale des Rahmens lassen sich unterschiedlichen Verantwortungsebenen zuordnen (Abb. 3).

Vorab erarbeitet das Leitungsteam einen Grobrahmen. Dessen verbindlich vorgegebenen Bedingungen sind einerseits offen genug, um individuelle Themen einzelner, die jeweilige Gruppenzusammensetzung und situative Erfordernisse zu berücksichtigen, grenzen andrerseits ab, was in dieser Gruppe möglich ist und was nicht. Dieser Grobrahmen wird durch vereinbarte Bedingungen ergänzt. Alles andere gehört unwiderruflich zum Verantwortungs- und Handlungsraum der Teilnehmer. Es ist von größter Bedeutung, diese Entscheidungsebenen nicht zu vermischen, um Unklarheiten und Ausweichversuche in unbequemen Situation, aber auch Machtkämpfe zu verhindern. Was vorgegeben ist, bleibt undiskutierbar. Zu vereinbarende Bedingungen kann man diskutieren, aber nicht nachträglich verändern. Freiraum bleibt Freiraum.

Es gibt zwar grundsätzliche Kriterien dafür, welchen Handlungs- und Entscheidungsebenen ein Bestandteil des Rahmens zuzuordnen ist, wegen der großen Unterschiede zwischen einzelnen Gruppen und der Überschneidung von Strukturmerkmalen ist jedoch eine flexible Handhabung nötig.

Normen

Teilnehmer bringen aus ihren Lebensfeldern Normen mit, die sowohl konstruktiv als auch destruktiv auf das Gruppengeschehen einwirken können. Es sind daher Leitlinien notwendig, welche die Entwicklung eines erlebnistherapeutischen Handlungsfeldes begünstigen und ein zieldienliches d. h. reifungsförderndes Gruppenklima etablieren.

Das können keine pauschalen, allgemeingültigen „erlebnispädagogischen" Normen sein. Sie müssen entsprechend dem Alter, der Motivation und Persönlichkeit der Jugendlichen und Erwachsenen gestaltet werden. Zum Teil werden sie vom Leitungsteam vorgegeben, zum Teil mit der Gruppe vereinbart. Im Folgenden geht es daher eher um Hinweise, für welche Verhaltensebenen Normen nötig sind, als um ihre konkrete und exakte Formulierung.

Manche Normen sind nur eindeutig, wenn sie prägnant formuliert werden. Für andere passt eine Richtschnur besser, die es bei aktuellem Anlass erlaubt, Verhaltensweisen zu bewerten oder Konkretes zu vereinbaren. Ad hoc entstandene und erarbeitete Regeln entsprechen den umfassenderen Grundnormen. Vertritt und lebt das Leitungsteam diese Leitlinien und die dahinter stehenden Werte von Anfang an unmissverständlich, so entwickeln sie sich zu einem Bestandteil des Rahmens.

Die Verbindlichkeit der Entscheidung zur Teilnahme. Der Sinn dieser Norm ist die größtmögliche Kontinuität der Gruppenteilnahme. Ohne die grundsätzliche Anerkennung dieser Verbindlichkeit wird keine Zusage für die Teilnahme erteilt. Das gilt auch für das Leitungsteam: die Leiter widmen sich während der vereinbarten Zeit ganz und gar der Gruppe und sind vom ersten Treffen bis zur Abschlussparty präsent. Vorab vereinbarte Ausnahmen können nur unter Bedingungen gerechtfertigt sein, welche die Verbindlichkeit grundsätzlich achten und nicht auf Ausweichverhalten hinzielen. Jeder verpflichtet sich, an allen Aktivitäten teilzunehmen. Den jeweiligen Schwierigkeitsgrad bestimmt jeder Einzelne bzw. die Gruppe. Dass jemand krank wird oder ein Auszubildender unerwartet keinen Urlaub bekommt, lässt sich dennoch nicht vermeiden; was allerdings keinen Verzicht auf die Norm bedeutet, sondern die Unmöglichkeit, sie zu erfüllen.

Umweltverträgliches Handeln. Neben einigen vorgegebenen Regeln wird es andere geben, deren Sinn erst erfahren und verstanden werden muss, bevor sie vereinbart werden können. Hier sind das Gespür und das persönliche Engagement des Leitungsteams gefragt, um solche Normen situativ zu konkretisieren. Grundlegend sind dabei die Werte in Zusammenhang mit der Achtung vor der Natur und vor der Allgemeinheit.

Einschränkung von Ersatzbefriedigungen. Wer nicht durch Rückzug auf Ersatzbefriedigungen ausweichen kann, muss sich rückhaltlos den Anforderungen der erlebnispädagogischen Gruppe stellen. Daher sind die Rahmenbedingungen so zu gestalten, dass solches Ausweichverhalten am Besten gar nicht möglich ist. Einige einschränkende Normen sind jedoch meist unvermeidbar, wenn sie auch nie so eindeutige und unvermeidbare Konsequenzen erfahrbar machen wie wirklich situationsimmanente Restriktionen.

Zum Surrogat taugt nahezu alles, was auch echte Bedürfnisse sinnvoll befriedigen kann. Diese Verhaltensweisen und Sachen sollen daher nicht verteufelt werden, sondern einen im Kontext der erlebnispädagogischen Gruppe angemessenen Platz zugewiesen bekommen. Dies kann entweder durch völligen Verzicht oder durch sinnvolle Begrenzungen erreicht werden. Restriktive Normen können Aspekte betreffen wie:

- Kontakte während eines Projektes mit Bezugspersonen wie Eltern, Freunden oder der Clique
- Zusatzverpflegung, Geld und Süßigkeiten
- Alkohol, Zigaretten, unerlaubte Drogen
- Gebrauch von Radios, Walkman, Spielen und Büchern

Solche Regeln machen jedoch nur Sinn, wenn das Leitungsteam sich ihnen ebenfalls unterordnet. Wer nicht aufs Rauchen verzichten will, kann es den Jugendlichen schwer abverlangen. Es ist wünschenswert, aber oft nicht immer sofort möglich, dass einschränkende Normen für die Betroffenen einsichtig sind, sie müssen jedoch konkret fassbar sein. Es ist sorgsam zu unterscheiden, welche Verhaltensweisen oder Dinge die Wirksamkeit der erlebnispädagogischen Gruppe tatsächlich beeinträchtigen und welche lediglich „rote Tücher" für die Gruppenleiter sind. Einschränkende Normen können die existenzielle Bedeutung einer erlebnispädagogischen Situation zunichte machen, wenn sie inhaltlich unangemessen sind, zu hohe Anforderungen stellen oder den Rahmen dominieren. Das positiv Herausfordernde ist der eigentliche Wirkfaktor, nicht die Restriktionen, die auf bloße Unterlassung zielen.

Bereits vor der Kontraktphase sollte feststehen, ob und welche Einschränkungen von vornherein vorgegeben, welche mit den Jugendlichen vereinbart werden, ob sie absolut oder nur in bestimmten Situationen gelten sollen und ob sie allgemein oder konkret formuliert werden.

Teilnehmerbezogene Kriterien für einschränkende Normen liegen in deren Alter, ihrem gewohnten Lebensumfeld, in zu erwartendem Verhalten und ihren speziellen Entwicklungszielen. Bedeutsam ist auch die Motivierbarkeit der Jugendlichen zur Einhaltung bestimmter Regeln und die Frage, ob der Umgang mit den Objekten möglicher Ersatzbefriedigung ein Lernziel ist, z. B. ein verantwortungsbewusster Alkoholkonsum. Für themenspezifische Angebote, z. B. für Gewalttäter oder -opfer, kommen spezielle ziel- und klientenorientierte Regeln dazu.

Zeitstruktur

Es ist sinnvoll, die Gesamtlaufzeit eines Angebotes sowie Terminschwerpunkte, z. B. Schulferien, bestimmte Wochentage, von Anfang an festzulegen. Zwar wird dies, insbesondere bei ambulanten Gruppen, möglicherweise eine ganze Reihe von Interessenten ausschließen oder die Gruppe ganz unmöglich machen; aber das wäre ökonomischer als endlose Verhandlungen um Termine, die bestenfalls einen Minimalkonsens erbringen würden. Als günstig hat sich erwiesen, dass Gruppenlaufzeiten keinen Schuljahreswechsel beinhalten, denn da gibt es Änderungen von Stundenplänen, Wohnorten, Lehrstellen.

Die Terminierung einzelner Treffen und Teilprojekte kann nur vom Leitungsteam unter Berücksichtigung erlebnispädagogischer, organisatorischer und, wenn möglich, personenbezogener Gesichtspunkte entschieden werden. Selbstverständlich ist zu bedenken, wann die Interessenten Ferien haben oder Urlaub nehmen können. Stundenweise Kurztermine oder ad hoc nötige Treffen kleiner Untergruppen können dagegen mit der Gesamtgruppe vereinbart werden, auch die genaue Uhrzeit des Anfangs einer Aktion fällt darunter.

Zu Beginn einer Gruppe ist es sinnvoll, eher mit einem Wochenende zu beginnen, dem einige Vorbereitungstreffen vorausgehen, als gleich mit einer ganzen Woche: Das verringert die Unsicherheit und lädt eher zum Mitmachen ein. Wenn einzelne Treffen anfangs knapp hintereinander folgen, fördert das einen kontinuierlichen Gruppenprozess. Sind die Abstände zu groß, dann lassen Gruppenkohäsion und Vertrauen, Offenheit und Verantwortungsbereitschaft immer wieder nach. Da größere Aktionen meist nur im Urlaub oder in den Ferien stattfinden können, empfehlen sich zur Überbrückung Wochenendaktivitäten, eintägige oder auch nur mehrstündige Treffen. In späteren Gruppenphasen, wenn sich ausreichende Kohäsion entwickelt hat, wirken größere Abstände weniger störend.

Erlebnispädagogische Medien

Kontextbezogene Kriterien. Dazu zählen die institutionellen, personellen und geografischen Gegebenheiten. Oft ist die Entscheidung schon deshalb eingeschränkt, weil nur bestimmte Ausrüstungsgegenstände zur Verfügung stehen oder die Leiter nur spezielle Kompetenzen haben. Unter Umständen wird es wirkungsvoller sein, das Schwierigkeitsniveau niedriger anzusetzen, damit die Jugendlichen mehr mitgestalten und die Leiter trotz der Anforderungen, die eine Aktivität stellt, intensiv auf die Teilnehmer und den Gruppenprozess eingehen können. Die Gewährleistung der notwendigen Sicherheitsstandards hat immer Vorrang. Aus ökologischen und ökonomischen Gründen sind regionale Gebiete zu bevorzugen. Auch das Verhältnis zwischen dem organisatorischen Aufwand und der tatsächlich mit einem Medium verbrachten Zeit ist relevant. Lässt sich eine Radtour zeitlich und räumlich sinnvoll mit Kajakfahren verbinden? Daraus folgt, dass das Leitungsteam die erlebnispädagogischen Medien im voraus auswählt.

Ressourcen und Entwicklungsziele der Teilnehmer. Sind diese, sowie die Motivation des zu erwartenden Teilnehmerkreises bekannt, so kann die Bereitschaft zur Teilnahme, die Förderung individueller Ziele und die Erschließung noch ungenutzter Ressourcen durch die Auswahl bestimmter Aktivitäten begünstigt werden. Schließlich macht es einen Unterschied, ob einer Gruppe eher sportliche, relativ begeisterte und trainierte, oder motorisch beeinträchtigte, lernbehinderte, gehemmte oder dissoziale Jugendliche angehören. Je nachdem, ob der Schwerpunkt einer Gruppe im Aufbau von Ausdauer und Durchhaltevermögen, in der Verbesserung der Selbstwahrnehmung, der Kooperation oder des Konfliktverhaltens liegen soll, ist es nützlich, anstrengende Radtouren anzubieten, Einerkajaks zu benutzen oder den Schwerpunkt auf das Zusammenleben in einer engen Unterkunft zu legen.

Da eine erlebnispädagogische Gruppe meist heterogen zusammengesetzt sein wird, also mehrere Ziele parallel zu verfolgen sind, kommt nicht nur der Auswahl, sondern auch der zeitlichen Gewichtung der einzelnen Medien große Bedeutung zu. Wie viel Interaktion und wie viel Auseinandersetzung mit sich selbst soll ermöglicht werden? Wie viel Zeit muss das Klettern in Anspruch nehmen, wenn es als Anreiz zur Selbstüberwindung, wie viel, wenn es der Steigerung der Körperbewusstheit dienen, und wie viel dann, wenn das Vertrauen in die Verlässlichkeit des sichernden Seilpartners gestärkt werden soll? All diese Funktionen sind wichtig, und doch müssen Präferenzen gesetzt werden, um die jeweiligen Entwicklungsziele der Jugendlichen angemessen unterstützen zu können.

Was den Schwierigkeitsgrad betrifft, ist zwischen einem gemeinsamen Basisniveau und einem individuellen Ad hoc-Niveau zu unterscheiden. Das Basisniveau wird schon vorab festgelegt, denn die Teilnehmer können die

Tragweite dieser Entscheidung kaum überblicken und schon gar nicht ihre therapeutisch relevanten Aspekte. Zum Basisniveau gehören z. B. die Gesamtlänge einer Tour und das Anspruchsniveau des Geländes. Das „Ad hoc-Niveau" entsteht aus Entscheidungen, die innerhalb des Verantwortungsraumes der Gruppe getroffen werden. Welcher Teilnehmer oder welche Untergruppe traut es sich zu, eine Kletterroute im Schwierigkeitsgrad 4 oder 6 zu bewältigen? Diese Fragen sind je nach den gegenwärtigen Umständen wie Kondition, Wetter usw. zu klären. Basisniveau und Ad hoc-Niveau müssen unmissverständlich unterscheidbar sein, denn das erste ist undiskutierbar, während das zweite persönliche Entscheidungen der Teilnehmer herausfordert.

Verhältnis erlebnispädagogischer Medien zueinander. Es hat sich als förderlich für die Motivation und therapeutischen Ziele erwiesen, wenn die einzelnen Aktivitäten gezielt aufeinander aufbauen und zu einem oder mehreren Höhepunkten führen. Ein weiteres Kriterium der Kombination unterschiedlicher Medien ist deren Gewichtung im Gesamtrahmen. Fordern sie überwiegend zur Lösung sachlicher Probleme auf, provozieren sie die Auseinandersetzung mit sich selbst, oder mit dem Beziehungsgeschehen in der Gruppe? Sollen diese drei Aspekte alle den gleichen Stellenwert bekommen, oder einer stärker betont werden, um speziellen Entwicklungszielen gerecht zu werden? Diese Fragen lassen sich nur teilweise vor Gruppenbeginn in einem Grobraster festlegen, teilweise erst während einer laufenden Gruppe. Die Entscheidung, ob der Schwerpunkt der Aktivitäten stärker auf Initiativaufgaben liegen soll oder auf solchen des Typs Expedition (Kap. 2.5), beeinflusst jedoch die Inhalte möglicher Lernangebote so stark, dass eine Festlegung vorweg nötig ist.

Jedes Medium wirkt sich auf das Beziehungsverhalten anders aus: Es fordert z. B. Kooperation oder Einzelleistungen, Risikobereitschaft, Neugier oder Vertrauen. Es macht daher Sinn zu klären, welche Aktivitäten während der Anfangsphase der Gruppe angemessen sind, welche erst später, wie ich ein Medium in einer bestimmten Gruppenphase gestalte und welche Initiativaufgaben gerade jetzt nützlich sind.

Handlungsorte und Termine

Die Entscheidung über die Handlungsorte und Termine gehört zum Aufgabenbereich des Leitungsteams, sie zählt zu den undiskutierbaren Bestandteilen des Rahmens.

Orte und erlebnispädagogische Medien gehören untrennbar zusammen. Bei der Auswahl von Landschaften und Übernachtungsplätzen ist bei manchen Gruppen eine ausreichende Distanz zu leicht erreichbaren Dörfern, Discos usw. besonders wichtig. Durchorganisierte Jugendzeltplätze oder

Flüsse in stark frequentierten Ausflugsgebieten lassen die Erfahrung des „Auf-sich-selbst-gestellt-Seins" gar nicht erst aufkommen.

Wegen der restriktiven gesetzlichen Regelungen für das Unterwegssein in freier Natur befinden sich die geeigneten Plätze, wenn auch noch so fachmännisch, naturschonend und unter Einhaltung aller Bestimmungen gestaltet, manchmal hart am Rande der Legalität. Da hilft nur, sich mit Bauern, Bürgermeistern, Naturschützern und evtl. auch Naturschutzbehörden persönlich bekannt zu machen und individuelle Lösungen für die jeweiligen Gruppenaktionen zu suchen. Jugendverbände, Sektionen des DAV oder örtliche Wandervereine vermieten manchmal geeignete Hütten. Leider muss man es bei dieser Kategorie von Unterkünften meist in Kauf nehmen, dass Kurzbesucher und Durchwanderer Übernachtungsrecht haben. Manche Jugendzeltplätze, auch solche mit Hütten, sind z. B. in der Woche vor Ostern noch nicht offiziell geöffnet. Sie stehen daher im Fall einer Ausnahmegenehmigung der erlebnispädagogischen Gruppe allein zur Verfügung. Manches Wander-, Kletter- oder Kajakgebiet ist eher auf Wochenend- und Feiertagstourismus eingestellt, unter der Woche ist es dort auch in Ferienzeiten oft verhältnismäßig ruhig. Ein wichtiges Kriterium zur Auswahl der Orte ist die finanzielle Situation der Teilnehmer und der Institution.

Verhandlungen und Verträge mit Grundstückseigentümern, Transportunternehmen und Ausrüstungsgeschäften gehören, von seltenen Ausnahmen abgesehen, in den Verantwortungsbereich des Leitungsteams, auch dann, wenn volljährige Teilnehmer dabei sind. Über einmalige biwakartige Übernachtungsplätze kann die Gruppe gemeinsam entscheiden. Deren Lage ergibt sich aus dem Verlauf der Aktion und muss je nach den Umständen bestimmt werden.

Einige Erfahrungen: Zur Schonung der Natur und zur Beachtung der Toleranzgrenze von Förstern, Bauern und Naturschützern bewähren sich einige Grundsätze: Am günstigsten sind Zeiten, zu denen wenig Betrieb herrscht. Manchmal ist es besser, die gleichen Lagerplätze nur in größeren Abständen zu nutzen und nicht zu lange zu bleiben, vor allem dann, wenn sie in freier Wildbahn liegen. Eine Gruppe von mehr als zwölf Mitgliedern belastet die Natur meistens sehr. Das gehäufte und demonstrative Auftreten solcher Gruppen könnte zudem unter den Bürgern kleiner Dörfer Ablehnung hervorrufen und wohlgesonnene Grundstückseigentümer unter dem Druck der Anwohner veranlassen, ihre Erlaubnis in Zukunft zu verweigern.

Organisationskosten

Auch die Organisationskosten sind Sache des Leitungsteams. Dazu zählen die Kosten für Planungsfahrten und der Transport von Material, Portos, Telefon, Mieten und Leihgebühren, die Anschaffung und Unterhaltung der Ausrüstung, die Kosten für Versicherungen, für Gruppenleiter oder zusätzliche Fachleute für bestimmte Natursportarten. Das Leitungsteam legt die individuellen Teilnehmergebühren zur Deckung der Organisationskosten fest, sofern sie nicht durch Zuschüsse oder durch institutionseigenes Personal und Material gedeckt werden.

Das Haushaltsgeld

Meistens hat sich die Festlegung des Haushaltsgeldes vor Gruppen- oder Aktionsbeginn bewährt. Mit reiferen Teilnehmern ist es manchmal auch sinnvoll, einen Probetag mit allen Mahlzeiten und entsprechender körperlicher Belastung zu organisieren, um festzustellen, wie viel Lebensmittel gebraucht werden und was sie kosten. Allerdings sind dabei verfälschende Einflüsse zu beachten.

Verbindliche Festlegungen

- Beiträge zum Haushaltsgeld werden von jedem Teilnehmer, auch von den Leitern, vorher eingezahlt.
- Die Gruppe ernährt sich nur vom Haushaltsgeld.
- Die Gruppe verwaltet ihr Haushaltsgeld selbst.
- Es wird nur ganz wenig Taschengeld mitgenommen (für eine Postkarte oder ein Nottelefonat).
- Es gibt keine private Zusatzverpflegung.

Sicher wird immer wieder gegen diese Regeln verstoßen. Sie zahlen sich dennoch aus, weil sie die verfügbaren Mittel der Gruppe begrenzen und eventuelle Konflikte sodann auf der Basis einer verbindlichen Vereinbarung ausgetragen werden können. Existenzielle Bedeutung heißt hier, dass eben weniger in der Kasse ist, wenn einer sein Geld nicht mitgebracht hat.

Die Höhe des Haushaltsgeldes: Der Umfang des Etats hängt vom Anspruchsniveau und davon ab, was alles bestritten werden soll. Der Etat sollte eher etwas unter dem üblichen Niveau liegen, damit eine wirkliche Herausforderung gegeben ist. Denn dann muss mit dem Geld sparsam gewirtschaftet, der Essensplan sorgfältig gestaltet und der Einkauf ernsthaft bedacht werden.

Entscheidungskriterien für die Höhe des Haushaltsgeldes

- *Alterstufe:* Wie hoch ist der tägliche Kalorienbedarf?
- *Jahreszeit:* Bei kalter Witterung ist der Bedarf höher
- *Anforderungen:* Je mehr körperlicher Einsatz, desto größer der Bedarf
- *Wo wird eingekauft:* Im Supermarkt oder in kleinen Läden?
- *Örtliche Gegebenheiten:* Kann Quell- oder Leitungswasser getrunken werden oder muss Trinkwasser zugekauft werden?
- Gibt es *Zusatzverpflegung aus der Natur* wie Wildgemüse, Pilze, Beeren, (vorher) selbst gemachte Marmelade?
- *Die Gruppengröße:* Mit steigender Teilnehmerzahl wird es ökonomischer (Günstige Großpackungen, weniger Reste usw.)

Beispiele (Preisniveau 2008, knappe Planung, 7 Gruppenmitglieder): Ein körperlich fordernder Aktionstag von 10.00 Uhr bis 17.00 Uhr, bei dem ein Mittagessen gekocht und viel getrunken wird: 1,30 €. Ein Projekt mit Zelten, Kanufahren, Klettern und voller Selbstversorgung inkl. Sammeln von Wildgemüse von Freitag 15.00 Uhr bis Sonntag 18.00 Uhr: 4,50 €.

Der Schwierigkeitsgrad der Haushaltung. Eine Gruppe mit intellektuell beeinträchtigten Jugendlichen wird nur schwer mit dem Geld für eine ganze Woche umgehen können, es kann sogar angebracht sein, den Einkaufsplan oder die Kosten des nächsten Einkaufs vorzugeben. Eine andere Gruppe wird in der Lage sein, sich das Haushaltsgeld für mehrere Aktionen innerhalb von einigen Wochen einzuteilen.

Bei den meisten erlebnispädagogischen Gruppen ist „Naturverpflegung" nicht als Hauptversorgung geeignet, weil sich Jugendliche oft nur schwer von vornherein darauf einlassen können, und die realen Erntemöglichkeiten oft nicht absehbar sind. Manche Gruppe kann damit aber eine verschwenderische Haushaltsführung ausgleichen. Hundertprozentige Sicherheit der Leiter bei der Bestimmung der Pflanzen und exakte Kontrolle des Sammelgutes sind dabei ein absolutes Muss.

Persönliche Kosten

Transportkosten. Zum Haushaltsetat trägt jeder in gleicher Höhe bei. Bei bestimmten Aktivitäten fallen jedoch manchmal individuell verschiedene Kosten an, z. B. dann, wenn die Jugendlichen bei einer längeren Tour wegen unterschiedlicher Motivation oder Kondition Teilstrecken mit der Bahn zurücklegen, statt mit dem Fahrrad. Die mögliche Bandbreite der dabei entstehenden Kosten muss jedem bekannt sein, wenn er den Kontrakt abschließt.

Wird mehr als der erforderliche Betrag mitgenommen, dann fördert das in der Gruppe umlaufende Geld Ausweichverhalten. Besser ist es, das Geld vor Beginn einzuzahlen. Auch die Fahrtkostenkasse wird von der Gruppe verwaltet. Benötigt jemand weniger als eingezahlt, etwa weil er sich nachträglich entschlossen hat, eine längere Strecke mit dem Rad zu fahren, bekommt er den übrigen Betrag am Ende zurück. Braucht jemand mehr Fahrtgeld als geplant, dann hat die Gruppe gemeinsam ein Problem zu lösen.

Taschengeld. Ideal wären Aktionsorte, an denen man mit Geld nichts anfangen kann und kein Taschengeld braucht. Da sich kaum kontrollieren lässt, wie viel jeder tatsächlich im Geldbeutel hat, sollte über die Höhe des Taschengeldes mit der Gruppe entschieden werden. Mitverantwortung steigert die Wahrscheinlichkeit, dass die Abmachung freiwillig eingehalten wird. In der Auseinandersetzung darüber können Sinn und Zweck der Lebensgemeinschaft auf Zeit noch einmal anschaulich gemacht werden. Danach wird eine verbindliche Vereinbarung geschlossen. Bei der Höhe des Taschengeldes ist zu berücksichtigen, ob davon auch der Eintritt für Bäder usw. bestritten werden soll oder ob dies von vornherein dem Haushaltsgeld zugerechnet wird. Ein bis drei Euro zur freien Verfügung, abhängig von der Dauer einer Aktion, könnten angemessen sein.

Ausrüstung

Die Ausrüstung wird zum Teil von der Institution gestellt, zum Teil von den Teilnehmern; sie besteht aus vorgegebenen Ausrüstungsgegenständen und solchen, über welche die Einzelnen oder die Gruppe entscheiden.

Gemeinsame medienspezifische Ausrüstung. Mit der Auswahl der Medien wird zwangsläufig auch die notwendige Ausrüstung festgelegt. Meist kann nicht erwartet werden, dass sie von den Teilnehmern selbst angeschafft wird, und muss daher in der Regel gestellt werden. Es könnte auch zum Rahmen gehören, dass sich die Gruppe selbst darum kümmert, wo bestimmte Ausrüstungsgegenstände geliehen werden können, oder dass sie diese aus vorgegebenem Material selbst herstellt wie z. B. Flöße. Die institutionelle Bereitstellung der Ausrüstung wirkt rahmenbildend, weil dadurch bestimmte Aktivitäten ermöglicht, andere ausgeschlossen werden. So machen z. B. Wildwassereinerkajaks mit Spritzdecken andere Touren möglich als offene Kanadier. Die Bandbreite der Entscheidungsalternativen wird durch die Verwendungsmöglichkeiten der Ausrüstung vorgegeben: Aus einem teilbaren Doppelpaddel lassen sich notfalls zwei Stechpaddel machen, aus mehreren Paddeln, Ästen, Schnüren und Biwaksäcken eine Notbesegelung.

Persönliche Ausrüstung. Kleidung, Essgeschirr und Waschzeug, aber auch Fahrräder, Schlafsäcke oder Fahrradpacktaschen zählen zur persönlichen Ausrüstung. Manche Jugendliche besitzen nur Kleidungsstücke, die für einen längeren Aufenthalt im Freien ungeeignet sind. Daraus entsteht für jeden die situationsimmanente Forderung, sich damit auseinander zu setzen, was noch beschafft werden muss. Die Eignung, die Funktionalität der Ausrüstung sind das Entscheidende. Es kann nicht im Sinn der Grundbedingungen sein, Material nach dem letzten Stand der Technik und Mode zur Norm zu erheben und damit eine materielle Anspruchshaltung zu fördern. Sollte es unmöglich sein, dass jeder sich die geeignete Sportkleidung und sonstige persönliche Ausrüstung anschafft, bleibt nur die Möglichkeit, das Fehlende zu leihen, vielleicht von anderen Teilnehmern oder den Gruppenleitern. Es sei denn, die Institution hält einiges bereit.

Für die persönlichen Ausrüstungsgegenstände sind trotz aller gegenseitigen Unterstützung immer die Einzelnen verantwortlich. Wer keinen Regenumhang dabei hat, wird automatisch mit einem selbst verursachten Problem konfrontiert. Ein Jugendlicher, der beim Fahrradcheck noch ein funktionsfähiges Siebengangrad vorstellte, erschien am Abfahrtstag mit einem Kettenschaltungsrad mit einer Übersetzung, die das Anfahren und das Befahren auch kleiner Steigungen zu einem Kraftakt werden ließ. Er war damit nicht in der Lage, die gesamte Strecke mit vollem Gepäck zu bewältigen. Die Gruppe musste einen Weg finden, ihn zu unterstützen. Solche Situationen bieten eine willkommene Gelegenheit, während einer Aktion eine Notlösung zu finden, und sich vor der nächsten um eine geeignete Ausrüstung zu kümmern. Auf der anderen Seite macht es wenig Sinn, bei institutionseigenen Rädern möglichst verschleißfeste anzuschaffen, da dann Jugendliche bei wenig sorgsamer Behandlung ihres Rades keine Rückmeldung über die Folgen ihres Verhaltens bekommen und somit wichtige Lernerfahrungen verhindert werden.

Die konsequente Beachtung des Rahmens schließt es aus, dass das Leitungsteam für solche Fälle Ersatzausrüstung mitführt und zum rechten Zeitpunkt hervorzaubert. Auch hier gilt: Die kritische Situation wird im Rahmen des in der Gruppe vorhandenen Potenzials an Material, Kreativität und Kooperationsfähigkeit bewältigt.

Ausrüstung und Handlungsspielraum der Gruppe. Die institutionell bereitgestellte Ausrüstung steht der Gruppe als Bestandteil des Rahmens pauschal zur Verfügung. Jeder Einzelne und die Gruppe werden sich jedoch stets aufs Neue damit befassen müssen, die Ausrüstung im Hinblick auf Inhalt und Dauer einer bestimmten Aktivität sowie die zu erwartenden Witterungsbedingungen auszuwählen. Die Verantwortung der Gruppe für solche Entscheidungen ist ein unabdingbarer Teil des Rahmens. Für Sicherheitsaspekte bleiben jedoch immer die Leiter zuständig und machen dafür undiskutierbare Richtlinien. Ausrüstungs- und Gepäcklisten werden nicht vorgegeben. Die Ausrüstung der Gesamtgruppe geht alle an. Ob und wie viel Zelte mitgenommen werden, ob jeder bequem liegen will oder Gewichtsersparnis wichtiger ist, ob man Äxte, Spaten, Wassersäcke usw. braucht und wie viele Kochtöpfe – das wird von der Gruppe entschieden. Solche Probleme und ihre Lösungen sind medien- und witterungsabhängig, sie werden aber auch erheblich von den Einstellungen, Vorlieben und der Einsatzbereitschaft der Beteiligten beeinflusst. Hierin ist der Handlungsspielraum der Gruppe unbeschränkt.

Eine größere erlebnispädagogische Gruppe wird sich häufig für zeitlich begrenzte Aktivitäten in Untergruppen zu dreien oder vieren aufteilen. Jede dieser Kleingruppen rüstet sich so aus, dass sie allein zurechtkommen kann. Es werden Gegenstände wie Kocher, Landkarten, Biwaksäcke usw. gebraucht, die zur Verfügung stehen, über deren Mitnahme die jeweilige Untergruppe jedoch selbst entscheidet. Die Kleingruppen werden möglicherweise Unterschiedliches einpacken und damit jeweils andere Erfahrungen machen.

Aber auch wenn die Gruppe gemeinsam unterwegs ist, gibt es Ausrüstungsgegenstände, die von mehreren gemeinsam genutzt werden können, wie Fahrradwerkzeug, Verbandszeug oder Taschenlampen. Im Rucksack oder Kanu kann das merkliche Gewichtsunterschiede mit sich bringen. Auch hier kann die Gruppe im abgesteckten Rahmen Absprachen treffen.

Die persönliche Ausrüstung gehört ebenfalls zum Handlungsraum der Gruppe. Eine Gruppe kann zusammen erarbeiten, welche Ausrüstungsgegenstände der Einzelne braucht, und regelrechte Gepäcklisten als Erinnerungsstütze für das Packen erstellen; bei einer anderen Gruppe macht das jeder selbst. Gelegentlich versuchen Gruppen oder Einzelne, ohne jede Planung auszukommen, andere halten sich nicht an die Vorschläge und machen damit ihre guten oder schlechten Erfahrungen.

Bei jedem Aufbruch zu einer größeren Aktivität wird die Frage der Ausrüstung ganz von selbst zum Thema, spätestens dann, wenn Fehlendes sich schmerzlich bemerkbar macht, Überflüssiges im Rucksack drückt oder manches sich als ungeeignet erweist. Wenn die Entscheidung über das persönliche Gepäck wirklich Sache des Einzelnen ist, kann er oder sie daraus erwachsenden Auswirkungen sich selbst zuschreiben und angemessen darauf reagieren.

Gruppengröße

Interaktionelle Dichte. Unterhalb einer gewissen Teilnehmerzahl kann es keine interagierende Gruppe mehr geben, weil die Varianz der möglichen Beziehungsmuster zu gering wird. Diese untere Grenze liegt bei etwa fünf Teilnehmern; bei nur vier Jugendlichen bilden sich allzu leicht zwei selbstgenügsame Paare, und den Leitern wächst dann die undankbare Rolle zu, Bewegung in eine starre Konstellation zu bringen.

Die Obergrenze ergibt sich daraus, dass mit zunehmender Gruppengröße immer weniger Zeit zur Verfügung steht, auf individuelle Entwicklungsthemen einzugehen. Aller Erfahrung nach sinkt mit zunehmender Größe die Bereitschaft Einzelner, Verantwortung zu übernehmen. Oft reden dann nur noch die stärkeren und aggressiveren Jugendlichen, und die Gruppenleiter haben es schwer, den Gruppenprozess so mitzusteuern, dass sich alle verantwortlich und aktiv engagieren können. Eine Gruppengröße von neun bis zwölf Personen, Leitungsteam inklusive, ist optimal und entgeht beiden Gefahren.

Naturverträglichkeit. Neben gruppendynamischen und pädagogischen Erwägungen haben ökologische Aspekte besondere Bedeutung. Wie viele Leute verträgt ein Biotop, auf dem die Gruppe ihre Zelte aufstellt? Mit wie vielen Teilnehmern, d. h. Booten, kann man ein Gewässer befahren, ohne z. B. brütende Vögel ernsthaft zu stören? Ist es angemessener, die Teilnehmerzahl um zwei Personen zu reduzieren oder ein weiteres Transportfahrzeug einzusetzen? (Kap. 2.8.)

Organisation, Logistik. Mit zunehmender Gruppengröße nehmen auch die Organisationsprobleme zu: Wie viele Personen passen in einen Kleinbus, wie viele Boote gehen auf das Dach oder den Anhänger? Sollen zwei oder gar drei Autos benutzt oder eher die Teilnehmerzahl reduziert werden? Wie viele Ausrüstungsgegenstände lassen sich problemlos besorgen?

Teilnehmerbezogene Kriterien. Lassen bestimmte Entwicklungsziele oder Behinderungen eine möglichst geringe Teilnehmerzahl ratsam scheinen, oder ist es gerade die größere Gruppe, die den Betreffenden notwendige Lernchancen bietet?

Fragen zur Bestimmung der Gruppengröße

- Welches Maß an Gruppenerfahrung und -fähigkeit bringen die Teilnehmer mit?
- Mit wie vielen Leuten können sie in Beziehung treten?
- Wie selbstständig sind sie, und wie sollte demnach das zahlenmäßige Verhältnis von Leitern zu Mitgliedern sein?
- Für wie viel Esser können die Jugendlichen die Selbstversorgung meistern?
- Wie viel Erfahrung haben die Leiter, welche Teilnehmerzahl trauen sie sich zu?
- Kann ein Leitungsteam in Anbetracht der vorgesehenen Medien noch auf jeden einzelnen eingehen?
- Wo soll der Schwerpunkt liegen, in der Großgruppe, in Untergruppen, oder beim Individualisieren?

Medienbezogene Kriterien. Die Frage der persönlichen Sicherheit ist hier zentral (Perschke/Flosdorf 2003). Mit wie vielen Jugendlichen kann man gefahrlos eine Bergwanderung machen oder an einem Sportkletterfelsen herumturnen? Hier spielt das zahlenmäßige Verhältnis der Jugendlichen zu den Leitern und deren Qualifikation eine große Rolle. Beim Erklettern eines 20 m hohen Felsens ergibt sich bei vier Teilnehmern unter Umständen ein langer Abstand zwischen dem Einsteigen des Ersten und des Letzten. Diese Wartezeit regt die Jugendlichen möglicherweise zu mehr oder weniger gefährlichem Zeitvertreib an. Dagegen kann man mit zwölf Personen, die auf mehrere Kanadier verteilt sind, ohne weiteres einen Fluss befahren und ein Zeltlager durchführen.

Ein weiteres Kriterium liegt darin, wo der Schwerpunkt liegt: Sollen vorrangig Einzelne bei Körper- und Grenzerfahrungen, die ein Medium provoziert, begleitet werden oder hat der Gruppenprozess Vorrang? Beim Klettern etwa sichert ein Leiter, ein anderer begleitet den Jugendlichen; beim Kanufahren bleibt ein Leiter mit einem Jugendlichen zurück, erarbeitet mit ihm Schlagtechnik, Körperhaltung und Motivation, während die übrigen mit den anderen Gruppenleiter weiterfahren. Zum gezielten Individualisieren ist ein Verhältnis von drei Jugendlichen pro Leiter nötig.

Gruppenzusammensetzung

Im Bereich der Jugendhilfe werden erlebnispädagogische Gruppen im stationären, teilstationären und im ambulanten Kontext angeboten. Angebotsstrukturen und Arbeitsweisen dieser Institutionen schränken Möglichkeiten der Teilnehmerauswahl häufig stark ein. Zudem nähme eine nur nach Kriterien der therapeutischen Wirksamkeit zusammengestellte erlebnispädagogische Gruppe Laborcharakter an und ihre existenzielle Bedeutung würde in Frage gestellt. Andererseits bieten ungünstig zusammengesetzte Gruppen oft geringere Lernchancen oder können diese sogar verhindern. Die folgenden Überlegungen sollen Anregungen für eine nach heilpädagogischen Kriterien zusammengesetzte Gruppe geben, aber keine Regel aufstellen. Außerdem können sie im Vorfeld hilfreich sein, die Kontraktphase entsprechend individuell zu gestalten, Verstrickungen mit dem Umfeld zu klären oder durch Gestaltung des Settings unerwünschte Wirkungen einer problematischen Gruppenzusammensetzung abzumildern.

Entscheidungen über die Auswahl der Teilnehmer erfordern erhebliche Fachkenntnisse und gehören daher ausschließlich in die Kompetenz des Leitungsteams.

Entwicklungsziele, Handlungsfeld und Kontext. Diese drei Faktoren beeinflussen die Auswahl der Teilnehmer von erlebnispädagogischen Gruppen maßgeblich. Man unterscheidet dabei verschiedene Kriterientypen, die im Folgenden näher beleuchtet werden.

Allgemeine Indikationskriterien. Erlebnispädagogische Ansätze in der Jugendhilfe wurden zunächst vorwiegend für Jugendliche konzipiert, die versuchten, den Weg des geringsten Widerstandes zu gehen, Schwierigkeiten und Konfrontationen auswichen und in den gängigen Settings der Jugendhilfe keine für sie wesentlichen Lernerfahrungen machen konnten. Heinz Sepperl (1985) hat diese Jugendlichen treffend dahingehend charakterisiert, dass sie sich durch eine extrem niedrige Frustrationstoleranz, durch Unsicherheit und Angst auszeichnen. Sie schwanken zwischen Aggressivität und Teilnahmslosigkeit, ihr Schuldgefühl ist ebenso vermindert wie ihre soziale Sensibilität.

Inzwischen haben sich erlebnispädagogische Ansätze auch für Jugendliche mit anderen Entwicklungszielen bewährt. Überangepasste, zwanghafte, hyperkinetische und extrem unselbstständige Jugendliche, solche mit psychosexuellen Identitätsproblemen oder massiven Autoritätskonflikten, depressive oder mutistische, autistische u. a. Jugendliche haben ebenso erfolgreich an erlebnispädagogischen Gruppen teilgenommen, wie solche mit physischen und intellektuellen Einschränkungen oder Sinnesbehinderungen. Kurz, das entscheidende Indikationskriterium für erlebnispädagogische Gruppen besteht nicht in erster Linie in „Parametern" einer bestimmten Klientel, sondern darin, ob die Entwicklungsaufgaben der potenziellen Teilnehmer zum erlebnispädagogischen Angebot passen.

Passung zwischen Jugendlichen und Handlungsfeld

- Kommen die **Entwicklungsaufgaben** von Teilnehmern im Setting der Gruppe handlungsorientiert zur Darstellung?
- Ist das **Setting** geeignet, dass im Sinne dieser Entwicklungsaufgaben korrigierende und erweiternde Erfahrungen gemacht werden können?
- Kann im **Kontrakt** eine gemeinsame Basis bezüglich persönlicher Ziele und der Akzeptanz erlebnispädagogischer Grundbedingungen gefunden werden?

Spezielle Entwicklungsaufgaben wie beispielsweise der Erwerb der Blasenkontrolle, Verringerung einer Legasthenie oder Traumaverarbeitung können meist erfolgreicher mit eigens dafür entwickelten Programmen gefördert werden. Allerdings kann deren Kombination mit einer erlebnispädagogischen Gruppe manchmal sehr wirkungsvoll sein.

Personenbezogene Indikationskriterien. Hierbei handelt es sich nicht um exakt messbare Normen, die erfüllt oder nicht erfüllt werden müssen und damit im Sinne eines eindeutigen „Ja" oder „Nein" über die Teilnahme eines Jugendlichen entscheiden. Ein Bewerber kann umso mehr in einer erlebnispädagogischen Gruppe gewinnen, je stärker er diese Kriterien erfüllt und eine Gruppe wird umso mehr zu einem konstruktiven Rahmenbestandteil, je mehr Teilnehmer ihnen in einem höheren Maß entsprechen.

Personenbezogene Kriterien

- Den Anforderungen entsprechender psychischer und physischer Entwicklungsstand
- Ein gewisses Maß an „sozialem Hunger", das die erlebnispädagogische Gruppe, im Gegensatz zu Alltagsgruppen befriedigen kann. Dieser ist nicht bereits durch dysfunktionale Muster bestätigende Cliquen übersättigt. Letzteres ist besonders bei ambulanten Gruppen wichtig.
- Das Bedürfnis, etwas Neues erfahren, lernen, bewältigen zu wollen.
- Die Bereitschaft sich auf die erlebnispädagogischen Aktivitäten und die Beziehungen zu den anderen einzulassen.
- Ein Mindestmaß an Bereitschaft, sich im Rahmen der Aktivitäten mit dem eigenen Handeln, Fühlen, und dessen Konsequenzen auseinander zu setzen.
- Die Entwicklungsziele eines Teilnehmers können in einer zielinhomogenen erlebnispädagogischen Gruppe gefördert werden.
- Die Entwicklungsziele eines Teilnehmers erfordern eine erlebnispädagogische Gruppe, deren Setting auf spezielle Zielgruppen ausgerichtet ist, z. B. Sexualtäter, Gewaltopfer, Familien.

Personenbezogene Ausschlusskriterien. Aus Sicherheitsgründen können z. B. Jugendliche mit Anfallsleiden, akuter Suizidgefährdung oder der Tendenz zu psychotischen Reaktionen nur unter Ausnahmebedingungen teilnehmen. Jugendliche, denen die Bereitschaft oder Fähigkeit, die Rahmenbedingungen, insbesondere Sicherheitsstandards bei natursportlichen Aktivitäten einzuhalten, gänzlich abgeht, passen nicht in die erlebnispädagogische Gruppe. Das gilt auch für beziehungslose, delinquente oder Suchtmittel missbrauchende Jugendliche mit langandauernden, akuten Gefährdungszuständen. Es ist zu befürchten, dass sie zu mehreren ihr gewohntes selbstzerstörerisches Milieu auch in einer Gruppe schnell wieder etablieren. Eine individualpädagogische Hilfe, unter Umständen im Ausland, ist in diesen Fällen angemessener (Bundesverband katholischer Einrichtungen und Dienste der Erziehungshilfe e. V. 2005). Ob eine erlebnispädagogische Gruppe für Geistig-, Sinnes- oder Körperbehinderte wirksam sein kann, hängt in erster Linie von der Gestaltung des Rahmens, besonders von Auswahl und Gestaltung der erlebnispädagogischen Medien und der Gruppenzusammensetzung ab.

Kontextbezogene Kriterien. Da das Umfeld der Teilnehmer wesentlichen Einfluss auf deren Motivation und Erfolg hat, ist dieses unbedingt zu berücksichtigen. Gegebenenfalls sind systemisch orientierte Interventionen unabdingbar.

Aspekte der Passung zwischen Kontextbedingungen und erlebnispädagogischer Gruppe

- Welchen Stellenwert hat die Teilnahme des Jugendlichen bei wichtigen Bezugspersonen und Institutionen, wie Familie, Schule oder Lehrstelle? Wird sie gewollt, unterstützt oder für unpassend gehalten und behindert?
- Würde ein Jugendlicher durch die Teilnahme an einer erlebnispädagogischen Gruppe in seiner Familie einen Patientenstatus bekommen?
- Ersetzt die Teilnahme eines Jugendlichen andere wichtige familiäre Veränderungen und stützt so dysfunktionale Interaktionsmuster eines gestörten Beziehungssystems?
- Darf ein Teilnehmer überhaupt Erfolg haben, z. B. erwachsener werden, sich ablösen oder fühlt sich dann ein Elternteil bedroht?
- Entsteht eine Rivalität zwischen nahen Bezugspersonen und den Leitern der erlebnispädagogischen Gruppe, wenn ein Teilnehmer sich in der Gruppe gut entwickelt („Wer sind die besseren Eltern?")?
- Gibt es verdeckte Aufträge und Zuschreibungen, z. B. von der Familie („Hauptsache, er ist mal weg von uns"; „Du hast Schuld an unseren Problemen und musst in die Gruppe") oder vom Jugendamt („Wenn du da nicht mitmachst, kommst du gleich ins Heim.").

Kohäsions- und Konfrontationsfaktoren. Bei aller Widersprüchlichkeit der Forschung über den Zusammenhang zwischen Gruppenparametern und Therapieerfolg besteht doch Einigkeit darüber, dass eine hohe Gruppenkohäsion mit ausschlaggebend für Individual- und Gruppenerfolg ist. Dies kann sicher auch für erlebnispädagogische Gruppen angenommen werden, zumal die Verbindung massiv konfrontierender Aktivitäten mit einem Unterstützung und Sicherheit bietenden Gruppenklima Kernpunkte eines therapeutischen Konzeptes erfüllt. Zwar kann das Leitungsteam Kohäsion durch gezielte Mitsteuerung des Interaktionsverhaltens fördern (Kap. 9.3.1), dennoch schafft bereits die Zusammensetzung der Teilnehmer dafür mehr oder weniger günstige Voraussetzungen.

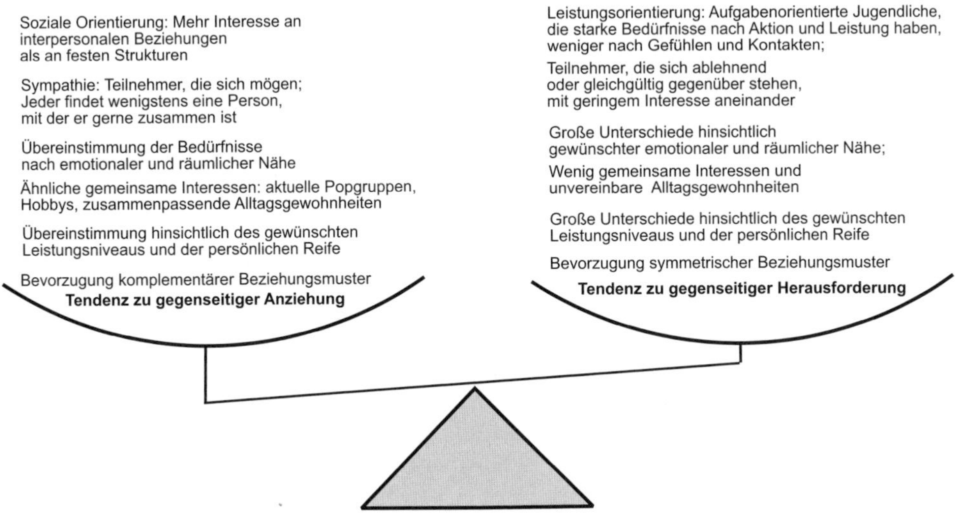

Soziale Orientierung: Mehr Interesse an interpersonalen Beziehungen als an festen Strukturen

Sympathie: Teilnehmer, die sich mögen; Jeder findet wenigstens eine Person, mit der er gerne zusammen ist

Übereinstimmung der Bedürfnisse nach emotionaler und räumlicher Nähe

Ähnliche gemeinsame Interessen: aktuelle Popgruppen, Hobbys, zusammenpassende Alltagsgewohnheiten

Übereinstimmung hinsichtlich des gewünschten Leistungsniveaus und der persönlichen Reife

Bevorzugung komplementärer Beziehungsmuster
Tendenz zu gegenseitiger Anziehung

Leistungsorientierung: Aufgabenorientierte Jugendliche, die starke Bedürfnisse nach Aktion und Leistung haben, weniger nach Gefühlen und Kontakten;

Teilnehmer, die sich ablehnend oder gleichgültig gegenüber stehen, mit geringem Interesse aneinander

Große Unterschiede hinsichtlich gewünschter emotionaler und räumlicher Nähe;

Wenig gemeinsame Interessen und unvereinbare Alltagsgewohnheiten

Große Unterschiede hinsichtlich des gewünschten Leistungsniveaus und der persönlichen Reife

Bevorzugung symmetrischer Beziehungsmuster
Tendenz zu gegenseitiger Herausforderung

Abb. 4: Kohäsion und Konfrontation fördernde Teilnehmer

Kohäsion allein genügt jedoch nicht. Auch Konfrontationen sind für das Um- und Weiterlernen in einer erlebnispädagogischen Gruppe unabdingbar und folglich auch Mitglieder, die Bedürfniskonflikte provozieren. Gruppenmitglieder, die „zu gut" zueinander passen, bestärken sich oft gegenseitig in ihren gewohnten einseitigen oder dysfunktionalen Verhaltensweisen. In solchen, oft zu harmonisch verlaufenden Gruppen, sind die Einzelnen viel weniger genötigt, sich gegenseitig zu konfrontieren und neue Wege zu suchen. Lernprozesse können aber nur dann fruchtbar verlaufen, wenn die Stützfunktion der Gruppe überwiegt, wenn die gegenseitige Anziehung größer als die Konfrontation ist. Feindselige Konfrontation über einen längeren Zeitraum, begleitet von gegenseitiger Ablehnung, Misstrauen und Distanz, führt zu einem ungünstigen Lernklima (Johnson et al. 2008). Im Zweifelsfall müsste wohl zugunsten der Kohäsion entschieden werden. Ideal wäre eine Gruppe, in der ein ausgewogenes Verhältnis zwischen Kohäsion und Konfrontation fördernden Teilnehmern besteht.

Eine allzu heterogene Zusammensetzung kann Lernerfahrungen Einzelner behindern. Manche Gruppe zeigt ein insgesamt homogenes Bild, während einzelne Jugendliche z. B. hinsichtlich Leistungsfähigkeit oder sozialer Kompetenz stark vom „Mittelfeld" abweichen. Ihnen würde es gut tun, wenn noch ein geeigneter Partner dazu käme. Während die Faktoren Kohäsion und positive Gruppen – d. h. Lernerfahrung – in einem deutlichen Zusammenhang stehen, gibt es für den Faktor Heterogenität keine eindeutigen empirischen Nachweise. Herrscht jedoch massive gegenseitige Antipathie, dann ist zu prüfen, ob dieses Spannungspotenzial die Gruppe sprengen, Einzelne zum Rückzug drängen, oder konstruktiv genutzt werden kann.

Besondere Konstellationen. Diese Gruppenkonstellationen ergeben sich aufgrund verschiedener weiterer Faktoren wie z. B. dem Interesse an einem bestimmten Thema oder der Zugehörigkeit zum jeweiligen Geschlecht.

■ *Thematische Gruppen*: Zu thematischen Gruppen kommen Teilnehmer zusammen, die Interesse an einer gemeinsamen Entwicklungsaufgabe haben. Insofern sind sie homogen. Das können Mädchen-, Jungen-, Paar- oder Familiengruppen sein. In anderen Gruppen geht es um ein bestimmtes Thema wie Spiritualität oder Kooperation. Auch für Personengruppen mit geringem Selbstwertgefühl, Sexualtäter, Opfer, Gewaltbereite, Abhängige usw. lassen sich erlebnistherapeutische Settings strukturieren. Im Wesentlichen gelten hier die oben angeführten Kriterien. Je nach Zielsetzung werden dabei einmal Konfrontations-, einmal Kohäsionsfaktoren stärker zu gewichten sein.

■ *Heimgruppen*: Werden die Teilnehmer aus verschiedenen Gruppen einer größeren Institution zusammengestellt, so sind sie sich anfangs ähnlich fremd wie die einer ambulanten Gruppe, und es gelten die gleichen Kriterien. Handelt es sich jedoch um eine Gruppe mit über einen längeren Zeitraum konstanten Mitgliedern, so haben diese bereits eine bestimmte Entwicklung hinter sich, wenn ein Projekt einer erlebnispädagogischen Gruppe startet. Hier stellt sich die Frage der Gruppenzusammensetzung nicht mehr. Die einzig Fremden sind evtl. die Leiter, deren Aufgabe es dann ist, ihr Konzept auf diese Gruppe abzustimmen. Das trifft besonders bei familienorientierten Gruppen zu, bei denen dann stärker familiendynamische Konzepte passen.

■ *Koedukative Gruppen*: In der Praxis gibt es sowohl reine Jungen- bzw. Mädchengruppen als auch gemischte Gruppen. Alle drei Formen bieten ein jeweils eigenes Erfahrungsfeld mit speziellen Lernangeboten. Welches Setting das geeignetere ist, richtet sich nach den jeweiligen Entwicklungszielen der Gruppe.

Manche Praktiker beurteilen koedukative erlebnispädagogische Gruppen als äußerst problematisch. Einwände gegen die geschlechtsgemischten Gruppen laufen darauf hinaus, dass Jungen die Mädchen dominieren, alle Aufmerksamkeit auf sich ziehen, die Maßstäbe und das Programm bestimmen. Der Persönlichkeitsentfaltung und den spezifischen Interessen der Mädchen würde kein Raum gewährt, sie hätten sich vielmehr aufgrund gesellschaftlicher Geringschätzung anzustrengen, wie die Jungen zu sein, statt sich selbst zu akzeptieren. Die Mädchen müssten als Objekte für sexistische Anmache und zur Bestätigung der männlichen Überlegenheit herhalten, sie würden als Lockvögel benutzt, um die Gruppe für Jungen attraktiver zu machen. Schließlich führten die Geschlechter in koedukativen Gruppen nur ihre komplementären Rollen auf und seien zu neuen Erfahrungen unfähig.

Diese Einwände sind auf jeden Fall ernst zu nehmen. Es ist jedoch fraglich, ob sich solche problematischen Prozesse zwangsläufig entwickeln müssen. Denn eine erlebnispädagogische Gruppe will gerade durch ihr Setting die Sozialisationsprobleme des Alltags, also auch Rollenklischees, zur Darstellung bringen und angemessene Lösungen erarbeiten, gerade auch für ein so wichtiges Thema wie die Geschlechterbeziehungen. In koedukativen Gruppen ist es ein vorrangiges Ziel beiden Geschlechtern korrigierende Erfahrungen zu ermöglichen, statt gesellschaftliche Muster zu reproduzieren. „Die Erlebnispädagogik ist geeignet, mit Genderstereotypen ‚aufzuräumen', weil sie den Ansatz vertritt, jede(n) nach ihren/seinen individuellen Fähigkeiten und Kompetenzen zu fördern (Heckmair/Michl 2008, 261). Gestaltet man die Rahmenbedingungen entsprechend diesem Ziel, werden durch den Kontakt zwischen den Geschlechtern naturgemäß besondere Beziehungsqualitäten aktualisiert. Es kommen weitere Interaktions-, Gefühls- und Denkmuster sowie Aktivitätsbedürfnisse hinzu, die innerhalb gleichgeschlechtlicher Beziehungen geringer gewichtet sein können. Häufig wird das gesamte Beziehungsgeschehen wesentlich intensiver.

Förderliche Rahmenbedingungen für koedukative Gruppen

- Nach Möglichkeit sollten an koedukativen Gruppen Mädchen und Jungen je zur Hälfte beteiligt sein.
- Gemischte Gruppen erfordern ein Leitungsteam, das beide Geschlechter repräsentiert.
- Die Leiter sind sich der Aspekte geschlechtsspezifischer Rollen und der mit ihnen einhergehenden Interaktionsprobleme bewusst und haben sich mit ihrer eigenen Frau-Mann-Sozialisation auseinandergesetzt.
- Das Leitungsteam bietet Modellverhalten an für einen gleichwertigen Umgang zwischen Frauen und Männern.
- Es ist möglich, dass Mädchen und Jungen nach Geschlechtern getrennte Rückzugspunkte haben, was durch die Bildung von Untergruppen mit unterschiedlichen Themen oder Leistungsanforderungen, durch eigene Zelte usw. erreicht werden kann.
- Teilgruppen mit unterschiedlichem Thema oder Leistungsniveau können auch für gemischte Untergruppen wertvoll sein, um Stereotypien zu hinterfragen: „Das ist nur etwas für Jungen/Mädchen", „Das macht oder kann ein Mädchen/Junge nicht".

- Die Art und der Grad der Leistungsanforderungen wird entsprechend den Ressourcen der Teilnehmer gewählt, Wettkampfsituationen sind zu vermeiden.
- Das Prinzip der Lebensgemeinschaft auf Zeit wird konsequent verfolgt, die Bewältigung von offenen und latenten Konflikten sowie kollusiven Beziehungen (Willi 1990) hat, unabhängig vom Geschlecht, vor sonstigen Aktivitäten unbedingt Vorrang.
- Die zwischen Jungen und Mädchen oft typischen Zuschreibungen führen in der erlebnispädagogischen Gruppe zu situationsimmanenten Spannungen („Spülen ist Mädchensache"), deren Bearbeitung dazu genutzt werden, Einstellungs- und Rollenstereotypien zu hinterfragen.
- Im Gruppenalltag können neue Einstellungen und die dazugehörigen Verhaltensweisen sodann ausprobiert, eingeübt und durch Wiederholungen gefestigt werden.

Problematische Konstellationen: Zwischen Teilnehmern, welche zu einseitig progressiven bzw. regressiven Interaktionen neigen, bilden sich oft komplementäre Beziehungen, die beide in ihren früheren dysfunktionalen Mustern bestätigen. Den massiven Konfrontationen der Dominanten haben die sich als schwächer Erlebenden zu wenig entgegenzusetzen. Das können z. B. Sexualtäter und Opfer, sehr unangepasste und überangepasste Jugendliche, (verdeckte) Rechtsradikale und Körperbehinderte sein. Solche Konstellationen lassen sich meist bei der Gruppenzusammenstellung vermeiden, manchmal werden sie jedoch erst nach den ersten Treffen deutlich und es ist dann besser, Einzelnen andere Erfahrungsfelder anzubieten, als den einen ein Feld zum Ausagieren zu bieten und dabei den anderen erniedrigende Erlebnisse zuzumuten.

7 Leitungsaufgaben

7.1 Vier Rollen der Gruppenleiter

Das Konzept der erlebnispädagogischen Gruppe bedingt umfassende und vielgestaltige Handlungsfelder sowie deren häufigen Wechsel. Das erfordert ein entsprechend flexibles Rollenverständnis der Gruppenleiter. Sie sind nicht nur Anwender dieses Konzeptes, sondern auch dessen Bestandteil. Ihr Handlungsraum legt indirekt auch den der Jugendlichen fest. Ein zentraler Punkt besteht darin, dass Gruppenleiter während der oft mehrtägigen Treffen nicht bloß als Fachleute auftreten, sondern mit den Teilnehmer unter gleichen Bedingungen zusammenleben. In den meisten Standardsituationen, in denen Jugendliche und Erwachsene sich begegnen, z. B. Schüler und Lehrer, liegen die Verhältnisse eindeutiger. Gruppenleiter und Jugendliche haben in der erlebnispädagogischen Gruppe situationsabhängig ganz unterschiedliche Beziehungsverhältnisse zueinander, deren Übergänge fließend sind. Das kann zu persönlichen Verstrickungen, Verhaltensinkonsequenzen und Rollenunsicherheiten führen. Ausreichende Überschaubarkeit ist wesentlich für die Wirksamkeit einer erlebnispädagogischen Gruppe. Es ist daher zu klären, wie sich die Mitglieder des Leitungsteams definieren und dieses Selbstverständnis vermitteln wollen. Um unterschiedlichen Bedürfnissen gerecht zu werden, sollte das Leitungsteam möglichst unterschiedliche Charaktere sowie Frauen und Männer umfassen. Das steigert die Wahrscheinlichkeit, dass jeder Jugendliche unter den Erwachsenen einen attraktiven und Sicherheit bietenden Ansprechpartner findet und eine Vertrauensperson hat, die besonders bei persönlichen Krisen im Gruppenverlauf wichtig sein kann. Es lassen sich vier, in die Person eines Leiters zu integrierende Rollen unterscheiden.

Organisator und Vertreter von Normen und Werten

Die Organisation betrifft die Verantwortung für die Gestaltung der Rahmenbedingungen, sowie die inhaltliche und formale Vorstrukturierung der Gruppenaktivitäten, die Leitung der Vorgespräche und des Kontraktprozesses (Kap. 8). Das Leitungsteam trägt die Verantwortung für die Sicherheit der Teilnehmer und muss Rechtsgeschäfte abschließen, zu denen die Jugendlichen etwa aufgrund ihrer Minderjährigkeit nicht in der Lage sind.

Dies trennt ihren Handlungs- und Entscheidungsraum eindeutig von dem der Jugendlichen. Die Gruppenleiter sind für die Einhaltung der gesetzlichen Bestimmungen und der vereinbarten Gruppennormen verantwortlich. Das macht es unter Umständen notwendig, einzelne oder die Gesamtgruppe zu konfrontieren, deutliche Grenzen zu setzen oder Jugendliche aus der Gruppe auszuschließen.

Werte. Das Handeln von Gruppenleiter ist bei allen Leitungsaufgaben von Werten mitbestimmt. Da es keine Wertneutralität gibt, ist eine hohe Wertesensibilität (Gergen 2005) erforderlich; d. h., Gruppenleiter sind sich eigener Wertmaßstäbe und deren unvermeidlichen Auswirkungen bewusst: „Jede Intervention bevorzugt eine bestimmte Lebensweise und unterdrückt andere" (Gergen 2005, 259). In der Konsequenz heißt das, dass Leiter von erlebnispädagogischen Gruppen sich einer „kollaborativen Praxis" (Anderson 2008) bedienen: Sie begleiten Teilnehmer bei der Auseinandersetzung mit ihren Entwicklungsaufgaben aus einer Haltung des „Nichtwissens" und des „gegenseitigen Erkundens" in einem gemeinsamen Suchprozess.

Ist sich das Leitungsteam einer gemeinsamen, diesen therapeutischen Haltungen und den erlebnispädagogischen Grundbedingungen angemessenen Wertehierarchie bewusst, so ermöglicht dies klare Stellungnahmen gegenüber der Gruppe.

Erlebnisgefährte

Bei Projekten vom Typ Expedition (Kap. 2.5) bilden die Gruppenleiter zusammen mit den Jugendlichen eine Lebensgemeinschaft auf Zeit, d. h. sie teilen mit ihnen Essen und Schlechtwettersituationen, notwendige Gemeinschaftsarbeiten usw., sie sitzen also im gleichen Boot, werden mit den gleichen situationsimmanenten Aufgabenstellungen konfrontiert und arbeiten an der Weiterentwicklung der unfertigen Situation mit. Es versteht sich von selbst, dass sie keine Sondervergünstigungen genießen dürfen, wollen sie glaubwürdig sein: Auch für sie gilt der Kontrakt, die gleiche Alkoholregelung, die gleiche Pflicht zur „Hausarbeit" usw. Leiter sind insofern Gruppenmitglieder und vertreten ihre persönlichen Bedürfnisse, gehen individuelle Beziehungen ein, ohne sich hinter ihren Leitungsrollen zu verstecken. Freude am Unterwegssein in der Natur in allen Spielformen ist dazu eine Voraussetzung.

Dabei ist die besondere entwicklungspsychologische Konstellation zwischen Jugendlichen und Erwachsenen zu berücksichtigen. Jugendliche distanzieren sich einerseits von Erwachsenen durch altersgemäße Ablösungskonflikte, neigen andererseits dazu, sich mit ihnen total oder mit einzelnen idealisierten Anteilen zu identifizieren. Ob das eine oder das andere überwiegt hängt u. a. von der persönlichen Ausstrahlung einzelner Gruppenleiter, am jeweiligen Altersunterschied zwischen ihnen und den Jugendlichen und von deren Vorerfahrungen ab. Als Erlebnisgefährten ist es selbstverständlich, dass Gruppenleiter nicht dagegen kämpfen, wenn Jugendliche sich durch Kleidung, Sprache oder Vorlieben bewusst von ihnen abgrenzen, sondern dass sie vielmehr ihre Lebensformen unaufdringlich daneben stellen, und sie weder verteidigen noch darauf zugunsten der Anpassung an die Jugendlichen verzichten. Identifikationen werden zwar nicht gezielt gefördert, aber ebenso wenig abgewehrt, sondern die Jugendlichen werden dabei unterstützt, herauszufinden, was ihnen persönlich angemessen ist.

Die Rolle Erlebnisgefährte hat auch ihre Grenzen. Während die Jugendlichen ihren Impulsen freien Lauf lassen, mit Verhalten experimentieren und ihre persönlichen Ziele verfolgen können, richtet sich alles, was Gruppenleiter tun, an pädagogischen Zielen aus. Ein Leiter wird seine sportlichen Bedürfnisse nur im Rahmen des für den Gruppenverlauf Förderlichen befriedigen, alles weitere gehört in seine private Freizeit. Und gleiches gilt für alle anderen persönlichen Bedürfnisse: Gruppenleiter verhalten sich selektiv authentisch, d. h. sie antizipieren den Effekt z. B. einer persönlichen Aussage und prüfen zuvor, inwieweit sie diese den anderen tatsächlich zumuten dürfen oder müssen. Ein Gruppenleiter handelt als Erlebnisgefährte, wenn er mit den Teilnehmern das teilt und ihnen das abfordert, was beiden Partnern und der Situation angemessen ist, ohne seine alters- oder funktionsbedingte Überlegenheit auszunutzen. Die Funktion des Erlebnisgefährten hat keine Bedeutung bei Initiativaufgaben in sekundären erlebnispädagogischen Handlungsfeldern (Kap. 2.5), da das Leitungsteam ja die Lösungen der Aufgaben kennt, sich in der Regel nicht aktiv an der Aktion beteiligt und vom Ergebnis nicht betroffen ist.

Experte für erlebnispädagogische Aktivitäten

Das Leitungsteam ist bereits bei der Entwicklung des Rahmens, bei der Auswahl der Orte und der Ausrüstung fachlich gefordert. Während der Aktivitäten gewährleistet es die Sicherheit der Jugendlichen und leitet sie an, z. B. zum Feuermachen, Kochen, zu Fahrradreparaturen oder Anseiltechniken. Leiter orientieren sich dabei methodisch am Konzept des entdeckenden Lernens und der kollaborativen Praxis: Die Jugendlichen bekommen dabei so viel Raum wie möglich, ihre eigenen Ideen auszuprobieren und ihre Vorkenntnisse zu nutzen. Informatorische Anleitung, bei der es um den Nachvollzug vorgedachter oder vorgemachter Abläufe geht, wird die Ausnahme bleiben, meist um sicher zu stellen, dass lebenswichtige Techniken, wie Anseilknoten, fachgerecht durchgeführt werden. Der Bedarf nach Anleitung und Vorübung wird im Sinne der Grundbedingungen durch situationsimmanente Aufgabenstellungen ausgelöst, z. B. wenn ein

Flussabschnitt der Gruppe Probleme aufgibt, zu deren Lösung bestimmte Paddelschläge notwendig sind. Manchmal äußert auch ein Jugendlicher das Bedürfnis nach Unterstützung. Hier handeln Gruppenleiter aufgrund eines expliziten Auftrages, nicht nur weil sie meinen, der Betreffende hätte die Hilfe nötig. In solchen Situationen ist der Übergang zur Funktion des Prozessbegleiters fließend. Als Anleiter benötigen Gruppenleiter neben persönlicher medienspezifischer Erfahrung, am besten auf Übungsleiterniveau, auch didaktische Kenntnisse, um solche Fertigkeiten unter den Bedingungen einer erlebnispädagogischen Gruppe zu vermitteln.

Zehn Leitsätze zur Sicherheit (Perschke/Flosdorf 2003) (Zusammenfassung):

1. Sicherheit muss alle Elemente eines erlebnispädagogischen Projekts erfassen: Leitung, Teilnehmer, Ausrüstung, Umfeldbedingungen.

2. Bei den verschiedenen Natursportarten müssen unterschiedlich hohe Anforderungen an Sicherheit beachtet werden: Wandern ist z.B. ungefährlicher als Klettern.

3. Dem subjektiven Erleben von Gefahr durch die Teilnehmer hat immer ein objektiv minimiertes Risiko gegenüber zu stehen.

4. Es gibt Bereiche der Natursportarten, die für Erlebnispädagogik nicht geeignet sind, z.B. alpines selbstständiges Klettern.

5. Erlebnispädagogische Aktionen brauchen qualifizierte Leiter bezüglich technischer Kompetenz in der jeweiligen Natursportart, persönliche Führungsqualität, Vertrautheit mit der Gruppe.

6. Sicherheitsreserven müssen eingeplant werden.

7. Persönliche Erfahrung im und mit dem Erlebnisfeld sind für den Leiter unverzichtbar.

8. Wachheit und Momentzentrierung sind notwendige Fähigkeiten des Leiters.

9. Für jede erlebnispädagogische Aktion muss ein Sicherheitssystem definiert sein, wie Stop-Regel (Gruppe unterbricht Aktion, wenn vom Leiter ein Stopsignal kommt), Einhalte-Regel (Verpflichtung, sich an vorgegebene Sicherheitsstandards zu halten), Zusammenbleiben, Redundanz-Regel (doppelte Absicherung, z.B. durch zwei Anseilkarabiner), Vier-Augen-Prinzip (Partner überprüft zusätzlich, ob richtig angeseilt wurde).

10. Bestehende Restrisiken werden in Notfallplänen bestmöglich abgesichert: Das Leitungsteam hat einen Plan, welche Maßnahmen im Notfall zu ergreifen sind, hat Telefonnummern von Ärzten, Rettungsdiensten bereit.

Gruppenleiter werden manchmal entscheiden müssen, ob eine Tour überhaupt und unter welchen besonderen Sicherheitsvorkehrungen durchführbar ist. Es fällt in ihre Kompetenz, ob Einzelne zeitweilig auszuschließen sind, sei es aus Gründen ihrer körperlichen Verfassung oder wegen ihrer Unzuverlässigkeit bei der Einhaltung von Sicherheitsvorgaben. In solchen konfliktträchtigen Situationen werden die Gruppenleiter klare Anweisungen geben und deren Einhaltung einfordern. Dabei hat sich eine Haltung der erzieherischen Präsenz im Sinn von Haim Omer (Omer/Schlippe 2002, 2004) nach den Prinzipien des gewaltlosen Widerstandes bewährt: Der präsente Erzieher ringt nicht um die Macht, sondern um die Beziehung, er will nicht gewinnen, sondern tut etwas für den Jugendlichen; er lässt sich nicht in Diskussionen verwickeln und provozieren, unterlässt Drohungen und alles, was den anderen erniedrigt.

Eine andere Frage ist es, inwieweit alle Gruppenleiter „Fachleute" sein müssen. Wenn keine Sicherheitsrisiken bestehen und es für die Erfahrungsprozesse Jugendlicher förderlich, zumindest nicht hinderlich ist, können auch wenig erfahrene Gruppenleiter mit den Jugendlichen lernen. Oft genügt es, wenn nur ein Teil des Leitungsteams auf eine bestimmte Natursportart spezialisiert ist.

Begleiter von Erfahrungsprozessen

In Jack Londons Roman „Der Ruf der Wildnis" (2004) lernt ein verweichlichter Farmhund durch seine Erfahrungen und am Modell anderer Schlittenhunde in der Wildnis zu überleben und seine Anlagen optimal zu verwirklichen. Eine Gruppe Goldsucher, im selben Kontext unterwegs, lernt nichts dazu, reibt sich in Konflikten auf und scheitert.

Das Prinzip „der Berg spricht für sich selbst" hat hier einmal zu konstruktiven Erfahrungen geführt und einmal nicht. Viele Teilnehmer an erlebnispädagogischen Gruppen in der Jugendhilfe brauchen aufgrund ihrer früheren Sozialisationserfahrungen gezielte begleitende Interventionen, damit aus Erlebnissen auch Erfahrungen werden, die in Folgesituationen konstruktiv umgesetzt werden können. Der Basisvariable „Berg" und dem damit verbundenen „Handwerkszeug" inkl. Sicherheitsstandards, wird so noch ein Element hinzugefügt. Hier kann das persönlich verfügbare Repertoire verschiedenster Konzepte aus systemischer Therapie, Verhaltens-, Gestalt-, Hypno-, Körpertherapie, usw. eingesetzt werden, sofern es mit den erlebnispädagogischen Kontextbedingungen kompatibel ist.

Prozessbegleitende Interventionsformen haben eine unverzichtbare Funktion bei Aktivitäten vom Typ Expedition. Sie können sich an die Gesamtgruppe, an Einzelne oder Untergruppen richten. Bei Aktivitäten vom Typ handlungsorientiertes Lernen, z. B. bei Initiativaufgaben, wird besonders sorgfältig abzuwägen sein, wann begleitende Interventionen den Erfahrungsprozess unterstützen, der Aufgabe ihre Ernsthaftigkeit nehmen, Lernziele fördern oder gar behindern. Im Gegensatz zum „Erlebnisgefährten" werden „Begleiter" nie aktiv, um ihre eigenen Bedürfnisse zu verfolgen, z. B. weil sie ein erfolgreicher Gruppenleiter sein wollen und es als Selbstbestätigung brauchen, dass eine Gruppe, bzw. ein Jugendlicher, ein Ziel erreichen. Das gilt auch für Berührungen, z. B. als Hilfestellung: Braucht und will ein Jugendlicher das?

Prozessbegleitende Interventionsformen in der Erlebnispädagogik sind nicht derart konkretisierbar wie in einem abgegrenzten therapeutischen Setting. Leiter werden also ihre ganz unterschiedlichen, in der beruflichen Sozialisation erworbenen Fähigkeiten nutzen und auf dieses Handlungsfeld übertragen. Dennoch gibt es allgemeine Kriterien für erlebnispädagogische Interventionen.

Allgemeine Kriterien für begleitende Interventionen

- Wenn „der Berg für sich selbst spricht", ist keine Intervention die beste Intervention.
- Gruppenleiter lassen sich, wenn nötig, einen expliziten Auftrag für eine Begleitung geben.
- Sie passen die Sprache der Handlungsorientierung der erlebnispädagogischen Gruppe an.
- Sie übertragen aus therapeutischen Konzepten entnommene Ideen auf dieses Erfahrungsfeld.
- Sie schließen Interventionen möglichst nahtlos an die aktuelle Wahrnehmung der Adressaten an.
- Sie fokussieren lösungsorientiert auf die aktuellen Prozesse und Ressourcen.
- Sie versuchen, Gefühle nicht „wegzumachen", sondern gemeinsam Wege zu finden, mit ihnen gut umzugehen.
- Sie handeln mit angemessener emotionaler Distanz zum Geschehen.
- Sie setzen verbale Interventionen sparsam ein, damit nicht aus Erleben Reden wird.
- Manchmal sind (metaphorische)Verknüpfungen mit Alltagssituationen hilfreich.
- Sie handeln so, dass Jugendliche in erster Linie ihren Anteil an der Lösung wahrnehmen.

7.2 Die Integration der Leiterrollen

Die vier Leiterrollen erfordern teilweise schwer miteinander zu vereinbarende Beziehungsmuster und Handlungen. Einmal sind Gruppenleiter Fachautoritäten, deren Anweisungen zu befolgen sind, ein andermal äußern sie eine persönliche Meinung, die das gleiche Gewicht hat wie die eines Jugendlichen. Ist das nun eine Anordnung des Experten, eine diskutierbare Meinung des Erlebnisgefährten, eine Klarstellung der Rahmenbedingungen oder ein Angebot des Begleiters zur Selbstreflexion? Die Gruppenleiter-Funktionen erzeugen einmal Partnerschaft, einmal Abhängigkeit. Der Prozessbegleiter handelt bei der Wegsuche ergebnisoffen und uneigennützig, der Lebensgefährte will den Unterstand vor Beginn des Regengusses erreichen. Einzelne Mitglieder des Leitungsteams reagieren in einer Situation oft lernzielorientiert gleichzeitig aus verschiedenen Rollen.

All das kann Gruppenteilnehmer verunsichern. Sie könnten z. B. dazu neigen, das Leitungsteam in „gute", d. h. gleichberechtigte Gefährten oder für sie sorgende Prozessbegleiter, und „böse", d. h. reglementierende Erwachsene oder Konkurrenten, zu spalten. Die Rolle des Erlebnisgefährten birgt die Gefahr, dass die für Leitungsaufgaben erforderliche Distanz verloren geht oder die Gruppenleiter sich von Aktivitäten absorbieren lassen. Ersteres kann zu unrealistischen Beziehungsangeboten führen, das zweite zur Vernachlässigung des Beziehungsgeschehens und der Prozessbegleitung.

Förderliche Bedingungen für die Integration der Leitungsrollen

- Die Gruppenleiter stehen zu jedem Zeitpunkt mit einem „Bein" als Lebensgefährten in der Gruppe, mit dem anderen als Fachleute außerhalb des Gruppengeschehens.
- Die Aufmerksamkeit pendelt zwischen dem Engagement in der Gruppe und einer beobachtenden Metaposition hin und her. Das ermöglicht die nötige Einfühlung in aktuelle Prozesse, eine angemessene Distanz und Beweglichkeit zwischen den Rollen.
- Die Gruppenleiter sind sich immer bewusst, auf welchem „Bein" sie gerade stehen und entscheiden gezielt, aus welcher Rolle sie handeln wollen.
- Die Gruppenleiter kommunizieren transparent, aus welcher Rolle sie gerade handeln, ob sie etwas z. B. aus persönlichen, organisatorischen, sicherheitstechnischen oder pädagogischen Gründen tun. Jugendliche können dann unterscheiden, ob ein Gruppenleiter gerade als Prozessbegleiter, Organisator und Vertreter von Normen oder Fachmann agiert.
- Gegenseitige Unterstützung und Transparenz im Team erleichtert die Integration.

7.3 Das Leitungsteam als Subgruppe

Es gibt gute Gründe, erlebnispädagogische Gruppen im Team sich gegenseitig unterstützender Kollegen zu leiten:

- die Vielschichtigkeit der Leitungsaufgaben,
- Sicherheitsaspekte,
- körperliche und psychische Belastungen bei mehrtägigen Aktionen und besonders spannungsvollen Gruppenprozessen,
- der Einsatz verschiedener erlebnispädagogischer Medien und damit Fachleute,
- die gleichzeitige Beachtung verschiedener Ebenen wie Sicherheit, individuelle Begleitung Einzelner und der Beziehungsdynamik in der Gruppe,
- die Bildung von zeitweilig autonomen Untergruppen benötigt ein Team, dessen Mitglieder zwar individuell unabhängig, aber nach einem einheitlichen Konzept handeln.

Praktiker werden mit der Frage konfrontiert, wie sich ein Leitungsteam im Rahmen einer erlebnispädagogischen Gruppe positioniert. Bleiben die Teamer eher unter sich, benutzen sie ein eigenes Zelt, gehen Gruppenleiter grundsätzlich zusammen in ein Boot oder gemeinsam mit Jugendlichen? Wie unterscheiden sich die Beziehungen zwischen den Gruppenleitern untereinander von ihren Beziehungen zu den Jugendlichen, z. B. bei Konflikten?

Theoretisch sind mehrere Möglichkeiten denkbar. Ein starr abgegrenztes Team (Abb. 5a): Leiter und Jugendliche sind getrennt unter sich. Die Leiter können die Funktionen Organisator, Fachmann und eingeschränkt Prozessbegleiter wahrnehmen und sich dabei gegenseitig stützen. Diese Konstellation entsteht z. B., wenn ein externes Team eine gewachsene Gruppe bei einer kurzen Aktion leitet oder bei der Stellung von Initiativaufgaben.

In einem nicht abgegrenzten Team (Abb. 5b) ist die Beziehungsdichte zu Kollegen und Teilnehmern gleich gewichtet. Die Funktion des Erlebnisgefährten steht im Vordergrund, während die Wahrnehmung der anderen Funktionen und gegenseitige Unterstützung erschwert sind. Das Team kann sich diffus in der Gruppe verlieren. Das Risiko sich in Beziehungskonflikte zu verstricken ist groß.

Die sowohl für die Effektivität des Teams als auch für dessen pädagogische Ziele günstigste Variante ist die einer in die Gesamtgruppe integrierten Untergruppe, d. h. ein durchlässig abgegrenztes Team (Abb. 5c). Das Team unterscheidet sich von den Untergruppen der Jugendlichen dadurch, dass zwischen den Gruppenleitern von Anfang an eine vertraute, kooperative berufliche Beziehung bei klarer individueller Abgrenzung besteht. Die Teammitglieder sind für Beziehungen zu den Jugendlichen dabei vollkom-

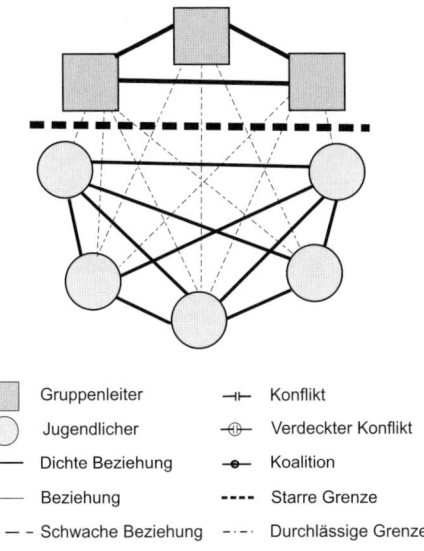

▢	Gruppenleiter	⊣⊢	Konflikt
◯	Jugendlicher	⊸⊕⊸	Verdeckter Konflikt
—	Dichte Beziehung	⊸●⊸	Koalition
—	Beziehung	- - - -	Starre Grenze
- — -	Schwache Beziehung	- · - ·	Durchlässige Grenze

Abb. 5a: Starr abgegrenztes Team

men offen, und doch genießen sie optimale Möglichkeiten, einander zu ergänzen, sich zu unterstützen und zu entlasten. Es besteht zwar auch bei
dieser Konstellation die Gefahr von Verstrickungen, die aber infolge der
konsensuellen Kooperationsmuster im Team auflösbar sind: Ein nicht ver-
wickelter Gruppenleiter kann während eines Konflikts zwischen den anderen Gruppenleitern und einzelnen Jugendlichen oder der Gesamtgruppe
ad hoc die Rolle eines Prozessbegleiters übernehmen, während seine ver-
strickten Kollegen z. B. in der Funktion von Erlebnisgefährten verbleiben
(Abb. 5d).

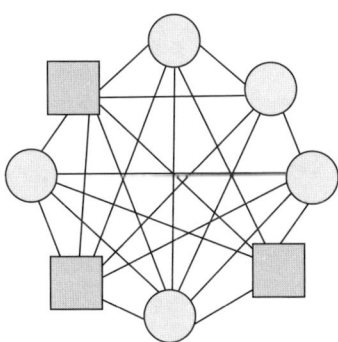

Abb. 5b: Nicht abgegrenztes Team

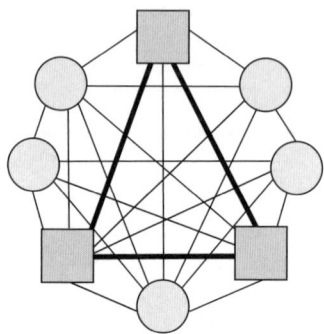

Abb. 5c: Durchlässig abgegrenztes Team

Eine solche Konstellation, deren Beziehungsdichte nicht durch formale Abgrenzung, sondern durch Vertrautheit erwächst, hat noch andere Vorteile: Ein Gruppenleiter kann sich auch dann als Partner in einem Team mit gemeinsamen Zielen begreifen, wenn z. B. gerade ein turbulenter Gruppenprozess abläuft, er einen einzelnen Jugendlichen unterstützt, oder alle Gruppenleiter sich gleichzeitig auf verschiedenen Interventionsebenen bewegen. Sie bleiben flexibel, weil es keinen „Fraktionszwang" gibt. Diese Nähe bei gleichzeitiger Abgrenzung lässt jeden Gruppenleiter auch ohne Absprache besser verstehen, worauf der andere gerade hinaus will, ob er z. B. Gefahr läuft, sich in dysfunktionale Auseinandersetzungen zu verstricken und welcher Beitrag nun von ihm gefordert ist.

Günstige Voraussetzungen, dass ein Team diese Anforderungen erfüllt, gründen auf: hoher Fachkompetenz, Offenheit, Vertrauen, der grundsätzlichen Bereitschaft zur Beziehungsklärung, Sympathie untereinander und Spaß an der Kooperation.

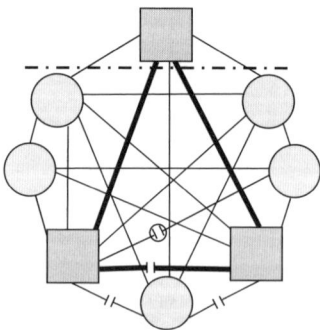

Abb. 5d: Durchlässig abgegrenztes Team in einer vorübergehenden Konfliktsituation

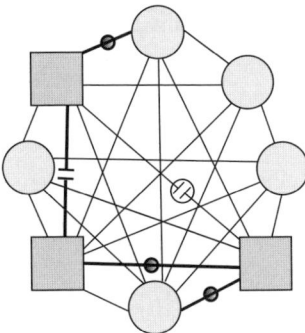

Abb. 5e: Verstricktes Team

Dies beugt auch der Gefahr vor, dass die Leiter in offene und verdeckte Beziehungsstörungen untereinander oder in Koalitionen mit Jugendlichen verwickelt werden, eine Konstellation, in der alle Leitungsaufgaben nur ungenügend wahrgenommen werden können (Abb. 5e).

Wie die Jugendlichen brauchen auch die Gruppenleiter Zeit, damit Vertrautheit mit dem gemeinsamen Konzept, den individuellen Fachkompetenzen, Sicherheit im Umgang mit den persönlichen Stärken, Grenzen und Verletzlichkeiten entstehen kann. Die gemeinsame Vorbereitung des Projektes, die Durchführung der Kontraktphase, die flexible Verteilung von Aufgaben im Team und das frühzeitige Ansprechen von Spannungen stärken die Fähigkeit zur Kooperation. Besonders Gruppenleiter mit wenig natursportlicher Erfahrung kann es helfen, während der Planungsphase eine gemeinsame Tour zu unternehmen.

Selbst unter den günstigsten Bedingungen wird es nicht ausbleiben, dass ein Teammitglied die Interventionen eines anderen unpassend, ja ärgerlich findet. Rivalitätsgefühle oder Ängste, am Rand zu stehen, sind zudem nie auszuschließen. Dann sind Bereitschaft und Fähigkeit gefragt, die Spannungen zunächst auszuhalten, ohne sich z. B. auf einen Machtkampf einzulassen, sondern den geeigneten Zeitpunkt für ein Teamgespräch abzuwarten. Besteht dazu tatsächlich keine Gelegenheit und ist die Klärung unaufschiebbar, kann diese nur in der Gruppe erfolgen. Jugendliche können dabei als passive Zuhörer am Modell der Gruppenleiter lernen, oder unterstützen, z. B. in Form einer reflektierenden Gruppe (Vogt/Caby 2002).

Solche Auseinandersetzungen zielen einzig und allein auf die Wiedererstellung der Arbeitsfähigkeit des Teams. Persönliche Probleme gehören nicht in die erlebnispädagogische Gruppe, sondern ins Privatleben oder in die Supervision.

7.4 Ein Blick in den Werkzeugkasten des Leitungsteams

Neben den oben genannten (S. 99), allgemeinen Interventionskriterien haben sich einige Modelle im erlebnispädagogischen Setting besonders bewährt.

7.4.1 Reflektierendes Handeln

Eine ganz wichtige Intervention findet bereits in den Köpfen der Gruppenleiter statt: Richten sie ihre Aufmerksamkeit auf aktuell ablaufende Bewältigungsprozesse, so wird sich auch die Energie der Gruppe eher dahin wenden, oder fokussieren sie in erster Linie die inhaltlich-sportlichen Aspekte einer Aktivität? Gibt es bereits Reaktionen von anderen Teilnehmern im Sinne einer guten Begleitung? Je offener der Blickwinkel ist, um so mehr bietet sich das ganze Spektrum gruppen- und individualtherapeutischer Interventionen an.

Sind diese intensiver, erfordern sie ein Einverständnis der Betreffenden, ja einen Auftrag zur Unterstützung, um nicht als störende Einmischung gewertet zu werden. Erlebnispädagogen intervenieren prozessorientiert, d. h., sie stellen die Auseinandersetzung, nicht das Ergebnis, in den Vordergrund. Dabei lassen sie sich auf einen gemeinsamen Suchprozess mit den Jugendlichen ein, welche zu jedem Zeitpunkt die Entscheidung darüber behalten, wie tief sie gehen wollen.

So könnte sich die erschöpfte und demotivierte Petra, die auf einer Radtour jetzt auch noch eine Reifenpanne hat, damit auseinandersetzen: Wie schaffe ich es, ein Loch im Fahrradschlauch zu reparieren, wie mobilisiere ich meine letzten Reserven, wie reagiere ich auf diejenigen, die mir helfen, oder die mich als „Bremse" beschimpfen, wie gehe ich mit meinen Gefühlen um, wie beeinflusst mich mein Glaubenssatz, „mir gelingt ja sowieso nie etwas?"

Häufig können „oberflächliche" Grenzerfahrungen (Schlauch flicken müssen) der Einstieg zu „tieferen" Einsichten auf der Ebene der Überzeugungssysteme sein. Die erfolgreiche Bewältigung einer Aktivität – Reparieren eines Fahrrades – führt nicht zwangsläufig zu einer korrigierenden oder erweiternden Erfahrung. Es sind innere Achtsamkeit und die Wahrnehmung nötig, dass an der Grenze ein verändertes Verhalten (auch Gefühle usw. sind Verhalten), im Unterschied zu bisherigem, mit positivem Ergebnis eingesetzt wurde.

Erlebnispädagogische Interventionen bestehen in vielen Fällen nur in einem ganz wachen anteilnehmenden Dabeisein, das beim Erlebenden

Achtsamkeit aufbaut und ihm dennoch Raum lässt. Zudem gibt es Situationen, in denen eine achtsame Kontaktaufnahme kaum möglich ist, z. B. während der Durchfahrung einer Schwallstrecke mit dem Kajak. Beim Zögern vor dem Einschlingen in die Strömung oder in einer Situation, in der jemand glaubt, nicht mehr weiter zu können, ist eine Begleitung jedoch durchaus möglich und oft auch hilfreich. Allerdings werden wichtige Grenzsituationen ohne begleitende Interventionen von Jugendlichen häufig gar nicht bewusst wahrgenommen. Damit es dennoch zu einer vertieften Erforschung des aktuellen Erlebens und folglich zu einer erweiternden Erfahrung kommen kann, ist es nötig, dass ein Gruppenleiter sich individualisierend einem Teilnehmer zuwendet, die Aktion verzögert und dessen innere und äußere Wahrnehmung fokussiert. Ein Paradebeispiel ist hier das „reflektierende Handeln" (Hovelynck 1998) und Erforschen von handlungsleitenden Überzeugungen, sog. Handlungstheorien, die auch in prozessorientierten Therapien genutzt werden. Jugendliche bekommen bereits in der Aktion Zugang zu jenen Theorien, die ihre Handlungen steuern, können diese überprüfen und daraus evtl. sofort Alternativen ableiten. Hovelynck (1998) hat diesen Prozess für die Erlebnispädagogik beschrieben. Er schlägt dazu vier Schritte vor.

Reflektierendes Handeln: vier Schritte

1. **Erkennen von Momenten**, die an die Oberfläche kommen (Selbstbeurteilungen, Bedürfnisse, Ängste, Antizipationen, Problemlösemuster usw.).
2. **Unterbrechen der Aktivität**, den Augenblick akzentuieren, z. B. durch einen Ausruf oder eine Bemerkung („Was läuft gerade bei dir ab?"), Aufbau von innerer und äußerer Achtsamkeit und Lenkung des Interesses auf Gefühle, Denkprozesse und Handlungsabläufe.
3. **Person bei introspektiven Prozessen begleiten:** Erforschung der zugrundeliegenden Handlungstheorien, während sie im Augenblick noch die Handlung beeinflussen. Der Fokus liegt dabei auf der Wahrnehmung dessen, was während der Aktion im Hier und Jetzt gedacht, gefühlt, usw. wird. Vorgefasste Theorien, Überzeugungen werden nicht beachtet, sie gehören zur Vergangenheit.
4. **Handlungsalternativen suchen**.

Beispiel

Ein Junge aus einer äußerst verunsichernden Familiensituation „weiß aus Erfahrung", dass er „Höhenangst" hat und will daher nicht mit auf ein Kletterwochenende. Er „weiß", er würde furchtbar leiden (Schritt 1). Ich biete ihm an, mit ihm darüber zu sprechen, während die anderen weiter planen (Schritt 2). Im Gespräch erarbeiten wir gemeinsam, wie sich seine Angst im

Körper anfühlt. Er kann diese ziemlich genau lokalisieren und beschreiben. Wir gehen dann das geplante Programm des Wochenendes mit Einkauf, Anfahrt, Zeltaufbau, Kochen usw. durch und überprüfen, welche Körperempfindungen, Gefühle und Gedanken gegenüber diesen Aktivitäten entstehen. Sobald er sich auf deren Antizipation einlassen kann, weicht seine Spannung angenehmeren Gefühlen. Er erkennt, dass er sich Schönes vermiest, wenn er wie anfangs alles mit dem Vorzeichen „Höhenangst" versieht (Schritt 3). Schließlich entscheidet er sich, mitzugehen und vor Ort zu prüfen, wie weit er beim Klettern mitmacht(Schritt 4). Ein ähnlicher Prozess entwickelt sich am Fels: Es stellt sich heraus, dass es ihm wenig ausmacht, auf dem fußbreiten Pfad am Einstieg zu einem Klettersteig zwanzig Meter über dem Boden zu gehen und seine Sicherungsschlaufen zu bedienen. Die Angst kommt aber bereits einen Meter über dem Boden, wenn Wahrnehmung und Körperkoordination nicht ausreichen, um für die Füße sichere Tritte zu finden. Die Höhenangst konnte umdefiniert werden und es eröffneten sich ganz neue Lösungswege.

7.4.2 Der Entwicklungskompass – ressourcenorientiertes Individualisieren

Der Entwicklungskompass ist ein dem erlebnispädagogischen Setting angemessenes und überschaubares Modell, um Verhalten und Entwicklungsziele einordnen und lösungs- und ressourcenorientierte Interventionen daraus abzuleiten. Er stellt die Person, den einzelnen Jugendlichen, in den Mittelpunkt. Aus dieser Sicht kann er in drei Richtungen aktiv werden: Mit sich selbst, mit materiellen Objekten und mit anderen kommunizieren. Bereits bei Kontraktgesprächen sprechen Gruppenleiter mit Jugendlichen nicht nur über deren Interaktionsmuster, z.B. im Alltag, sondern diese stellen sich automatisch zwischen den Beteiligten aktuell ein. Weitere Informationen entstehen, wenn Bezugspersonen mit dabei sind. Da werden z.B. familiäre Muster deutlich, Abweichungen zwischen der Außensicht Erwachsener von der Innensicht der Jugendlichen. Manchmal liegen Anamnesen, psychodiagnostische Untersuchungsergebnisse oder medizinische Diagnosen vor, die zur Bestimmung von Zielen herangezogen werden können. Das wesentlichste Material für den Entwicklungskompass sind jedoch die gemeinsamen Erlebnisse.

Bei einer Aktivität auf der einen schwingt auch immer die andere Interaktionsebene mit, Veränderungen auf der einen können auch Veränderungen auf anderen Ebenen anregen. Aus Gründen der Übersichtlichkeit wird hier jeweils nur ein Aspekt eines Interaktionsprozesses betrachtet.

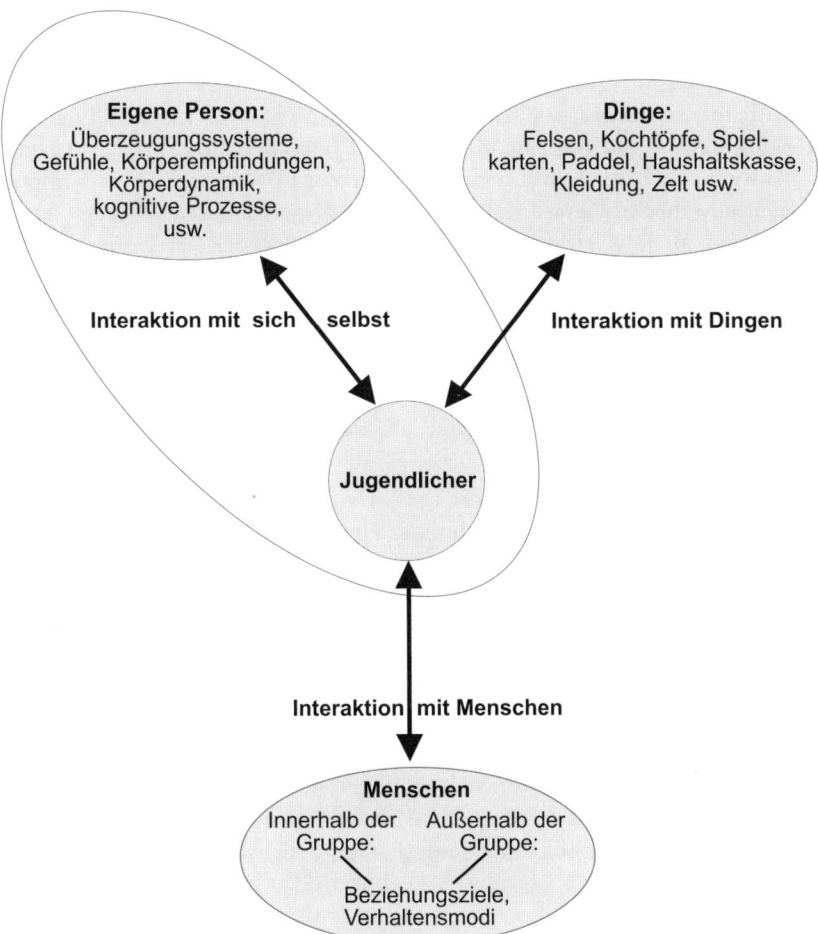

Abb. 6: Der Entwicklungskompass

Interaktionsebenen

Die Person des Jugendlichen. Jeder Jugendliche bringt bestimmte intellektuelle und körperliche Voraussetzungen, Vorerfahrungen und Prägungen auf allen Interaktionseben mit in die Gruppe. Was hat er an Sozialverhalten, Überzeugungen, Einstellungen in der Familie, Pflegefamilie, im Heim, in der Schule oder Lehre gelernt, welche Erfahrungen mit Haushaltsgeld, einem Beil, mit Gruppengesprächen gemacht? Diese Potenziale aktualisieren sich in der Auseinandersetzung mit sich selbst, mit den sachlichen Aufgaben und den anderen Gruppenmitgliedern.

Instrumentelle Interaktion. Auf dieser Ebene stellen sich im Wesentlichen vier Komponenten dar:

1. Welche kognitiven und motorischen Strategien setzt jemand ein, um Aufgabenstellungen wie Klettern, Zeltaufbau, Kochen zu bewältigen?
2. Wie intensiv und umfassend nimmt ein Jugendlicher Kontakt zu einer Aktivität auf? Wie achtsam nimmt er alle zur Lösung wichtigen Komponenten wahr? Inwieweit richtet er seine Aufmerksamkeit vorrangig nach außen, z. B. auf Griffe und Tritte im Fels, andere Kletterer oder stärker nach innen, z. B. auf Gefühle, Absichten, Körperdynamik oder den Atem?
3. Wie weit sind die jeweiligen Ressourcen bereits entwickelt?
4. Gibt es vorübergehende oder dauerhafte Restriktionen, welche die Wahrscheinlichkeit vermindern, dass ein bestimmtes Ziel überhaupt erreichbar ist?

Interpersonelle Interaktion. In erlebnispädagogischen Gruppen hat sich die Unterscheidung zwischen Beziehungszielen und Verhaltensmodi als nützlich erwiesen.

Beziehungsziele enthalten nicht unbedingt bewusste Vorstellungen davon, welches Beziehungsmuster jemand zwischen sich und einem Partner anstrebt. So könnte z. B. jemand Beziehungen suchen, in denen er bewundert oder umsorgt wird, oder die Überlegenheit hat bzw. umgekehrt jemand anders umsorgen, bewundern oder sich führen lassen kann. Solche Vorstellungen entspringen Selbstbildern, Überzeugungen und Wirklichkeitskonstruktionen. Manchmal finden sich in einer Gruppe komplementäre Paare mit einem über längere Zeit stabilen Muster zusammen, bei denen z. B. ein Partner ausschließlich führt, der andere folgt, oder symmetrische Paare, bei denen fortlaufend darum gerungen wird, wer führt bzw. umsorgt wird.

Verhaltensmodi sind die Kommunikationstechniken, die jemand einsetzt, um seine Beziehungsziele zu erreichen: Sich klar ausdrücken, zuhören, seine Bedürfnisse deutlich artikulieren, abwarten und Spannungen aushalten, mit angemessener Lautstärke sprechen, auf die passende räumliche Distanz achten usw. Optimal ist es, wenn passende Verhaltensmodi genutzt werden, um situationsangemessene Beziehungsziele zu erreichen. Mit an sich positiven Verhaltensweisen können jedoch auch einseitige, situationsunangemessene oder gar auf Dauer selbstdestruktive Beziehungsziele angestrebt werden. Für manche Jugendliche ist demnach das Erleben neuer Beziehungsziele, für andere der Aufbau passender Verhaltensweisen oder beides wichtig.

Interaktion mit sich selbst. Intrapersonelle Interaktion bezeichnet die inneren Auseinandersetzungsprozesse zwischen sinnlicher Wahrnehmung, Gefühlen, Phantasien, Absichten, Kognitionen, Überzeugungen und der Körperdynamik. Sie werden angestoßen durch die Wahrnehmung von

Außenreizen, denen eine Bedeutung gegeben wird, und münden in eine Handlung. Unsere Wirklichkeitskonstruktionen – früher gelernte Überzeugungen, wie man glaubt, zu sein, die Welt funktioniert und sich darin verhalten zu müssen, um zurecht zu kommen, geliebt zu werden, dazuzugehören usw. – beeinflussen diese Prozesse massiv. Sie wirken selbst dann noch, wenn die Voraussetzungen für ihre Effizienz längst entfallen sind. Eine dauerhafte Verhaltensänderung ist umso wahrscheinlicher, je deutlicher gleichzeitig diese Überzeugungen verändert werden.

Intrapersonelle Kommunikation entzieht sich der direkten Beobachtung. Ob jemand spürt, was seine Füße gerade tun, welche Gefühle oder Gedanken er hat, und ob er sie ernst nimmt, sie missachtet oder aufpeitscht, das kann nur indirekt erschlossen werden. Gruppenleiter sind darauf angewiesen, das intrapersonelle Geschehen mit den Jugendlichen gemeinsam zu erforschen und aus oft ganz unscheinbaren Körperreaktionen, aus der Stimmmodulation und aus dem Verhalten auf den anderen Interaktionsebenen zu erschließen.

Intrapersonelle Kommunikation entzieht sich auch der direkten Beeinflussung. Weiterentwicklung geschieht u. a. wenn ein deutlicher Unterschied wahrgenommen wird zwischen der erwarteten und der erlebten Wirkung einer Handlung. Das fordert dann auch die intern ablaufenden Prozesse heraus, sich umzugestalten.

Wie nutze ich den Entwicklungskompass?

In der erlebnispädagogischen Gruppe wird kein außenstehender Beobachter etwas diagnostizieren, sondern die Leiter in einem gemeinsamen Suchprozesses mit Einzelnen deren Ausgangspunkt, „was kannst du schon?", betrachten, mit ihnen klären, „in welche Richtung kannst und willst du dich weiterentwickeln?" und „was kannst du dazu tun?" Die Bezeichnung „Kompass" soll unmissverständlich zum Ausdruck bringen, dass es um eine Orientierungshilfe geht, und nicht um das Raster für einen detaillierten Förderplan, der Spontaneität und Unvorhersehbarkeit zugunsten eines Konditionierungsversuches verdrängt.

Dennoch macht es Sinn, dass sich die Gruppenleiter mit den Entwicklungsaufgaben Einzelner vorweg vertraut machen, diese evtl. sogar schriftlich fixieren. Viele Jugendliche können sich gut darauf einlassen, wenn sie den Kompass mit einem Gruppenleiter auf einem großen Papier selbst „ausfüllen", als Ressourcenstern (Vogt-Hillmann 2002, 123) aufmalen oder mit Seilen legen. Als besonders effektiv hat es sich erwiesen, wenn die Verantwortung für Entwicklungskompasse jeweils mehrerer Jugendlicher auf die Mitglieder des Leitungsteams verteilt und während des Gruppenverlaufs mit den Jugendlichen aktuell besprochen und angepasst werden.

Gruppenleiter können den Entwicklungskompass als Differenzierungs-hilfe einsetzen, um …

- bei **Kontraktgesprächen** mit den Teilnehmern Ressourcen und konstruktive Ziele zu erarbeiten: „Was kannst du auf welcher Interaktionsebene zur Gruppe beitragen, was dazulernen, wie könnte das in der Gruppe konkret aussehen, wie sich im Alltag zeigen?"
- den **Gruppenrahmen** schon bei der Planung möglichst an den Zielen der Teilnehmer auszurichten. Welche Rahmenbestandteile können für einen bestimmten Jugendlichen besonders bedeutsam sein: bestimmte Grenzerfahrungen, Beziehungen zu Erwachsenen, Jungen, Mädchen, Selbstorganisation, Gruppenphasen?
- **ad hoc** auftauchende **Lernchancen** für Einzelne während aktueller Prozesse bewusster wahrzunehmen, einer bestimmten Ebene zuzuordnen und gezielt zu unterstützen: „Hier sehe ich eine gute Lernchance für Petra!"
- auch in **turbulenten Situationen** das Hauptanliegen eines Projektes, Entwicklungsziele der Jugendlichen zu fördern, im Blick zu behalten.
- Interaktionsmodi der **Jugendlichen aufeinander beziehen**: Welche Jugendlichen könnten sich in konstruktiven oder dysfunktionalen Mustern gegenseitig bestätigen oder konfrontieren, etwas Neues voneinander lernen, wer für wen ein kompetentes oder ein Bewältigungsmodell abgeben, unrealistische Wirklichkeitskonstruktionen in Frage stellen?
- die **Lernchancen bestimmter Gruppenphasen** und Funktionen in der soziodynamischen Rangstruktur zu erkennen.
- zum gegebenen Zeitpunkt spontan und differenziert **improvisieren** zu können.

7.4.3 Der Aktivitätskreislauf – eine Differenzierungshilfe für gezielte Interventionen

Der Aktivitätskreislauf ist eine aus der Praxis entstandene Weiterentwicklung des Sensibilitätskreises nach Ron Kurtz (Kurtz 2006). Während der Entwicklungskompass zwischen den Handlungsebenen differenziert, bietet der Aktivitätskreislauf ein Werkzeug, um zu verstehen, an welchem Punkt eines Handlungsablaufes sich jemand gerade befindet und gegebenenfalls Unterstützung braucht. Ob jemand sich seinen Zielen nähert oder entfernt, hängt u. a. von folgenden Faktoren ab: von der Vollständigkeit seiner Wahrnehmungen, von passenden Handlungsstrategien, deren realistischer Bewertung und seinem Maß an innerer Ruhe.

Will ich z. B. einen Zug beim Klettern machen, so brauche ich dazu eine

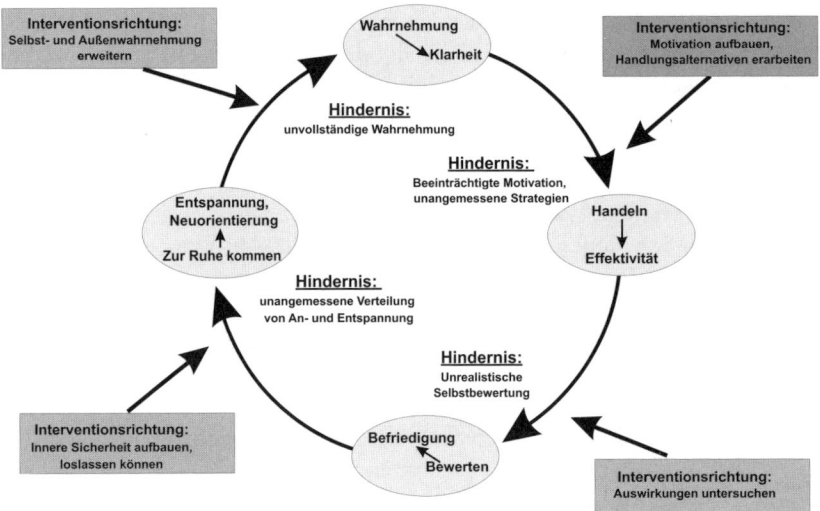

Abb. 7: Der Aktivitätskreislauf

möglichst vollständige Wahrnehmung nach außen und nach innen: welche Tritte und Griffe sind für mich in erreichbarer Nähe, in welche Richtung können sie belastet werden, wo liegt mein Körperschwerpunkt gerade, fühle ich mich sicher oder ängstlich, wie viel Kraft habe ich noch, vertraue ich dem Sichernden? Bewusste Wahrnehmung führt zu Klarheit und ich kann eine Entscheidung über meine nächste Aktion treffen, z.B. ob und wie ich weiterklettere. Damit dieser nächste Schritt effektiv wird, ist es notwendig, Verantwortung zu übernehmen und situationsangemessen, im Falle des Kletterns motorisch, initiativ zu werden. Entscheidend sind hier Motivation und motorische Fertigkeiten bzw. psychosoziale Kompetenzen, wenn es um eine Beziehungssituation geht. Wie realistisch ich meine Handlung bewerte, wirkt sich einmal auf mein Selbstwertgefühl aus: Bin ich weiter gekommen? Zum anderen darauf, wie ich mich als nächstes oder in vergleichbaren Situationen verhalten werde. Bringt mich meine Bewegung beim Klettern weiter nach oben, in eine angenehme Position, fühlt sich der Kontakt zu einem Partner bereichernd an?

Bei der vierten Dimension des Aktivitätskreislaufes geht es um Ruhe und Entspannung. Nach jedem Kletterzug brauchen Muskeln und Psyche wenigstens eine kurze Entspannungsphase. Nur wenn ich immer wieder zur Ruhe komme, kann ich auftanken und mich auf etwas Neues einlassen. Niemand hält auf Dauer Beziehungen aus, die nur spannend sind. Zur Ruhe kommen ist wiederum die Voraussetzung für eine offene Wahrnehmung.

Interventionen setzen da an, wo ein Jugendlicher auf ein Hindernis stößt, das er zunächst für unüberwindlich hält oder vielleicht noch gar nicht wahrnimmt. Entscheidend ist dabei, an der dafür kritischen Stelle im Aktivitätskreislauf anzusetzen. Wenn jemand noch nicht weiß, wo er hin will, macht es wenig Sinn mit ihm zu erarbeiten, wie er dahin kommt. Braucht er Anregungen dafür, zur Ruhe zu kommen, um wirklich zu dem Kontakt aufnehmen zu können, was gerade abläuft? Muss er evtl. andere Reize ausschalten, um sich nicht nur über ununterbrochenes Aktivsein zu definieren? Bremst sich ein Jugendlicher aus, weil er überzeugt ist, dass es besser ist, nichts zu tun als missverstanden zu werden, oder braucht er Vertrauen in seine Fertigkeiten? Ist eine Unterstützung nötig, um die Auswirkungen einer Handlung realistisch wahrzunehmen und zu bewerten, zu klären, was tut ihm und anderen gut, was weniger? Kann er positive Bestätigung annehmen oder tut er sie als unehrlich ab, kann er nicht mit sich zufrieden sein?

7.4.4 Handlungsorientierte Reflexionsformen

Reflexion kann spontan aus dem Bedürfnis heraus entstehen, über eine gerade bewältigte Herausforderung zu sprechen. Sie kann gezielt in bestimmten Prozessphasen ad hoc angesetzt werden oder vorgeplant „rituell" zu vorgesehenen Zeiten, mit Einzelnen oder einer Gruppe. Sie kann sich auf technische Themen wie Ausrüstung, Haushalt, Arbeitsteilung, Organisation genauso beziehen wie auf psychosoziale Inhalte.

In der erlebnispädagogischen Gruppe bedeutet Reflexion weniger Reden über zurückliegende Erlebnisse, sondern eine weitere Aktivität mit einem eigenständigen Lernprozess, der eine zurückliegende Erfahrung verstärken oder gar eine neue anstoßen kann. Leitend ist dabei immer die Orientierung an Entwicklungszielen, d.h. der Transfer von Gelerntem auf ein folgendes Gruppenprojekt und den späteren Alltag. Werden Reflexionen handlungsorientiert und anregend angeboten, so fällt es Jugendlichen leichter, sich dabei zu engagieren und Gewinn daraus zu ziehen.

Beispiele für handlungsorientierte Reflexionsformen

- ◼ An einer Skalierungslinie (Seil) – linkes Ende bedeutet wenig, rechtes viel – stellt sich jeder so auf, dass er z. B. damit ausdrückt, wie viel Mitbestimmung, Aktivität, Krafteinsatz usw. er einbringen wollte, in einem zweiten Durchgang wie viel er tatsächlich gebracht hat. Veränderungen, neue Muster, Diskrepanzen zwischen Selbst- und Fremdwahrnehmung werden so deutlich und können zu ressourcenorientierten Gesprächen anregen.

- Suchen von Symbolen für Ausgangsmuster, den Veränderungsprozess und ein neues Verhaltensmuster.
- Schaffen eines „Kunstwerkes", das einen Erfahrungsprozess mit in der Natur gesuchten Gegenständen symbolisiert.
- Malen eines Triptychons, wobei auf dem ersten Bild das alte Muster, auf dem dritten das Neue und auf dem mittleren der „Weg", d.h. alles, was zur Veränderung genutzt hat, dargestellt ist.
- Aufstellung von Gruppenskulpturen: vorher – nachher, im Hinblick auf ein bestimmtes Thema wie Nähe – Distanz zueinander, führen und folgen, meine Position in der Gruppe, Konfliktlösung usw.

Auch hier kann das gesamte Repertoire verschiedenster beraterischer und therapeutischer Konzepte, je nach Vorbildung der Mitarbeiter zum Tragen kommen. Insbesondere gruppentherapeutische Interventionsformen können da äußerst wirkungsvoll sein.

8 Der Kontrakt als Erfahrungs- und Entscheidungsprozess

Strandet eine Gruppe Schiffbrüchiger an einer unbesiedelten Küste, muss sie sich notgedrungen mit allem auseinandersetzen, was zum Überleben notwendig ist; keiner kann sich die Umstände aussuchen oder nach Belieben aussteigen. Anders bei der erlebnispädagogischen Gruppe: Man braucht sich gar nicht erst darauf einzulassen oder kann der nächsten Aktion fernbleiben. Der Kontraktprozess, an dessen Ende die bewusste Entscheidung für oder gegen die Teilnahme steht, schafft die unumgängliche Motivation und Verbindlichkeit. Die Gruppenaktivitäten erstrecken sich über mehrere Monate, und der Kontrakt verpflichtet Jugendliche, Bezugspersonen und Gruppenleiter, sich solange an die Vereinbarungen zu halten. Gruppen ohne expliziten, mit ungenauem oder wenig vorbereitetem Kontrakt haben eine signifikant höhere Aussteigerquote, weisen eine geringere Motivation auf, sich mit persönlichen Entwicklungsaufgaben auseinander zu setzen und häufigere unplanmäßige Abweichungen von den Rahmenbedingungen.

8.1 Arbeitsformen

Individuelle Vorgespräche. Die Idee, eine erlebnispädagogische Gruppe anzubieten, entwickelt sich häufig aus Familiensitzungen, Elternberatungen, Erzieherkonferenzen oder Auswertungen des Verlaufs von Jugendhilfemaßnahmen. Zeitlich an erster Stelle stehen daher Vorgespräche mit den einzelnen Jugendlichen und mit deren direkten Bezugspersonen. Später kommen dann bei Bedarf Lehrer, Lehrmeister oder Jugendamt und andere dazu. Diese „Sitzungen" enthalten möglichst viele handlungsorientierte Sequenzen, wie Ressourcensterne, bei denen die einzelnen Strahlen entsprechend dem Maß einer Fähigkeit länger oder kürzer sind(Vogt-Hillmann 2002), Timeline Settings wie das Lebensflussmodell (Nemetschek 2000), bei dem anhand eines Seiles, als bisheriger und künftiger Lebenslauf gelegt, passende Symbole für früher eingesetzte Ressourcen zur Bewältigung von Aufgaben und neue Ziele erarbeitet werden. Sinn dieser „Gespräche" sind die gegenseitige Information, der Aufbau von Motivation und die Entwicklung innerer Bilder von Zielverhalten. Diese haben großen Einfluss auf die Qualität der anvisierten pädagogischen Prozesse, sodass es sich lohnt, bei Bedarf auch mehrere Treffen dafür anzusetzen.

Probe-Gruppen-Projekt. Probeprojekte sind Treffen von ein bis zwei Stunden mit einigen oder allen Anwärtern für eine erlebnispädagogische Gruppe. Sie sind so gestaltet, dass sie eine kleine Analogie zu den geplanten Aktivitäten darstellen, ermöglichen also Eigeninitiative und das Ausprobieren der Ausrüstung, wie etwa Anseilgurte, Boote, usw. Darüber hinaus besteht das Angebot, z. B. Tee zu kochen oder Waffeln miteinander zu backen. Es gibt eine Gesprächsrunde, bei der noch einmal über Rahmenbedingungen, Erwartungen und Fragen gesprochen werden kann. Für Gruppenleiter bieten solche Treffen wesentliche Kriterien, um die Zusammensetzung der Gruppe beurteilen zu können, für die Jugendlichen bringt es Klarheit, ob sie sich auf die anderen und die Aktivitäten einlassen können.

Infotreffen. Dazu sind alle Kandidaten mit Bezugspersonen, die einen Einfluss auf die Jugendlichen haben, gemeinsam eingeladen. Es gibt für alle noch einmal ganz kompakt sämtliche nötigen Informationen. Fragen von Urlaubsgewährung und sonstige Terminfragen sowie Rechtliches und Kosten werden abgeklärt. Wichtig ist hier auch, dass die Bezugspersonen die Wirkungsweise der Gruppe verstehen und wie sie deren pädagogische und therapeutische Prozesse unterstützen oder behindern können. Man kann Fotos von vergleichbaren Aktivitäten zeigen, damit alle Beteiligten einschätzen können, auf was sie sich einlassen.

8.2 Ziele des Kontraktprozesses

Information geben und bekommen. Interessenten benötigen zunächst einen groben Überblick über alle Rahmenbedingungen, die für eine Entscheidung zur Teilnahme wichtig sind: den zeitlichen Rahmen, organisatorische Fragen, anfallende Kosten, fest vorgesehene und alternative Aktivitäten, sowie deren Schwierigkeitsgrad, wie Aktivitäten gestaltet werden und welche Rolle Teilnehmer dabei spielen. Hierher gehört auch die Information über die pädagogischen Intentionen der Gruppe. Die Gruppenleiter brauchen Informationen über Motivation, Interessen und Fähigkeiten der Jugendlichen, über deren aktuelles Lebensfeld, evtl. parallele Familientherapien, über Einstellungen der Eltern bzw. Erzieher und sonstiger Bezugspersonen, insbesondere deren Erwartungen an die erlebnispädagogische Gruppe.

Kontakt herstellen und Motivation aufbauen. Informationen, die auch sinnlich vermittelt werden können, bringen die Jugendlichen in Kontakt zu allem, was die Gruppe betrifft, motivieren stärker zur Teilnahme als abstrakte. Dies betrifft sowohl Material und Aktivitäten, die persönliche Ausstrahlung der anderen Jugendlichen und Gruppenleiter, als auch das Gruppenklima und den Leitungsstil. Daraus folgt, dass es möglich sein sollte, die Ausrüstungsgegenstände zumindest zu sehen und anzufassen, vielleicht gar auszuprobieren und andere Anwärter und Gruppenleiter kennen zu lernen.

Viele Interessenten hegen anfangs Vorbehalte gegen die erlebnispädagogische Gruppe. Bei den einen mag dies aus den zu erwartenden körperlichen oder sozialen Anforderungen resultieren, bei anderen eher daher rühren, dass sie bereits ahnen, auf welche Vermeidungsstrategien sie verzichten müssen. Es hat sich als äußerst wichtig erwiesen, der bewussten Auseinandersetzung mit diesen Vorbehalten breiten Raum zu geben. Nur so kann jeder spüren, dass seine Anliegen auch später berücksichtigt werden, und dass das Leitungsteam keinen Zwang ausüben oder versuchen wird, jemanden zu überreden. Manche Jugendliche werden sich dennoch gegen derart naturnahe Erfahrungen entscheiden. Für andere, noch Unentschlossene, ist es vielleicht sogar eine motivierende Erfahrung, dass auch solche Entscheidungen respektiert werden. Schließlich gibt es noch andere Möglichkeiten als die erlebnispädagogische Gruppe, die den jeweiligen Personen besser entsprechen und dann auch wirksamer sind.

Bildhaft erlebte Ziele entwickeln. Genauso wichtig wie die Motivierung zur Teilnahme an den geplanten Aktivitäten ist es, das Interesse und den Entschluss an der Auseinandersetzung mit eigenen Entwicklungsaufgaben zu fördern. Dies ist eine Voraussetzung für die Legitimierung späterer pädagogischer und therapeutischer Interventionen. Der Entwicklungskompass dient dem Leitungsteam dabei zur Differenzierung zwischen möglichen Zielebenen. Es gilt, mit den Teilnehmern innere Bilder von Zielverhalten zu entwickeln, die für sie subjektiv erstrebenswert, realistisch und im Rahmen einer erlebnispädagogischen Gruppe möglich sind. Nur was sich in der Gruppe aktualisiert und somit erlebbar wird, kann auch einer Veränderung zugänglich werden. Wer lernt, Spannungen besser auszuhalten, schreibt deshalb nicht zwangsläufig bessere Noten. Gelingt es, einen Jugendlichen so zu unterstützen, dass er sich das gewünschte Erleben sinnlich vorstellen kann, ist das schon die halbe Therapie. „Wie wirst du, wie werden sich andere in der Gruppe und außerhalb verhalten, wie wirst du dich fühlen, wenn du an deinem Ziel bist, einen ersten Schritt gegangen bist?" Ziele beinhalten einerseits diesen Imaginationsfaktor, andererseits auch ganz konkrete Beschreibungen im Sinne des Entwicklungskompasses. Sie bezeichnen eher den Beginn eines neuen Weges, einen Ausgangspunkt, als dessen fertigen Endpunkt, und sie sind positiv (z. B.: „Ich werde meinen Ärger immer öfter in Worten ausdrücken") formuliert und nicht als Abwesenheit von Unerwünschtem (z. B.: „Ich werde nicht mehr gleich draufhauen"). Auch hier ist es wichtig, dass Gruppenleiter achtsam Ambivalenzen mit den Jugendlichen erforschen: „Wie kommt dann der Boxer in dir zurecht, der seine Körperkraft einsetzen möchte?"

Oft wirkt eine Metapher, die ein Jugendlicher selbst gefunden hat, richtungsweisender als ein allzu konkretes Ziel. Julia findet für ihre augenblickliche Situation zu Hause und in der Schule die Metapher: Ich bin entweder eine „Amazone" und mach alle nieder oder eine ganz „Liebe". Gemeinsam wird als Ziel entwickelt: Ich finde heraus, wann es passt, „Amazone" zu sein, wann die „Liebe", und ob es nicht noch etwas Drittes gibt. Oft ist es notwendig zu konkretisieren, wie sich die „Amazone" und die „Liebe" verhalten. Zu eindeutig fixierte Ziele führen allerdings oft zu starrem Sieg- oder Niederlagedenken, je nach dem, ob sie erreicht wurden oder nicht. Ziele können sich im Lauf einer erlebnispädagogischen Gruppe verändern und immer wieder neu definiert werden.

Besondere Aufmerksamkeit verdienen Zielvorstellungen und verdeckte Aufträge von Dritten wie Eltern, Heimerziehern, Jugendamt oder Lehrern. Oft gibt es zwischen deren Vorstellungen und denen der Jugendlichen erhebliche Diskrepanzen. Das ist ein hervorragender Anlass für die Gruppenleiter, Allparteilichkeit, Lösungs- und Ressourcenorientierung bei Problemlösungsprozessen beispielhaft erlebbar zu machen. Allerdings sind Gruppenleiter gut beraten, wenn sie dabei äußerst wachsam gegenüber verdeckten Aufträgen sind. Will eine Jugendliche gar nicht teilnehmen, gibt dies aber vor, weil sie vom Jugendamt unter Druck gesetzt wurde: Willst du gleich ins Heim oder als letzten Versuch in die erlebnispädagogische Gruppe gehen?

Verbindlichkeit herstellen. Verbindlichkeit entwickelt sich im Laufe des Kontraktprozesses und findet ihren äußeren Ausdruck in einem schriftlichen Kontrakt. Dieser besteht aus einem von den Gruppenleitern vorbereiteten Dokument und wird am Ende der Kontraktphase, spätestens vor Beginn des ersten Gruppentreffens, von Teilnehmern, Erziehungsberechtigten und Gruppenleitern unterschrieben.

Beispiel für Inhalte eines schriftlichen Kontraktes

- Ein Satz, der die Selbstverpflichtung des/der Jugendlichen enthält, am gesamten Gruppenprogramm teilzunehmen.
- Ein Satz, der die Zustimmung der Erziehungsberechtigten zur Teilnahme des/der Jugendlichen enthält.
- Je nach Kontext und Verständnis des Teilnehmers kann noch ein Satz hinzukommen, der die Verpflichtung enthält, sich selbst als aktiver Partner in den pädagogischen Prozess einzubringen.
- Dem Kontrakt beigefügt ist eine Übersicht aller Termine und Kosten sowie wichtige zusätzliche Vereinbarungen. Für jeden, der es nicht schon am Ende der Vorgespräche erhalten hat, gibt es ein Blatt, auf dem die erarbeiteten Entwicklungsaufgaben festgehalten sind.

9 Psychosoziale Prozesse in der erlebnispädagogischen Gruppe

9.1 Überblick

Im Konzept der erlebnispädagogischen Gruppe werden Elemente von Erlebnispädagogik, Gruppen- und Individualtherapie kombiniert. Das erlebnispädagogische Handlungsfeld provoziert intra- und interpersonelle Auseinandersetzungsprozesse. Zu deren Verständnis dienen Elemente aus Gruppentherapie, Gruppendynamik, systemischer Therapie und individualtherapeutischen Konzepten. Sie bieten außerdem Interventionsmöglichkeiten, um Jugendliche dabei zu unterstützen, konstruktive Muster zu stabilisieren, neue zu erfahren und dysfunktionale abzubauen.

Damit das Prinzip der Selbststeuerung und die gezielte therapeutische Nutzung von Gruppenprozessen miteinander und nicht gegeneinander wirken, sind zwei Strukturmerkmale wichtig: Zu jedem Zeitpunkt bleibt eine klare Unterscheidung zwischen den unterschiedlichen Entscheidungsräumen der Gruppe erhalten. Die Gruppenleiter haben entweder laut Kontrakt einen Auftrag für therapeutische Interventionen oder/und lassen sich diesen ad hoc für eine spezielle Situation von den Jugendlichen explizit geben.

Die Jugendlichen gestalten die unfertige Beziehungssituation durch Interaktionen untereinander und mit den Gruppenleitern. Jede dieser Interaktion hat die Wirkung einer Intervention, unabhängig davon, ob ein Gruppenleiter oder ein Jugendlicher sie macht. In einer Gruppe wird also unablässig interveniert, und damit gesteuert. Interventionen von Gruppenleitern stellen daher grundsätzlich nichts anderes dar als die der Jugendlichen. Ihre besondere Qualität erhalten sie erst, indem sie aus einer pädagogisch-therapeutischen Perspektive erfolgen, gezielt zu Erfahrungen anregen wollen und einen speziellen fachlichen Hintergrund haben.

Da die Interaktionen der Jugendlichen das therapeutische Ergebnis einer Gruppe also ebenfalls beeinflussen, ist es notwendig, gezielt darauf einzugehen. Sie nicht zu beachten, würde mindestens bedeuten, ihr Lernpotenzial ungenutzt zu lassen. Wahrscheinlich würden jedoch, insbesondere von Jugendlichen mit geringer Impulskontrolle, aggressivem Konfliktverhalten und noch nicht altersgemäßer sozialer Kompetenz, dysfunktionale Verhaltensmuster reproduziert, möglicherweise sogar massiv angeheizt.

Auf der Ebene der Gesamtgruppe zeigen sich dysfunktionale Verhaltensmuster, z. B. als kollektive Anpassung oder Widerstand gegen vielleicht nur vorgestellte Forderungen der Gruppenleiter, als Apathie, Unterdrückung oder übermäßiges Forcieren von Konflikten oder als Rückzug auf beschützende Cliquen und Paare. Zwischen einzelnen Teilnehmern erscheinen sie z. B. als Aggressivität, stabile Über-Unter-Ordnungen, Helfer-Schützling-Kollusionen (Willi 1990) oder einseitige Hinwendung zu bestimmten Beschäftigungen. Selbststeuerung durch die Gruppe kann daher im Jugendhilfebereich nur bei intensiver Begleitung durch das Leitungsteam effektiv sein. Das gilt für den Gesamtgruppenprozess, für Teilprozesse und die Vernetzungen zwischen Einzelnen und der Gruppe.

Mit Gruppenprozessen zu arbeiten, heißt:

- den *Gesamtgruppenprozess* beachten und so mit zu beeinflussen, dass ein zieldienlicher therapeutischer Raum entsteht. Dies bezieht die Langzeitperspektive der Gruppenentwicklung und deren Querschnittsperspektive zu einem aktuellen Zeitpunkt ein.
- Erfahrungs- und *Lernangebote bestimmter Gruppenphasen* durch gezielte Interventionen nutzen. Das gilt auch für aktuell entstehendes Beziehungsverhalten.
- *Teilprozesse in Subgruppen beobachten*, z.B. ob relativ stabile Beziehungsmuster vorhanden sind. Bewertung solcher Muster im Hinblick auf ihre Bedeutung für Entwicklungsaufgaben; gegebenenfalls können solche Beziehungen unterstützt oder durch konfrontierende Interventionen in Frage gestellt werden.
- *Individuelles Verhalten* auf seine Wechselwirkungen mit Gruppenprozessen, insbesondere kollektiven Themen, Abhängigkeitsformen und der Entwicklung von Rangstrukturen zu beachten und daraus therapeutische Interventionen abzuleiten.

Die folgenden Kapitel befassen sich mit Modellen, die sich dafür als besonders geeignet erwiesen haben und teilweise aus der Arbeit mit erlebnispädagogischen Gruppen entstanden sind. Solche Modelle verleihen unseren Wahrnehmungen Bedeutung, geben uns Übersicht, schränken aber zugleich unsere Offenheit ein.

9.2 Soziale Grundbedürfnisse – Basis für Beziehungen

Jeder Mensch hat fundamentale Bedürfnisse, die nur in zwischenmenschlichen Beziehungen erfüllt werden können (Schutz 1973; König/Schattenhofer 2006, 34–40). Bedürfnisse nach Zugehörigkeit, Autonomie und Zuneigung. Sie sind die Basis dafür, dass sich Menschen, also auch unsere Gruppenteilnehmer, überhaupt auf Beziehungen einlassen.

Zugehörigkeit

Hier geht es darum, zusammenzugehören, einbezogen oder ausgeschlossen zu sein, bzw. sich selbst auszuschließen. Das Grundthema ist die Identität: Werden mich die anderen als zugehörig betrachten, wenn ich mich spontan verhalte, oder muss ich andere Aspekte von mir zeigen? Will ich hier überhaupt dazugehören, mich eine Zeit lang binden? Viele Verhaltensweisen zielen darauf, Zugehörigkeit zu erreichen, z. B. etwas für die Gruppe oder einen anderen tun, sich verbal oder körperlich kompetent erweisen bzw. inkompetent zeigen, je nachdem, was der Betreffende für geeignet hält. Der Wunsch, Aufmerksamkeit und Beachtung zu erregen, beliebt oder interessant zu sein, steht dabei im Vordergrund. Manchmal wirkt Zugehörigkeits- bzw. Bindungsverhalten wie ein Einlassen auf emotionale Nähe. Wo es jedoch in erster Linie um Zugehörigkeit und Beachtung geht, fehlt die emotionale Berührtheit in einer nahen Beziehung und intensive Selbst- und Fremdwahrnehmung.

Autonomie

Mit dem Bedürfnis nach Einfluss ist das Bestreben verbunden, Verantwortung für sich und andere zu übernehmen, andere zu kontrollieren oder sich zu unterwerfen. Daraus entstehen Prozesse des Rivalisierens darum, wer der bessere Koch ist, die unangenehmere Arbeit übernimmt, oder Rebellionen gegen die Leiter. Es entstehen Gruppennormen, die darüber befinden, wie Entscheidungen getroffen werden, ob mit dem Essen gewartet wird, bis alle da sind, oder ob sich jeder nimmt, wann er will. Das Bedürfnis nach aktiver Steuerung ist Teil des umfassenderen Strebens nach Autonomie. Daher entwickeln sich als Folge der Auseinandersetzung mit diesen Themen Autonomie, Abhängigkeit oder Interdependenz (Kap. 10.2).

Zuneigung

Das Bedürfnis nach Zuneigung drückt sich in einem Spektrum von großer emotionaler Offenheit bis zu völliger Verschlossenheit, von der Liebe bis zur Abneigung oder Gleichgültigkeit aus. Man kann sich einer Gruppe auch ohne große Nähe und Zuneigung zu den Einzelnen zugehörig fühlen. „Schutzbündnisse", zu denen es während der ersten Gruppentreffen zwischen manchen Teilnehmern kommt, können nicht unbedingt mit Intimität gleichgesetzt werden, denn sie können sowohl der Abwehr befürchteter Isolation als auch der Angst vor zu großer Nähe, vor der Konfrontation mit Sachaufgaben oder dem Bedürfnis nach Steuerung dienen.

Intimitätsprozesse gründen auf tieferen Gefühlen, Menschen wollen sich nahe stehen oder sich von anderen distanzieren. Die entsprechenden Verhaltensweisen sind daher stark gefühlsbetont. Ob jemand einem anderen den Einkauf abnimmt, weil er ihm etwas Gutes tun will, oder weil er selbst die Kontrolle über das Haushaltsgeld erlangen möchte, macht einen deutlichen Unterschied.

Diese Dimensionen bieten Kriterien für das Verständnis von Gruppenprozessen und individuellem Verhalten, deren Zuordnung zu bestimmten Lernangeboten und zur Ableitung von Interventionen. Allerdings kommen bei manchen Interaktionen alle drei Grundbedürfnisse gleichzeitig vor, wobei jeweils eines davon dominiert. In einer speziellen Gruppenphase stehen jeweils entweder Themen in Zusammenhang mit Zugehörigkeit, Steuerung oder Intimität im Vordergrund; für einzelne Gruppenteilnehmer kann je nach individueller Entwicklung ein anderes aktuell wichtiger sein.

9.3 Entwicklungsphasen von erlebnispädagogischen Gruppen

9.3.1 Orientierung und einen persönlichen Bezug zur Gruppe finden

In jeder beginnenden Gruppe geht es zunächst einmal um Themen in Zusammenhang mit der Zugehörigkeit. Das, zu dem man dazugehören könnte, gibt es aber noch nicht. Es wird gerade erst gemeinsam geschaffen: Ein Netz sozialer Beziehungen, ein Gefühl der Zusammengehörigkeit, ein persönlicher Bezug zu den Aktivitäten der Gruppe, eine kooperative Arbeitshaltung. Die Anknüpfungspunkte, welche die beteiligten Jugendlichen und Erwachsenen miteinander verbinden, sind noch abstrakt und mit Befürchtungen belastet. Für manche mag das erhoffte Erfolgserlebnis im Kanu, für andere die Beziehung zu einem Gruppenleiter oder zu einer Clique etwas Verbindung herstellen. Noch fehlt eine konkrete Orientierung, wie man in der Gruppe aktiv werden kann. Dies entspricht einer situationsimmanenten Problemstellung in einer noch unfertigen Situation. Dem Leitungsteam stellen sich jetzt zwei Fragen:

1. Inwieweit können die Teilnehmer diese Aufgaben alleine bewältigen, die Gruppenleiter also tendenziell stärker in der Rolle der Erlebnisgefährten

teilnehmen? Wie viel Unterstützung im Sinn der anderen Leitungsaufgaben ist erforderlich, um ein konstruktives Gruppenklima zu ermöglichen?
2. Welche Vorstrukturierungen von Gruppentreffen und welche begleitenden Interventionen sind dafür besonders geeignet?

Zu wenig Mitgestaltung durch die Gruppenleiter kann die Jugendlichen überfordern, zu viel ihre Eigeninitiative überflüssig machen und das Leitungsteam in die Position von „Machern" bringen. Das jeweils angemessene Maß ist von Gruppe zu Gruppe verschieden und von den Kompetenzen der Jugendlichen abhängig. Es bedeutet eine Gratwanderung, den nötigen Freiraum vorzusehen, damit sich die Orientierungs- und Annäherungsprozesse entfalten können, und gerade so viel und geeignete erlebnispädagogische Angebote, wie zum Aufbau von Motivation und Eigeninitiative nötig sind. Aspekte der Klimagestaltung haben besonders in der Anfangsphase ein großes Gewicht, spielen aber auch später noch eine meist, zumindest bei gut laufenden Gruppen, geringere Rolle. Das kann z. B. dann der Fall sein, wenn unterschwellige Spannungen oder Motivationsprobleme länger ungeklärt blieben oder die Gruppe bis an die Grenzen ihrer psychischen oder körperlichen Belastbarkeit gefordert wurde. Die Wiederherstellung eines den Entwicklungsaufgaben dienlichen Klimas hat dann unbedingt Vorrang. Wurde anfangs ein tragfähiger Grundstein dafür gelegt, dann lässt es sich leichter wieder herstellen, als wenn dieser Aspekt vorher wenig gefördert wurde.

Klimagestaltung, eine Grundaufgabe des Leitungsteams

Verhaltenstherapeuten sprechen in diesem Zusammenhang von instrumentellen Gruppenbedingungen (Dziewas 1980; Krumbolz/Potter 1980) als Voraussetzung individuellen Lernens. Auf der Grundlage der themenzentrierten Interaktion (TZI) hat Beltz (1992) ein Konzept zur Förderung der persönlichen Sicherheit in der Zusammenarbeit und beim Aufbau einer kooperativen Arbeitshaltung in der Gruppe vorgestellt. Die folgenden Gedanken sind von diesen Konzepten mitgeprägt. Dabei wird nicht zwischen (Vor-)Strukturierung von Gruppentreffen und begleitenden Intervention unterschieden, denn schließlich ist die Gestaltung eines Settings nichts anderes als eine spezielle Form der Intervention.

Fördern sozialer Orientierung

Soziale Orientierung meint das Erfassen davon, wer die anderen sind, wie sie leben, welche Interessen sie haben, wie sie zur erlebnispädagogischen Gruppe und zu jedem Einzelnen stehen, ob und wie ich mich auf sie einlassen möchte. Trotz Information und Vorbereitungsgesprächen beginnen Jugendliche und auch Gruppenleiter bei den ersten Treffen erst zu spüren, wie sie zueinander stehen. Noch ist ungeklärt, wie man mit den anderen Kontakt aufnehmen soll, und ob überhaupt jemand dabei ist, der dies Bedürfnis erwidern würde. Orientierung beginnt zunächst mit spontaner Neugier und gegenseitigem Abtasten. Mit ihren Interventionen werden die Gruppenleiter daher versuchen, solches Verhalten zu unterstützen, z. B. indem sie Settings anbieten, die Begegnung erfordern. Entscheidend ist dabei, dass sie Interaktionen zwischen Jugendlichen fördern, besonders bei denen, die in erster Linie auf die Gruppenleiter zugehen.

Anregungen für mögliche Interventionen

- Direkte Hinweise auf die allgemeine Fremdheit und die Frage nach Ideen, wie sich die Teilnehmer näher kennen lernen könnten.
- Gruppenleiter sind ein Modell für das Interesse an den anderen und zeigen Bereitschaft, über sich Auskunft zu geben.
- Unterstützung spontaner Initiativen durch Mitmachen.
- Bei sehr zurückhaltenden Teilnehmern mehrere Aktionen vorschlagen, zwischen denen sich die Jugendlichen entscheiden können.
- Ein formal ansprechend gestaltetes, aber inhaltlich leeres Poster aufzuhängen, in das jeder nicht nur seinen Namen, seine Anschrift und Telefonnummer eintragen kann, sondern alles, was er mag.
- Den Jugendlichen attraktive Sportgeräte anbieten, die zu gemeinsamer Aktivität auffordern.

In dieser Phase entstehen persönliche Beziehungen nicht in erster Linie durch das Ansprechen intimer Fakten, Gedanken oder Gefühle, sondern dadurch, dass man sich dem Anderen im Handeln mitteilt.

Fördern inhaltlicher Orientierung

Inhaltliche Orientierung entsteht aus dem Kontakt mit dem Material der Gruppe, mit den Rahmenbedingungen für das kommende Wochenende und dem Erkennen eigener Möglichkeiten, sich zu engagieren. Wahrnehmen, sich informieren, einen Bezug herstellen usw. sind aktive Vorgänge, nicht passive Aufnahme von Daten oder Konsum von angebotenen Beschäftigungen. Informationen werden daher sinnlich greifbar angeboten: Gruppenschränke mit Ausrüstungsgegenständen, Papierrollen, Stifte, Kassenbuch, Tee mit Kocher, Landkarten usw. und allem, was da im Lauf der Zeit so alles von den Jugendlichen hineingelegt wird. Manche Informationen können nur mündlich gegeben werden. Dabei gilt: so viel Redezeit wie nötig und so wenig Redezeit wie möglich beanspruchen. Vorgaben des Leitungsteams werden sich in der Regel gerade nicht auf Inhalte wie Kochpläne erstrecken. Sie bieten eine Art Gerüst an, das jeder auf seine Weise füllen kann.

Anregungen für mögliche Interventionen. Ein Setting zur Anregung eines Orientierungsprozess, z. B. zur Planung eines Wochenendes, kann minimal bis hochstrukturiert sein.

Stufen der Strukturierung

- Die **erste Stufe** bietet eine geringe Struktur: Es werden Rahmenbestandteile sinnlich wahrnehmbar, z. B. auf einem Poster, dargestellt, und die Gruppe aufgefordert, selbst zu planen. Eine so allgemeine Struktur dürfte eher bei reiferen Jugendlichen passen.
- Die **zweite Stufe** bietet eine mittlere Struktur: Es werden Poster aufgehängt, auf denen alle feststehenden zeitlichen und inhaltlichen Rahmenbedingungen dargestellt sind – mit Lücken für alle Verantwortungsbereiche der Gruppe.
- Die **dritte Stufe** enthält eine hohe Struktur: Ein Plakat wird aufgehängt, das die wesentlichen Handlungen, die zur Vorbereitung notwendig sind, veranschaulicht: alle Entscheidungen, die in Sachen Ausrüstung, Wegstrecken Einkauf usw. im Voraus getroffen werden müssen.
- Die **vierte Stufe** schließlich bietet eine sehr hohe Strukturierung: Es werden einige optisch ansprechende und inhaltlich gegliederte Poster zu den wesentlichen Aufgaben vorbereitet, evtl. mit Hilfe einiger Jugendlicher. Deren Aktivitäten können dann darin bestehen, auf das Verpflegungsposter Essensvorschläge zu schreiben, auf das Ausrüstungsposter eine Gepäckliste, oder ihre Meinung zu einer Entscheidungsfrage einfach ankreuzen.

Förderung des persönlichen Bezugs zu den Gruppenaufgaben

Persönlicher Bezug bedeutet hier, dass ich wahrnehme, wie ich zu den Gruppenaktionen stehe und dementsprechend Verantwortung übernehme. Dies kann über mehrere Pfade geschehen. Da kann zunächst eine Brücke zwischen früheren Erfahrungen der Jugendlichen und den zu erwartenden Aktivitäten der erlebnispädagogischen Gruppe geschlagen werden: Welche direkten oder indirekten Vorerfahrungen habe ich mit den geplanten Aktivitäten? Mit welchen Bewertungen und Gefühlen sind diese verbunden? Was hat mich bewogen, in die erlebnispädagogische Gruppe zu gehen?

Ein weiterer Pfad kann über die Wunschebene gehen: Was möchte ich hier tun oder erfahren, und was nicht? Diese Frage provoziert bereits einen ersten Schritt in Richtung Eigeninitiative. Der dritte Pfad besteht in der Konfrontation mit Gruppenaufgaben: Interaktionen mit den anderen und Material. Für handlungsorientierte Konzepte wie die erlebnispädagogische Gruppe ist das der Königsweg. Wird nicht schon allein durch die Auseinandersetzung mit der Entscheidung für eine Arbeit oder Wegstrecke ein direkter Bezug hergestellt? Denn viele Jugendlichen sind anfangs noch wenig in der Lage oder bereit, ihr Verhalten und ihre Einstellungen zu reflektieren, und erst recht nicht, zu verbalisieren.

Dennoch fördert – in Gruppen, wo das möglich ist – die persönliche, mit der Gruppe geteilte Auseinandersetzung mit den obigen Fragen den Aufbau eines offenen und unterstützenden Gruppenklimas. Dies kann durchaus auch handlungsorientiert geschehen: Im Raum sind Gegenstände verteilt, welche die Gruppe brauchen wird: Seil, Gurte, Töpfe, Schwimmwesten, Zelte. Nun werden zur jeweiligen Gruppe passende Aufgaben gestellt, vielleicht erfinden Jugendliche selbst welche: Jeder, da können sich auch die Gruppenleiter beteiligen, stellt sich zu dem Teil, das ihm bekannter, fremder, interessanter, beängstigender usw. vorkommt und sagt etwas dazu. Oder jeder vergibt mehr oder weniger Punkte mit Filzstiften für diese Zuschreibungen. Die Gruppe kann die Dinge auch gemeinsam an einer Skalierungslinie (1 bis 10) sortieren: Was möchten wir am liebsten gleich ausprobieren (1), was ist wenig attraktiv (10), was liegt zwischen 2 und 9? Man kann auch Spiele gestalten, bei denen Anseilgurte und Schwimmwesten möglichst schnell angezogen werden müssen, oder damit eine möglichst lustige Modenschau veranstaltet wird. Der Kreativität des Leitungsteams und der Jugendlichen sind keine Grenzen gesetzt.

Förderung einer kooperativen Arbeitshaltung

Kooperation ist in einem zweifachen Sinn nötig:

1. Bei der Planung, Vorbereitung und Durchführung von Aktionen.
2. Bei der gegenseitigen Unterstützung zur Bewältigung von Entwicklungsaufgaben.

Auch der Begriff Arbeitshaltung bezieht sich auf diese zwei Ebenen. In der erlebnispädagogischen Gruppe gelten sie als die zwei Seiten einer Munze: Individuelle Entwicklungsthemen aktualisieren sich auf der Handlungsebene, korrigierende und erweiternde Lernerfahrungen werden dabei sowohl quasi nebenbei als auch durch bewusste vorausgehende, parallele oder anschließende Reflexionen gemacht. In Gruppen mit guter kooperativer Arbeitshaltung stellen alle ihre Ressourcen zur Verfügung, wenn es z.B. darum geht ein kompliziertes Leck in einem Boot zu reparieren, eine Gruppenentscheidung zielgerecht voranzutreiben, Schwächeren zu helfen mit einer grenzwertigen Belastung fertig zu werden, oder eine massive psychische Betroffenheit als Chance für die persönliche Weiterentwicklung zu nutzen. Dabei können Mitfühlen oder Abwarten, jemandem seine Aufgabe nicht abnehmen, genau so hilfreich sein wie aktives Eingreifen. Das setzt voraus, dass

- die Gruppenleiter empathischem, synergetischem Miteinander einen hohen, konkurrenzorientiertem Gegeneinander einen niedrigen Stellenwert beimessen.
- die Jugendlichen dabei unterstützt werden, ihr Handeln nicht nur im Hinblick auf die sachliche Effektivität, sondern auch daraufhin zu reflektieren, wie es sich auf die anderen auswirken könnte.
- in der Gruppe gezielt so viel Sicherheit, Vertrauen und Offenheit aufgebaut wird, dass es möglich ist, zu seinen persönlichen Themen zu stehen. Gegenseitige Hilfe gibt es dann nicht nur, um ein vollbeladenes Fahrrad die steile Treppe zum Bahnsteig hoch zu tragen, sondern auch, um herauszufinden, wie jemand seine Beziehungen verbessern, mehr Selbstsicherheit gewinnen, mit eigenen Ängsten oder Aggressivität konstruktiv umgehen kann.

Anregungen für das Leitungsteam

- Sach- und beziehungsorientierte Beiträge von Gruppenmitgliedern aufgreifen und ihnen so Bedeutung geben.
- Alle Beiträge würdigen, erst später mit der Gruppe ihre Verwertbarkeit prüfen.
- Andere Jugendliche anregen, solche Beiträge zu ergänzen, Alternativen zu äußern.
- Als Gruppenleiter Modell sein für Initiativen auf beiden Ebenen, z. B. bei sich selbst wahrgenommene Unlustgefühle mitteilen, um damit eine latente Spannung offen zu legen.
- Jugendliche beim Thematisieren aktueller Schwierigkeiten unterstützen oder sie vor einer zu radikalen Selbstoffenbarung schützen.
- Modellhaft konstruktives Feedback geben und annehmen.

All diese Interventionen können verbal sein, müssen es aber nicht: Wenn sich jemand bereit erklärt, in den Wald zu gehen und Feuerholz zu holen, kann ich ihn damit unterstützen, indem ich sage, dass uns das dem Abendessen näher bringen wird, oder damit, dass ich mit zum Holz sammeln gehe. Wenn das Feuer nicht richtig brennen will, kann man über Lösungen sprechen oder selbst Hand anlegen, und dadurch unaufdringlich auf mögliche

Wege hinweisen. Fühlt sich jemand von der Gruppe bedrängt, genügt es oft schon, ein Stück näher zu ihm hin zu rücken. Es kommt auf die Situation an, wie viel „Gerede" die Gruppe braucht oder verträgt. Kooperative Arbeitshaltung entwickelt sich erst allmählich und kann, einmal erreicht, jederzeit wieder verloren gehen. Daher gilt das TZI-Postulat „Störungen haben Vorrang" (Langmaack 2004) hier ganz besonders: Will man mit einer erlebnispädagogischen Gruppe therapeutisch arbeiten, hat die Wiederherstellung der kooperativen Arbeitshaltung Priorität vor natursportlichen Aktivitäten; es sei denn, gerade eine bestimmte Aktivität, etwa eine Kooperationsaufgabe, dient diesem Ziel.

Förderung von Gruppenkohäsion

Ein sehr wichtiges Fundament für positive Ergebnisse von Teilnehmern therapeutischer Gruppen ist ein kohäsives Gruppenklima (Johnson et al. 2008). Die Abbruchraten in solchen Gruppen sind deutlich geringer als in wenig kohäsiven. Das ist besonders für ambulante erlebnispädagogische Gruppen fundamental, da infolge der langen Dauer die Wahrscheinlichkeit von Krisen und der damit verbundenen Gefahr des Ausstiegs Einzelner hoch ist.

Zentrale Aspekte von Kohäsion sind: Das Gefühl akzeptiert zu werden, zur Gruppe zu gehören und an etwas Lohnendem beteiligt zu sein (Johnson et al. 2008, 63, 67). Dieses Lohnende bezieht sich auf die Beziehungen zwischen Teilnehmern, Einzelner zur Gesamtgruppe und zu den erlebnispädagogischen Medien, sowie Einzelner zu Leitern. Letzteres bezeichnen Johnson et al. (2008) als Allianz, und meinen damit das Ausmaß, in dem sich Teilnehmer mit den Zielen und dem Stil eines Gruppenleiters identifizieren können. Ausschlaggebend ist dabei, wie empathisch deren Verhalten von den Teilnehmern erlebt wird.

In sehr kohäsiven Gruppen setzen sich die Einzelnen häufiger, intensiver und effektiver mit sachlichen und psychosozialen Problemlösungen auseinander, sie ertragen feindselige Gefühle leichter und überstehen auch längere Phasen des Missbehagens, ohne auseinander zu brechen.

In einer erlebnispädagogischen Gruppe könnte sich kohäsives Verhalten im Idealfall so zeigen: Die Jugendlichen gehen aufeinander zu. Bei Planungen, Pausen oder Entscheidungen kommt es zu einem regen Gedankenaustausch. Der Umgangston ist, am Sprachcode der Jugendlichen gemessen, überwiegend freundlich und wertschätzend. Die Jugendlichen fühlen sich in der Gruppe zufrieden und sagen das auch. Sie verhalten sich kooperativ, tolerieren Außenseiter und agieren so, dass jeder eher integriert als ausgeschlossen wird. Sie setzen sich ernsthaft mit Wünschen, Konfrontationen und Ideen anderer auseinander. Die selbst erstellten und durch den Rahmen bedingten Gruppennormen werden beachtet, und es herrscht wenig Angst vor Zurückweisung. Abweichende Meinungen werden relativ freimütig geäußert. Meinungsverschiedenheiten und Konflikte gären nicht destruktiv im Untergrund, sondern werden offen angesprochen.

Eine erlebnispädagogische Gruppe mit derart reifen, manchmal schon zu harmonischen Verhaltensweisen, wird es vermutlich nie geben. Diese Beispiele sollen jedoch die Richtung für den Weg einer erlebnispädagogischen Gruppe aufzeigen, auch wenn das Ziel selbst unerreichbar ist.

Gemeinsame Erfahrungen und erfolgreich durchgestandene Grenzsituationen tragen bereits viel zur Entstehung von Gruppenkohäsion bei. Doch ist es für ein günstiges Lernklima notwendig, von Anfang an kohäsives Verhalten gezielt zu fördern.

Alle Interventionen und Strukturierungen, die der Orientierung, dem persönlichen Bezug und einer kooperativen Arbeitshaltung dienen, stärken auch den Zusammenhalt.

Anregungen zum Fördern der Gruppenkohäsion

- Fast immer gibt es bereits zu Gruppenbeginn wenigstens ansatzweise kohäsives Verhalten, das verstärkt werden kann. Dies geschieht z.B., indem die Gruppenleiter darauf unterstützend oder mit Aufmerksamkeit reagieren, Argumente, Vorschläge aufgreifen, bestimmtes Verhalten oder Fortschritte würdigen.
- Situationen mit großer emotionaler Dichte – etwa eine Pause nach gemeinsam bewältigten Anstrengungen – wirken lassen, genießen und nicht sofort mit Aktivität zudecken, gegebenenfalls das Schweigen aushalten.
- Gruppenleiter können als kompetente Modelle, z.B. wertschätzend, empathisch oder interessiert auf Jugendliche zugehen, optimistische Erwartungen über das kommende Gruppengeschehen und den zu erwartenden gemeinsamen Spaß äußern, oder über positive persönliche Erlebnissen bei einer Aktion berichten.
- Kohäsionsfördernde Vorstrukturierung von Anfangs-, Auswertungs- und Planungsrunden: Für wechselnde Kleinteams sorgen; ritualisierte Rückmeldungen: z.B. jeder bindet demjenigen, dem er ein persönliches Feedback gibt, eine bunte Schnur ums Handgelenk;
- Das Angebot von etwas Belohnendem, z.B. Limonade beim informellen Austausch nach der Rückkehr von einem längeren Projekt;
- Bilder von kohäsiven Ereignissen machen und bei der Auswertung zeigen.
- Kohäsives Verhalten bei Jugendlichen auslösen, indem Gruppenleiter sie dazu auffordern, z.B.: „Jan, sag es doch direkt zu Bruce, was du heute gut an ihm fandest."

■ VW-Regel (Prior 2007) einführen: Vorwürfe in Wünsche umformulieren. Statt: „Immer drängst du dich beim Klettern vor!" – „Karina, heute möchte ich einmal in der ersten Gruppe klettern, geh bitte in die zweite!"
■ Anleitungen zu konstruktivem Feedback geben.
■ Zu gegenseitiger Unterstützung bei konkretem Anlass anregen.
■ Gemeinsame Ziele hervorheben: „Mir geht es jetzt nicht darum, wer was falsch gemacht hat, sondern wie wir unsere Unterkunft erreichen."

Antikohäsives Verhalten als Ressource nutzen. Antikohäsives Verhalten spiegelt die Kehrseite der oben beschriebenen Aspekte. Naturgemäß weisen Gruppen anfangs Kohäsion erst in schwacher Ausprägung auf, was nicht mit antikohäsivem Verhalten gleichzusetzen ist. Dieses besteht z. B. aus eskalierender Aggressivität – im Gegensatz zu wertschätzender Konfrontation –, massivem Beteiligungsverweigern, Störung von Abläufen, sodass z. B. eine Klettersteigbegehung aus Sicherheitsgründen zurückgestellt werden muss.

Tritt antikohäsives Verhalten auf, so ist das immer als Alarmzeichen zu werten, aber auch als Chance, eine solche Krise als Lernfeld zu nutzen. Antikohäsives Verhalten, kann z. B. Ausdruck noch nicht ausreichender individueller sozialer Kompetenz, einer unbewältigten situativen Enttäuschung, eines latenten Gruppen- oder Teilgruppenkonfliktes, einer Auseinandersetzung um Funktionen innerhalb der soziodynamischen Rangstruktur oder eines impliziten Themas sein. Oft sind mehrere Auslöser gleichzeitig vorhanden. Aus der Innensicht der Jugendlichen können Vermeidung, Rückzug, Machtkämpfe oder Versuche, die Gruppenleiter zu entmachten, als Lösungsversuche betrachtet werden, aus Sicht der Gruppenleiter allerdings als ungeeignete.

Verhält sich der größte Teil der Gesamtgruppe so, dann ist oft eine konfrontative und lösungsorientierte Gruppenrunde sinnvoll, bei der die Gruppenleiter zu offener Aussprache und konsequenter Lösungsorientierung anhalten. Gruppenleiter können die „Symptome" ansprechen und die Teilnehmer auffordern, ihre eigenen Beobachtungen und Lösungsideen mitzuteilen. Ziele sind sowohl die Wiederherstellung der Arbeitsfähigkeit der Gruppe, evtl. die Erneuerung des Kontraktes, als auch das Angebot eines Modells zur Bewältigung solcher Störungen. Jugendliche versuchen manchmal, die Gruppenleiter aus ihren Leitungsaufgaben in eine Polizisten-, Schiedsrichter- oder Angeklagtenrolle zu drängen. Oft werden auch Schuldige ausgemacht und deren Veränderung oder Verurteilung als einzige Lösungsmöglichkeit gesehen. Ein sensibler Umgang mit dem Aspekt der Abhängigkeit in Beziehungen hilft hier, sich nicht zu verstricken. Manchmal ist es wichtig abzuwarten, bis Anspannungen so stark geworden sind, dass in der Gruppe ein emotionaler Notstand wahrgenommen wird. Jugendliche fordern dann vielleicht von sich aus bei dem oder den Betreffenden kohäsives Verhalten ein oder regen eine Gruppenrunde an.

Teilgruppen können sich Einzelnen oder anderen Teilgruppen gegenüber, innerhalb einer Triade, der Gesamtgruppe oder den Gruppenleiter gegenüber antikohäsiv verhalten (Mobbing). Neben dem Gruppengespräch macht es dann oft Sinn, diese Untergruppen oder einzelne Teilnehmer direkt zu konfrontieren und gleichzeitig zu unterstützen. Hier ist der Entwicklungskompass nützlich, um eine zieldienliche Interventionsrichtung zu bestimmen.

In Situationen, in denen Einzelnen seelischer oder körperlicher Schaden zugefügt wird, und weder sie selbst noch unterstützende Jugendliche dies verhindern, werden die Gruppenleiter die Notbremse ziehen und selbst diese Schutzfunktion übernehmen.

9.3.2 Aufbau einer kooperativen Notstruktur

Während der ersten Treffen herrschen oft eine Kombination erwartungsvoller positiver Spannung und gleichzeitig ein Unbehagen, aufgrund der gegenseitigen Fremdheit, sowie des Mangels an Orientierung, ob und wie man hier Initiative ergreifen kann. Es ist noch völlig unklar, wie eine solche Anzahl von Leuten Ideen sammeln und verwerten, Entscheidungen treffen und Aufgaben untereinander verteilen soll. Dass eine gewisse Verhaltensunsicherheit vorherrscht, sieht man oft daran, dass die Jugendlichen nicht beieinander stehen oder sitzen, sondern körperlich auf Distanz gehen, sich nebenbei unterhalten und dass sich nur wenige – und die auch nur zeitweise – für das Geschehen verantwortlich verhalten. Vielleicht bleibt der Topf auf dem Herd stehen, wenn das Essen fertig ist, und es dauert lange, bis sich jemand zuständig dafür erklärt, ihn zu holen. Manchmal geschieht auch gerade das Gegenteil und die Gruppe zeigt ein geradezu unheimliches Engagement.

Später werden dafür oft zwei Hauptmotive genannt: Die Angst davor, etwas Falsches zu tun, und die schwer einzuschätzende, unbekannte Art des Leitungsstils.

Die Leiter könnten nun der Gruppe einen gering strukturierten Rahmen anbieten, in dem sie herausfinden könnte, wie sie mit diesen Startschwierigkeiten fertig wird. Erlebnispädagogische Gruppen in der Jugendhilfe werden jedoch oft gerade solchen Jugendlichen angeboten, die ein solches Setting zu Minderung der Motivation, Vermeidungsverhalten und destruktiven Prozessen anregen könnte. Es ist daher notwendig, erlebnispädagogische Gruppen bereits zu Beginn mit für sie lösbaren Herausforderungen zu konfrontieren, deren Handlungsdruck unabweisbar ist. Die ersten spontanen Orientierungs- und Annäherungsprozesse der Jugendlichen werden dadurch einerseits erst gestoppt, andererseits entsteht geradezu ein Zwang aufeinander zuzugehen, zu kooperieren, einen Konsens zu finden und anzupacken. Die Gruppe erarbeitet sich also die Grundlagen guter Kooperation anhand einer Aufgabe, welche diese eigentlich voraussetzt.

Und dennoch lösen die meisten erlebnispädagogischen Gruppen vergleichbare Aufgaben am Anfang scheinbar besser als einige Wochen später. Sie erreichen das, indem sich die Teilnehmer auf eine kooperative Notstruktur einlassen. Kooperativ bedeutet, dass die Gruppe sich ausreichend arbeits- und beziehungsfähig verhält. Notstruktur meint, dass die entstandenen Funktionen nicht wirklich ausgehandelt wurden. Sie werden vielmehr toleriert, weil so die aktuelle Gefahr abgewendet wird, nichts zu essen zu haben, oder die Nacht im Freien verbringen zu müssen. Kurz: Wenn es im Dorf brennt, löschen alle. Streitigkeiten ruhen, dafür ist nachher wieder Raum. Die Gruppe als Ganzes „überlebt", wenn auch manche dazu nur wenige, ihnen nicht gemäße oder gar destruktive Beiträge leisten.

Die erste Reaktion auf diese Art von Problemdruck und Handlungszwang besteht meist darin, den Gruppenleitern Initiative und Verantwortung zu überlassen oder anzutragen. Sie haben sich ja bereits durch die Vorgabe der Rahmenbedingungen in die Position der Initianten und Verantwortlichen manövriert. Die Gruppe wartet z. B. auf Anordnungen der Gruppenleiter oder fordert sie an, setzt sich nicht so zusammen, wie es die Kommunikation erfordern würde, Einzelne wollen zu allem direkt aufgefordert werden oder verweigern passiv. Jetzt kann es sich bereits entscheiden, ob die Jugendlichen im weiteren Verlauf Verantwortung mittragen werden, oder die ganze Gruppe vom Leitungsteam abhängig bleibt. Was geschehen wird, wenn Gruppenleiter den günstigsten Weg vorangehen oder Verantwortung übernehmen, indem sie z. B. Störer disziplinieren, ist absehbar. Die Verweigerung der Führungsposition ist eine unverzichtbare Voraussetzung dafür, dass die Jugendlichen selbst initiativ werden. Beschränken sich die Gruppenleiter auf die Sorge um die Einhaltung der Rahmenbedingungen und die Prozessbegleitung, wird die Gruppe zwangsläufig auf der Stelle treten bis jemand diese Position ausfüllt.

Infolge des Handlungsdruckes und der zwar unterstützenden, aber nicht initiierenden Haltung der Gruppenleiter, baut sich ein mehr oder weniger intensives Spannungsfeld auf, aus dem eine erste, noch ganz diffuse Gruppenstruktur entsteht. Einige werden aktiv, manche überaktiv, andere wiederum sind froh darüber, schließen sich ihnen willig an oder genießen die Ergebnisse der Initiativen passiv. Manche wären auch kompetent genug, die Sache in die Hand zu nehmen, wollen sich aber nicht in den Vordergrund stellen und arbeiten anderen durch verbale und praktische Beiträge zu. Ein Teil wird passiv bleiben, sich als unzuständig betrachten, vielleicht direkt stören oder indirekt blockieren. So findet jeder seinen vorläufigen Platz.

Die Situation wird überschaubar und die Gruppe soweit handlungsfähig, dass sie z. B. die Planung und Durchführung eines Wochenendes fürs erste befriedigend angehen kann.

Meist erweist sich diese Struktur als vorläufig und äußerst instabil. Bei manchen Gruppen zerbricht sie bereits nach einer gelösten Teilaufgabe, wenn es etwa gelungen ist, Arbeitsgruppen zu bilden. Bei anderen hält sie ein ganzes Wochenende. Bei nur wenigen Gruppen bleiben diese Funktionen bis zum Ende gleich. Jede Entscheidung, und handelt es sich auch nur um die Wahl des Weges an einer Kreuzung, kann die Frage der Initiative erneut auslösen. Dann werden den Gruppenleitern wieder hilfesuchende oder ärgerliche Blicke zugeworfen, die Spannung steigt, bis sich einer zu handeln traut und aufs Neue eine Struktur entsteht.

Die anfängliche Verteilung von Funktionen entspricht oft nicht den tatsächlichen Ressourcen der Betreffenden, sie gibt auch nicht wirklich Aufschluss über wechselseitige Sympathie. Manchmal übernehmen Jugendliche Aufgaben, weil sie entstehende Spannungen schlecht aushalten können und nicht, um das Gruppengeschehen voranzubringen. Andere beteiligen sich mit wohldosierten und unverfänglichen Beiträgen oder halten sich zurück, weil sie befürchten, sich angreifbar zu machen. Einigen hilft es auch, sich mit bestimmten Arbeiten zu profilieren oder durch auffälliges Verhalten wenigstens Beachtung zu sichern. Die anderen spüren meist genau, wenn jemand gar nicht so gut Bescheid weiß, wie sein Engagement erwarten ließe. Sie akzeptieren es jedoch zunächst, weil auf diese Weise etwas vorangeht, ohne dass sie die eigene Kompetenz unter Beweis stellen müssen.

Kooperative Notstrukturen in späteren Gruppenphasen

Notstrukturen können auch später immer wieder auftreten. Denn oft folgen Projekte aus organisatorischen Gründen einem festen Zeitplan, während Gruppenprozesse und individuelle Entwicklungen ihren eigenen Rhythmus haben. Jemand beschäftigt es vielleicht vorrangig, wie er sich gegenüber ständigen Aufforderungen eines anderen zu körperlichem Kräftemessen verhalten will, und wird plötzlich mit der Aufgabe konfrontiert, seine Angst vor dem Abseilen zu überwinden. Ähnliche Diskrepanzen kann es auch in der gesamten Gruppe geben. Die Jugendlichen haben vielleicht gerade herausgefunden, dass es Spaß machen kann und gar nicht so gefährlich ist, einander körperlich nahe zu kommen. Und jetzt fordert der Terminkalender die konkrete Vorbereitung einer Kanutour. Manchmal lassen sich durch entsprechende Strukturierung beide Themen unter einen Hut bringen. Die Fragen der Nähe-Distanz-Verhältnisse könnte bei der Auseinandersetzung um die Einteilung von Bootteams fortgesetzt werden. Dann laufen ein inhaltliches und ein psychosoziales Thema synchron. Aber oft passt die Sachaufgabe einfach nicht zum psychosozialen Thema oder drängt dieses in den Hintergrund. Möglicherweise sind viele auch froh, auf ein bequemeres Terrain ausweichen und einen unterschwelligen Konflikt verschieben zu können. So entstandene Notstrukturen sind jedoch viel spannungsgeladener als in der Anfangszeit einer Gruppe, denn die unterbrochenen, nun gewichtigeren Beziehungsprozesse fordern ihr Recht.

Die fortlaufend gestörte Gruppe

Ein gutes Modell, solche Prozesse zu verstehen, stammt von Miles (1965). Er beschreibt Lernprozesse als spiralförmige Abläufe mit mehreren Schritten:

1. **Schritt: Problem wahrnehmen**
   Eine situationsimmanente Forderung oder ein unerfülltes Bedürfnis erzeugen einen Spannungszustand, der nach einer Lösung verlangt. Die Spannung wird mehr oder weniger lange ausgehalten, je nachdem, wie viel Angst es auslöst, sich ihr zu stellen.
2. **Schritt: Experimentieren**
   Man versucht, das Problem verbal oder aktiv anzugehen, die Betroffenen probieren verschiedene Lösungsmöglichkeiten aus.
3. **Schritt: Einführung neuen Verhaltens**
   Haben sich ein oder auch mehrere neue Verhaltensweisen als erfolgreich und allgemein akzeptiert erwiesen, dann wird das neue Verhalten von der Gruppe übernommen. Besonders bei Entscheidungsprozessen suchen Gruppen oft lange nach Ideen, wenden manche probeweise an und verwerfen das Ergebnis oft solange, bis eine Form gefunden ist, die von allen anerkannt wird.
4. **Schritt: Generalisierung und Einübung**
   Die neuen Lösungen werden oft auf analoge Situationen übertragen, überprüft, ob sie passen, immer wieder angewandt und somit eingeübt.

Diese Lernschritte bauen dann aufeinander auf, wenn ausreichend Zeit für jeden zur Verfügung steht. Neue Natursportarten, weitere Projektteile, aber auch unabweisbare psychosoziale Krisen können diesen Lernrhythmus für Einzelne oder die Gesamtgruppe jederzeit aus dem Tritt bringen. Es steht außer Zweifel, dass sich in Situationen, in denen kooperative Notstrukturen erforderlich werden, außerordentlich wichtige Chancen auftun, neues Verhalten auszuprobieren. Wiederholen sich jedoch derartige Störungen laufend, dann wird die Gruppe nach einiger Zeit einen ganzen „Rattenschwanz" unbefriedigend gelöster Themen hinter sich herziehen.

Im günstigsten Fall werden beginnende Lernerfahrungen unterbrochen, möglicherweise wird jedoch Vermeidungsverhalten stabilisiert, sich ent-

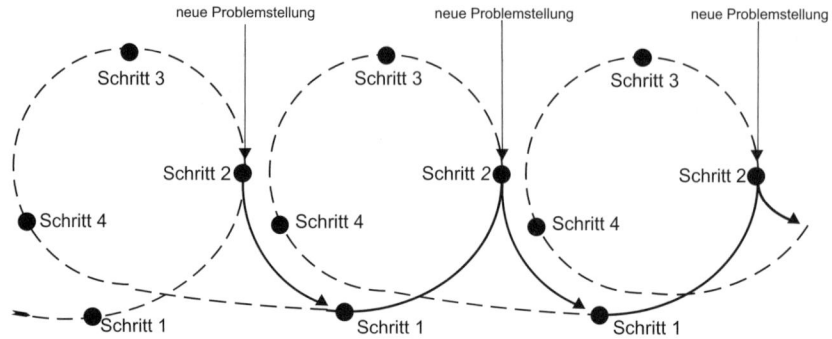

Abb. 8: Die fortlaufend gestörte Gruppe

wickelnde Spannungen wirken unterschwellig weiter und Unzufriedenheit und Desinteresse machen sich breit. Je früher ein Lernprozess unterbrochen wird, desto gravierender sind die Auswirkungen. Muss die ganze Energie bereits während des ersten Schrittes auf eine neue Anforderung konzentriert werden, ist eine befriedigende Lösung des ersten Themas nicht möglich. Die Lösungssuche wird später wieder beim Schritt „Problemstellung" beginnen. Treiben Gruppen immer wieder von Notstruktur zu Notstruktur, resignieren sie nach einiger Zeit, oder nutzen die Aktionen lediglich als attraktive Animation.

Störungen, die aus Notstrukturen entstehen, erfordern eine aufmerksame Begleitung des Gruppengeschehens, um eine möglichst vollständige Entfaltung des Lernprozesses zu gewährleisten.

Fördern der Kontinuität von Lernprozessen

- Mit welchen Problemlösungen sind Einzelne, die Gruppe aktuell beschäftigt?
- Welcher Schritt dieses Prozesses ist gerade erreicht?
- Unterstützt oder hemmt die Einführung einer neuen Aufgabe diesen Lernprozess?
- Wie wird ein unterbrochenes Beziehungs- oder Sachthema den folgenden Arbeitsprozess beeinflussen?
- Sollte eine geplante Aktivität zurückgestellt werden, um weiteren Lernschritten Raum zu geben?
- Sollten psychosoziale Prozesse Vorrang haben?
- Kann eine geplante Aktivität so modifiziert werden, dass sie laufende Lernschritte unterstützt?
- Können Initiativaufgaben dazu beitragen?

- Wie kann der Gruppe Raum gegeben werden, mit einer doppelten Anforderung fertig zu werden, wenn ein Projekt unaufschiebbar ist?
- Wie lassen sich unterbrochene Lernprozesse bei der nächsten sich bietenden Gelegenheit wieder aufgreifen?
- Wo taucht ein unterbrochener Lernschritt im Gewand eines neuen Inhalts wieder auf und kann da unterstützt werden?

Beispiel

Den ganzen Tag herrscht „dicke Luft", es wird viel getuschelt, Interesse und Desinteresse am Klettern wechseln ständig und es kommt zu vielen verbalen Attacken der Jugendlichen untereinander. Die Gruppe steht unter einer Spannung, die nach einer Lösung verlangt (Schritt 1). Am späten Nachmittag steht die Durchführung eines zwölfstündigen Solos an, bei dem jeder für sich unter einem Tarp übernachtet und vorher sein Gepäck zusammenstellt (durch die neue Aufgabe unterbrochener Lösungsprozess). Während der Wanderung, bei der nach und nach jeder alleine an seinem Biwakplatz zurückbleibt, ist wenig von der vorherigen Anspannung zu spüren (Notstruktur). Bei der gemeinsamen Auswertung am nächsten Morgen herrscht bei der sonst viel offeneren Gruppe deutliche Zurückhaltung. Nach einer längeren Pause beginnt die Vorbereitung auf eine zweitägige Kanutour. Die Spannung vom Vortag breitet sich wieder aus (Gruppe beginnt wieder bei Schritt 1). Durch Unterbrechung der Vorbereitungen und klärende Interventionen seitens der Gruppenleiter stellt sich heraus, dass Daniela ihre Machtposition gegen Jungen und Mädchen zugleich ausspielt. Letztere sind wütend und enttäuscht, während die Jungen heftig rivalisieren (Schritt 2). Jetzt herrscht Klarheit. Mit Hilfe der Gruppenleiter kommt es zu einer heftigen Aussprache und zum Erproben konstruktiven Konfliktverhaltens (Schritt 3). Es wurde ein neues Verhalten eingeführt: Das offene Ansprechen von Bedürfnissen und Gefühlen. Das neue Verhalten konnte nun erfolgreich auf die aktuelle Aufgabe angewendet werden, der Prozess der Generalisierung hatte begonnen (Schritt 4).

9.3.3 Die kooperative Notstruktur im Übergang

Der Prozess der Umstrukturierung

Hat es eine Gruppe geschafft, eine kooperative Notstruktur zu etablieren, resultiert daraus eine gewisse Zufriedenheit, denn schließlich hat die Gruppe objektive Erfolge errungen und Spaß miteinander gehabt. Die anfängliche Verunsicherung hat nachgelassen und die Hoffnung ist gewachsen, dass die

Teilnahme sich lohnen wird. Gelegentlich herrscht nach einem ersten Wochenende sogar eine fast euphorische Stimmung.

Aber dieser Fortschritt hat allen auch etwas abverlangt. So mancher hätte sich z. B. lieber weniger körperlich anstrengen mögen, hat Unzufriedenheit in Beziehungen zurückgehalten oder auf persönliche Bedürfnisse verzichtet. Trotz der gezeigten, mehr oder weniger großen Zufriedenheit tragen sich manche mit dem Gedanken, aus der Gruppe auszusteigen. Im Gegensatz zu später liegen bei den ersten Projekten häufiger Einzelne krank im Schlafsack, was einem indirekten Ausstieg gleichkommt.

Noch ungelöste Spannungsfelder treten jetzt deutlicher hervor, vor allem die irritierende Frage, wer hier eigentlich das Sagen hat. Inzwischen hat jeder jeden beobachten können und weiß besser, wie mit den anderen umgegangen werden kann; die tatsächlichen Stärken und Schwächen werden prägnanter. Die Angst voreinander hat sich erheblich verringert, auch dadurch, dass Angstauslöser konkreter fassbar geworden sind. Es gibt erste Ansätze zu Paar- und Untergruppenbildungen. Die Initianten der ersten Stunde können ihre Rolle oft nicht mehr durchhalten, weil sie ihr entweder nicht gewachsen sind und/oder von der Gruppe nicht akzeptiert werden.

Wird die Gruppe nicht sofort mit einer Situation konfrontiert, die eine weitere Notstruktur erfordert, ist der Zeitpunkt ihrer Weiterentwicklung gekommen. Die Einzelnen werden offener, Sympathien und Antipathien, Rivalitäten und Bedürfnisse werden vermehrt ausgedrückt. Die Gruppenstruktur ist im Fluss, etwas Neues kann sich entwickeln. Der eine merkt, wie oft er ausgenutzt wird, wenn er Arbeiten übernimmt, ein anderer mag sich nicht mehr alles aufbürden und lieber nur das übernehmen, was besonders Spaß macht. Manche Jugendliche unternehmen unverhohlene Versuche, die Gruppenleiter in die Macherrolle zu zwingen, oder ihnen den Einfluss auf das Gruppengeschehen zu entziehen. In dieser Phase besteht eine starke Tendenz zur Bildung schützender Cliquen. Da diese die Neigung zum Absondern haben, ist es günstig, bei der Bildung von Untergruppen auf immer wieder neue Zusammensetzungen zu achten, und einen Großteil der Aktionen in der Gesamtgruppe durchzuführen.

Die oft turbulenten Gruppenprozesse zeigen an, dass sich die Gruppe im Übergang zur sozialen Organisation befindet. Die Förderung eines kohäsiven Gruppenklimas steht weiterhin oben an. Hinzu kommen Interventionen, die den Um- und Aufbau der sozialen Organisation der Gruppe begleiten und Lernerfahrungen Einzelner bei diesen Prozessen unterstützen. Auch das Leitungsteam, das oft für eine erlebnispädagogische Gruppe neu gebildet wird, hat erste Erfahrungen mit der internen Kooperation und deren Auswirkungen auf die einzelnen Teamer und den Gruppenprozess gemacht. Folgende Fragen können dem Leitungsteam als Anregung dienen:

Fragen zu Rahmenbedingungen:

- Wird der Rahmen konkret genug erlebt oder sollte er noch plastischer vermittelt werden?
- Betrachten die Jugendlichen ihre Teilnahme und die Normen als verbindlich oder besteht Klärungsbedarf?
- Sollte der Kontrakt noch präzisiert werden?
- Passen Auswahl und Intensität der geplanten natursportlichen Medien zu den individuellen Entwicklungszielen und zum Gruppenprozess?

Fragen zu den Teilnehmern:

- Haben alle ihren Platz und einige gute Beziehungen in der Gruppe?
- Bei wem besteht die Tendenz, abzuspringen?
- Gibt es jemand, der total überfordert ist, jemand der sich oder andere gefährdet und die Gruppe verlassen sollte?
- Wer braucht direkte Unterstützung durch die Leiter?

Fragen zum Gruppenprozess:

- Konnte sich ein positives Beziehungsgeflecht entwickeln oder sollten bestimmte Aspekte der Klimagestaltung gezielt gefördert werden?
- Bilden sich Untergruppen: „Wir schnellen Radfahrer", „wir heimlichen Raucher"?
- Ist es nötig Cliquen zu integrieren, die sich abspalten und gegen andere oder die Leiter solidarisieren?
- Werden nur angenehme Themen angesprochen oder auch kritische? Bedürfen diese besonderer Beachtung?
- Wofür ist es sinnvoll, Kleingruppenaktionen anzuregen? Wo fördert das destruktive Abspaltungsprozesse?

Fragen zum Leitungsteam:

- Besteht Konsens über den Rahmen und die pädagogische Ziele?
- Sind sich die Leiter über die fachliche Einschätzung der abgelaufenen Prozesse einig oder gibt es unterschiedliche Einschätzungen?
- Haben alle Leiter eine angemessene Distanz zum Gruppengeschehen?
- Wie zufrieden sind die Leiter mit ihrer Kooperation und der Aufgabenverteilung?
- Fühlt sich jeder im Team geschätzt? Gibt es störende Koalitionen?
- Wie stehen Männer und Frauen zueinander?

9.3.4 Von der Orientierung zu Steuerung und Intimität

Zu Beginn der Gruppe ging es vorrangig um Orientierung und Zugehörigkeit. Aber schon während die kooperative Notstruktur sich entwickelte, drehte sich der Gruppenprozess zunehmend um Dominanz: Wer setzt sich durch, wenn z. B. Verfahrensmodi festgelegt werden sollen? Wenn sich die kooperative Notstruktur weiterentwickelt, werden nicht nur Macht und Einfluss neu verteilt, sondern andere Themen rücken in den Vordergrund: Wer schläft mit wem im Zelt, wer spült, wer klettert möglichst nicht mit der oder dem? Solche Themen lassen, wenn auch nur ansatzweise und oft verdeckt, eine neue Dimension erkennen: Intimität. Diese beeinflusst mit zunehmender Dauer, neben dem Faktor Einfluss, das Beziehungsverhalten einer Gruppe immer stärker. Zwar gibt es von Anfang an Versuche, sich auch auf dieser Ebene näher zu kommen, sie erreichen nun aber eine stärkere Intensität. Jetzt wird auch die Aufnahme und Aufrechterhaltung von nahen Beziehungen zum Thema: Wie gehe ich mit Gefühlen der Zu- und Abneigung, Eifersucht, Liebeskummer usw. um? Darin liegt ein starkes therapeutisches Potenzial. Intensität und Dauer solcher Prozesse hängen von mehreren Faktoren ab: Von der gemeinsam verbrachten Zeit, der Persönlichkeit der Teilnehmer, vom Fokus der Gruppenleiter und in hohem Maß von der Gewichtung zwischen natursportlichen Aktivitäten und Freiräumen für spontane Beziehungsaufnahmen.

Hat es eine Gruppe geschafft, Macht und Einfluss befriedigend zu verteilen, dann wendet sie sich oft Themen von Nähe und Distanz mit den dazugehörigen Verhaltensmustern zu. Dadurch kommt es zu Veränderungen in den Beziehungen zwischen den Teilnehmern, was wiederum die bisherige Verteilung des Einflusses in Frage stellt. Manch einer fühlt sich mehr unterstützt, und daher sicherer, ein anderer erhält mehr oder weniger Bestätigung, eine dritte entdeckt neue Vorlieben – und abermals sind Fragen der Steuerung zu klären. Auch neu eingeführte erlebnispädagogische Medien führen oft zu Veränderungen im Beziehungsgefüge der Gruppe. Daher entwickeln sich erlebnispädagogische Gruppen selten gradlinig von der Phase der Steuerung zur Intimität. Nähe und Distanz, Einfluss und Unterordnung werden vielmehr immer wieder aufs Neue ausgehandelt. Für die praktische Orientierung ist es deshalb effektiver, darauf zu achten, ob es in der Gruppe gerade stärker um Prozesse der Zuneigung oder Steuerung geht, als sich an linear aufeinanderfolgenden Phasen zu orientieren.

9.3.5 Ablösung und Neuorientierung

Überblick

Im Gegensatz zu offenen Gruppen, zu denen Einzelne immer dann dazu kommen können, wenn ein Platz frei wird, beginnt und endet die Mitgliedschaft in erlebnispädagogischen Gruppen für alle gleichzeitig. Bereits auf dem Höhepunkt der Gruppenentwicklung, also der größten Beziehungsdichte, machen sich Teilnehmer Gedanken über das zeitlich festgelegte Ende der Aktivitäten. Dies geschieht oft nur unterschwellig, manche spüren es deutlicher und sprechen es auch aus. Explizit zum Thema werden Abschied nehmen und Neuorientierung jedoch erst bei den letzten Gruppenaktionen. Diese Abschlussphase vollzieht sich spiegelbildlich zum Kontrakt- und Orientierungsprozess: Statt sich zu informieren, sich verbindlich anzumelden, Entwicklungsziele zu erarbeiten, erste Erfahrungen miteinander zu machen, geht es jetzt darum, sich bewusst zu machen, was man erfahren und gelernt hat, sich zu anderen sozialen Feldern hinzuwenden und die Gruppe loszulassen.

Auch diese letzte Gruppenphase lässt sich so gestalten, dass Chancen für die Bewältigung von individuellen Entwicklungsaufgaben möglichst effektiv genutzt werden. Dazu gehört eine dem Ablösungsprozess gemäße Strukturierung der letzten erlebnispädagogischen Aktivitäten, eines Abschluss- und Auswertungstreffens der Gruppe und der individuellen Abschlussgespräche mit Jugendlichen und deren Bezugspersonen.

Ziele in der Abschlussphase

Etwas bewusst zu Ende bringen. Besonders für Jugendliche, die schon häufig Abbrüche von Beziehungen, Schul- oder Berufsausbildungen, Mitgliedschaften in Vereinen erlebt haben, eröffnet sich hier ein wertvolles Erfahrungsfeld: „Ich bin, vielleicht das erste Mal, angekommen". Dies beinhaltet mehrere Dimensionen:

- Ich habe bis zum Schluss die Mitgliedschaft aufrecht erhalten.
- Ich habe die mit den Aktivitäten verbundenen Arbeiten wie Säubern, Reparieren, Aufräumen erledigt.
- Ich habe Unklarheiten in Beziehungen so weit wie möglich bearbeitet.

Abschlussarbeiten sind kein notwendiges Übel, das sonst das Leitungsteam allein zu bewältigen hätte. Hier wird eine gemeinsame Lebensphase aktiv abgeschlossen. Nichts bleibt unerledigt, alles wird gemeinsam verantwortet und bewältigt. Wer ein gesäubertes und repariertes Boot endgültig verstaut, nimmt Abschied von einem Gegenstand, der Erlebnisse verkörpert.

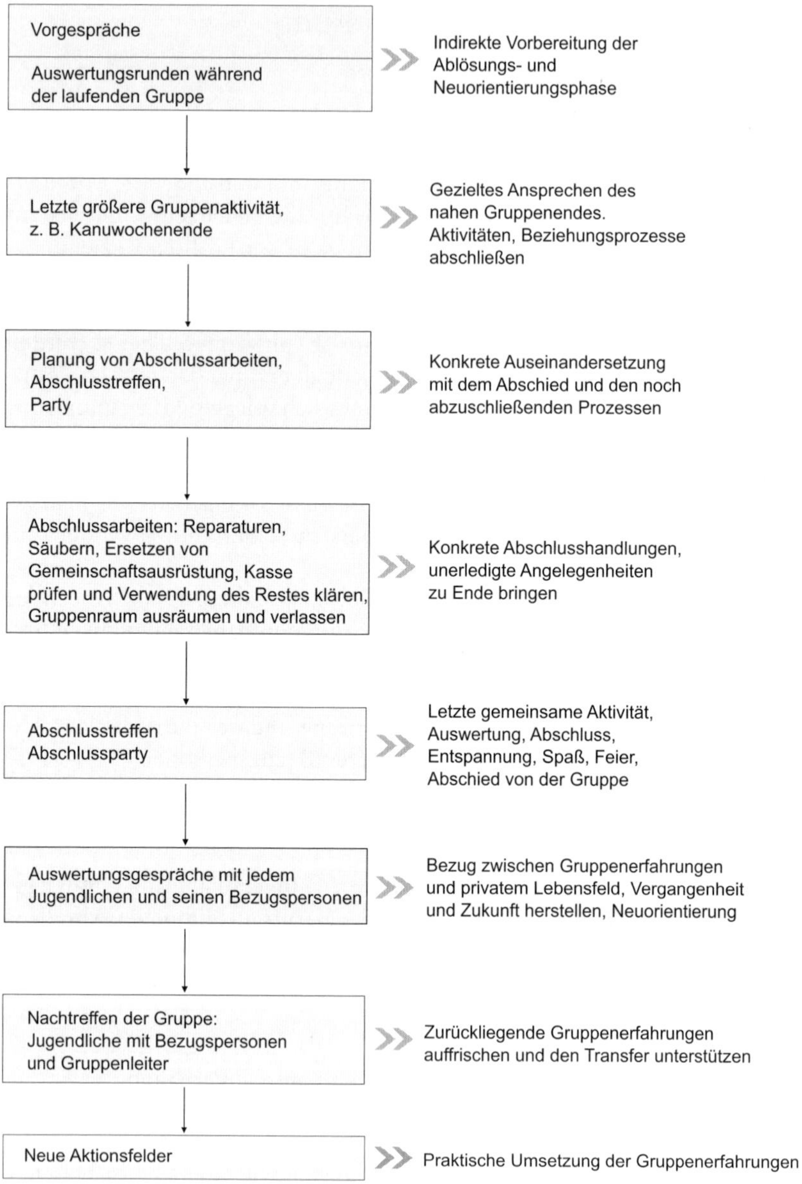

| Vorgespräche

Auswertungsrunden während
der laufenden Gruppe | » | Indirekte Vorbereitung der
Ablösungs- und
Neuorientierungsphase |

| Letzte größere Gruppenaktivität,
z. B. Kanuwochenende | » | Gezieltes Ansprechen des
nahen Gruppenendes.
Aktivitäten, Beziehungsprozesse
abschließen |

| Planung von Abschlussarbeiten,
Abschlusstreffen,
Party | » | Konkrete Auseinandersetzung
mit dem Abschied und den noch
abzuschließenden Prozessen |

| Abschlussarbeiten: Reparaturen,
Säubern, Ersetzen von
Gemeinschaftsausrüstung, Kasse
prüfen und Verwendung des Restes klären,
Gruppenraum ausräumen und verlassen | » | Konkrete Abschlusshandlungen,
unerledigte Angelegenheiten
zu Ende bringen |

| Abschlusstreffen
Abschlussparty | » | Letzte gemeinsame Aktivität,
Auswertung, Abschluss,
Entspannung, Spaß, Feier,
Abschied von der Gruppe |

| Auswertungsgespräche mit jedem
Jugendlichen und seinen Bezugspersonen | » | Bezug zwischen Gruppenerfahrungen
und privatem Lebensfeld, Vergangenheit
und Zukunft herstellen, Neuorientierung |

| Nachtreffen der Gruppe:
Jugendliche mit Bezugspersonen
und Gruppenleiter | » | Zurückliegende Gruppenerfahrungen
auffrischen und den Transfer unterstützen |

| Neue Aktionsfelder | » | Praktische Umsetzung der Gruppenerfahrungen |

Abb. 9: Strukturbeispiel für die Phase der Ablösung und Neuorientierung

Die Ernte einfahren. „Je mehr man erlebt hat, desto mehr ist man. Man ist nicht mehr Wüstensand, der von jeder Emotion weggeblasen werden kann." (Karl 2008)

Erlebnisse können in ihrem Wert als erweiternde oder korrigierende Erfahrung durch Nacherleben, Integrieren in die eigenen Ressourcen und konkretes Herstellen eines Bezugs zum Alltag noch einmal verstärkt werden. Diese bewusste Bewertung der zurückliegenden Erfahrungen im Hinblick auf ihre Bedeutung für zukünftiges Verhalten ist ein wesentlicher Baustein für den Transfer in den Alltag. Aus einer zeitlichen Distanz und sowohl aus der Innen- wie Außenperspektive betrachtet, können manche Ereignisse jetzt oft noch besser verstanden werden.

Neuorientierung mit positiven Zukunftsvisionen. Emotional positiv getönte Bewältigungserlebnisse werden mit kommenden analogen Alltagsherausforderungen verknüpft. Das geschieht bereits informell, wenn Jugendliche in einer Stimmung großer Selbstsicherheit, z. B. nach einer bewältigten Klettertour, über zukünftige Herausforderungen in der Lehre sprechen. Bei den individuellen Abschlussgesprächen kann diese Verknüpfung noch einmal durch spezielle Rituale gefestigt werden.

Abschied nehmen und loslassen. Richtig Abschied nehmen ist ein Stück Lebenskunst, das zum Erwachsenwerden gehört. Nur wenn jemand losgelassen hat, was er gerade in Händen hält, kann er etwas Neues anfassen. Loslassen in der erlebnispädagogischen Gruppe heißt, spannende Aktionen, unerfüllte Hoffnungen, die Gruppe als tragende Gemeinschaft, die Unterstützung durch die Gruppenleiter u. a. als vergangen zu akzeptieren und sich Neuem zuwenden. Je nach Gruppenkohäsion, individueller Verbundenheit und dem Stand der persönlichen Entwicklung kann dieser Prozess oberflächlich bis höchst intensiv verlaufen.

Franz zum Beispiel fällt der Abschied von der Gruppe besonders schwer: „Ich muss noch möglichst viele Erfolgserlebnisse sammeln, dass ich noch etwas habe, wenn die Gruppe zu Ende sein wird", sagte er schon kurz nach der halben Gruppenlaufzeit. Für ihn bedeutete die Abschlussphase noch einmal eine wesentliche Herausforderung und Chance für neue Erfahrungen. Das gilt auch für Jugendliche, die das Abschiednehmen vermeiden oder versuchen, eine Verlängerung zu fordern, um einen schmerzhaften Abschied hinauszuzögern. Manche überspielen das Loslassen durch besonders cooles Auftreten oder Vermeidung, indem sie wegbleiben. Die langsame Annäherung an Prozesse eines verbindlichen Abschiednehmens ist hier ein wichtiges Entwicklungsziel.

Schwerpunkte bei der Gestaltung von Aktivitäten

Mit der letzten größeren Gruppenaktivität, die vielleicht nur einen Tag dauert, aber zum letzten Mal ein intensives Erlebnis der Gemeinsamkeit bietet, beginnt der eigentliche Loslösungsprozess. Längere Aktionen haben unter Umständen eine stark kohäsionsfördernde Wirkung, die der Schlussphase nicht mehr angemessen ist.

Je nach dem, welches Maß an Autonomie eine Gruppe erreicht hat, werden die Leiter sich, was Programmangebote und Steuerungshilfen angeht, noch stärker zurücknehmen und eher in der Funktion von Lebensgefährten auftreten. D. h. es wird mehr offene Zeiten geben, welche die Jugendlichen im vorgegebenen Rahmen mit eigenen Ideen füllen und organisieren können. Das werden in manchen Gruppen aus der Sicht der Jugendlichen bisher zu kurz gekommene Beschäftigungen sein. Oft haben diese auf den ersten Blick wenig mit Erlebnispädagogik zu tun.

Loslassen braucht seine Zeit und daher ist es notwendig, diese Phase rechtzeitig formell oder nebenbei einzuführen. Beispiel für eine angeleitete Phantasie: Die Teilnehmer werden angeregt, sich vorzustellen, die Gruppe sei zu Ende, sie befänden sich alleine auf dem Heimweg und spürten dem nach, was befriedigend war, abgeschlossen ist und was sie gerne noch erlebt, mit jemanden geklärt hätten. Das Ende der Gruppe wird so bewusst und zugleich wird die Auseinandersetzung damit angeregt, wie mit der verbleibenden Zeit umgegangen werden soll. Die Jugendlichen fühlen, ob es ihnen wichtiger ist, z. B. noch eine interessante Flussstrecke zu befahren oder mit bestimmten Personen zusammen zu sein. Jeder kann spüren, ob und wo noch etwa Unerledigtes besteht. Mit wem habe ich ausgemacht, dass wir noch einmal zusammen kochen, Kanadier fahren, ein bestimmtes Spiel machen? Reicht die Zeit dafür noch oder muss ich mich von diesem Plan verabschieden, lässt sich vielleicht ein Ersatz finden? Vielleicht gibt es auch noch unausgesprochenen Ärger oder Beziehungswünsche für die Zeit danach? Welche Abschlussarbeiten sind noch zu machen?

Im Vordergrund stehen also noch unerledigte Angelegenheiten sachlicher und zwischenmenschlicher Ebene, sowie die Klärung, wie mit der noch übrigen Zeit umgegangen werden soll. Dazu gehört auch die Planung von Abschlussarbeiten und der Abschlussparty. Begleitende Interventionen zielen darauf, Erfahrungen zum Thema Abschied und Loslassen zu ermöglichen, erworbene Verhaltensalternativen zu festigen, nicht aber neue Entwicklungsaufgaben anzugehen.

Abschluss- und Auswertungstreffen

Diese Gruppentreffen verlangen einen eigens dafür anberaumten Zeitpunkt und einen großzügigen Zeitrahmen, damit handlungsorientierte Auswertungsformen eingesetzt werden können. Schließlich soll dabei auch noch gefeiert werden. Es lohnt sich, diese Treffen besonders gut vorzubereiten und auf das Beziehungsklima in der Gruppe und die Bedürfnisse der Jugendlichen abzustimmen, denn es kann noch einmal die positiven Erfahrungen verstärken.

Eine gemeinsame Bilanz der Geschichte der erlebnispädagogischen Gruppe zu ziehen und zu reflektieren, hilft dabei, den eigenen Beitrag

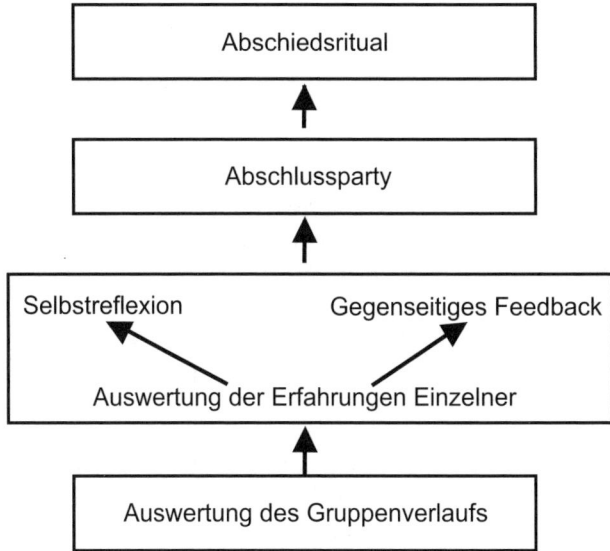

Abb. 10: Beispiel für die Struktur eines Abschlusstreffens

daran zu erkennen und zu erleben, dass dieser von den anderen auch beachtet wird. Wichtig ist, dass nicht nur das Angenehme, sondern auch die Lösungswege für krisenhafte Situationen angeschaut werden. Denn sich Lösungsmodelle für Entscheidungen, Verfahrensmodi, Konflikte und Beziehungsgestaltung in einer positiven Gestimmtheit noch einmal bewusst zu machen, unterstützt deren Übernahme ins alltägliche Verhaltensrepertoire. Konstruktives Feedback als Beschreibung aus der Sicht Dritter trägt zur Erweiterung des Selbstbildes bei, stärkt den Realitätsbezug und eröffnet die Möglichkeit, Fremdbild und Selbstbild, Außen- und Innenperspektive, miteinander abzugleichen.

Inwieweit verbale Reflexionen, ernst gemeinte und konstruktive Feedbacks erwartet werden können, hängt u. a. davon ab, welche Basis bei den Kontraktgesprächen und Auswertungsrunden nach Aktivitäten dafür bereits gelegt wurde und welche Beziehungsdichte in der Gruppe jetzt herrscht. Was sich in der Gesamtgruppe nicht ansprechen lässt, kann in den nachfolgenden individuellen Abschlussgesprächen Platz haben. Selten wird nur ein überwiegend nonverbaler, handlungsorientierter Modus möglich sein. Manchmal helfen Fotos oder Videos, die Erfahrungen von Aktionen noch einmal lebendig werden zu lassen. Allerdings kann dies auch zu passivem Konsum anregen.

Die Party stellt eine Nahtstelle mit dem Alltagsleben her. Wie sie von den Jugendlichen gestaltet wird, ist teilweise auch ein Abbild dessen, was in der

Gruppe gewachsen ist. Bei sehr kohäsiven Gruppen macht es Sinn, die Party zwischen Auswertung und Abschiedsritual einzubetten. Für manche Gruppen passt es besser, das Auswertungstreffen mit einem kleinen, mehr rituellen gemeinsam zubereiten Essen zu verbinden, und der Party einen eigenen Platz zu geben oder auch wegzulassen.

Zum Abschlusstreffen gehört auch das Abschiednehmen. Auch hier ist eine Kombination von verbalen und handlungsorientierten Formen sinnvoll. Es fordert das Gespür des Leitungsteams, mit jeder individuellen Gruppe gemeinsam eine passende Form zu (er)finden.

Damit ist die erlebnispädagogische Gruppe aufgelöst. Erfahrungen, auch mit anderen Gruppenformen haben gezeigt, dass es die positiven Wirkungen einer erlebnispädagogischen Gruppe verstärkt, wenn einige Wochen später die Jugendlichen mit Familie und/oder sonstigen Bezugspersonen noch einmal zu einem Treffen eingeladen werden. Allerdings darf man keine übertriebenen Erwartungen an die Intensität eines solchen Treffens stellen, denn hier trifft sich eine Gruppe, die bereits Abschied genommen hat.

Anregungen zur Auswertung des Gruppenprozesses

- Seil als Zeitlinie, auf der Bilder oder Symbole aller wichtigen Aktivitäten und Ereignisse chronologisch angeordnet sind oder gemeinsam angeordnet werden. Jeder läuft ganz langsam das Seil entlang, spürt in sich hinein (Erinnerungen, Bilder, Gedanken, Gefühle, Körperreaktionen).
- Anschließend findet ein verbaler Austausch in der Runde statt oder es werden Statements auf Zettel geschrieben, welche die Teilnehmer gemeinsam auf einem Poster nach Kriterien des Zusammenpassens anordnen.

Anregungen zur Auswertung der Erfahrungen Einzelner

- Jeder überlegt, welche Erlebnisse, Erfahrungen waren für mich besonders wertvoll?
- Was werde ich mit in den Alltag nehmen?
- Was möchte ich hier zurücklassen?
- Welche Hoffnungen, Wünsche haben sich nicht erfüllt?
- Jeder schreibt Stichworte auf Kärtchen, schneidet aus Zeitschriften Bilder aus, wählt Fotos vom Gruppengeschehen aus oder sucht Symbole, die seine Erfahrungen ausdrücken.
- In Paaren, Kleingruppen oder der Gesamtrunde kann dann ein Gespräch über die Ergebnisse dieser Einzelarbeit erfolgen.

- Jeder überlegt sich, was ihm am anderen gefallen hat, welche Ressourcen er bei ihm gesehen hat, evtl. auch, ob es etwas gibt, das er sich anders gewünscht hätte.
- In einer Runde bekommt jeder ein Feedback von allen, die das möchten. Dabei kann vom Feedback-Gebenden z. B. ein Stückchen Kordel um das Handgelenk des Annehmenden gebunden werden.

Anregungen für Abschiedsrituale

- Z. B. erhalten alle am Schluss ein auf einen Klappumschlag geklebtes Bild von sich bei einer Gruppenaktivität. Auf die Umschlagseiten schreiben sich dann alle gegenseitig gute Wünsche, bedanken sich für etwas, oder Ähnliches.
- Jeder schreibt etwas, das er gerne zurück lassen möchte oder schon im Lauf der Gruppe abgelegt hat, auf einen Zettel und verbrennt ihn.
- Alle seilen sich nacheinander noch einmal ab, geben dann ihre Anseilgurte ein letztes Mal zurück und verabschieden sich.

Individuelle Abschlussgespräche

Im individuellen Abschlussgespräch nach Auflösung der Gruppe wird eine Dimension in den Blickpunkt gerückt, die während der Gruppenzeit eher indirekt und aus aktuellem Anlass Bedeutung hatte: der Kontext. Daher sind dazu einzelne Jugendliche und deren Bezugspersonen eingeladen.

Ziele des Abschlussgespräches

- Das System im Heim oder zu Hause zu unterstützen, die Erfahrungen der Jugendlichen zu integrieren,
- Familiäre Veränderungen, Ergebnisse aus begleitenden Familienberatungen u. a. zu berücksichtigen,
- Den Boden zu bereiten für die Umsetzung der Gruppenerfahrungen in den Alltag,
- Evtl. nachfolgende Hilfen für den Jugendlichen oder die Familie anzubahnen bzw. diesen institutionellen Kontakt zu beenden.

Gruppenleiter wechseln bei diesen Gesprächen oft in die Funktion von Beratern, die für alle Anwesenden da sind, es sei denn, es übernimmt z. B. ein mit der Familie auch sonst arbeitender Kollege diese Funktion. Für Jugendliche ist es oft verwirrend, einerseits eine stärkere Vertrautheit mit „ihrem" Leiter zu spüren, andererseits dessen „allparteiliche" Zuwendung zu allen

Gesprächsteilnehmern. Wird dieser Rollenwechsel offen angesprochen, so schafft das Klarheit und ein vertrauensvolles Arbeitklima. Auch hier sind handlungsorientierte Arbeitsformen wirkungsvoller als rein verbale Angebote, besonders wenn dabei auf modifizierte Modelle aus den Vorgesprächen zurückgegriffen werden kann.

Der Kreis hat sich nun geschlossen. Wenn sich die Beteiligten verabschiedet haben, ist die erlebnispädagogische Gruppe endgültig vorbei. Für Jugendliche, Eltern und Leiter wird etwas Neues beginnen.

10 Modelle für die Arbeit mit Gruppenprozessen

10.1 Die Interdependenz von Struktur und Prozess

Soziale Organisation bezeichnet einen Prozess, in dem sich Gruppenstrukturen herausbilden. Beobachter können in jeder Gruppe zu einem bestimmten Zeitpunkt mehr oder weniger deutliche Interaktionsstrukturen erkennen: Wer wendet sich wem zu oder ab, wie stehen die Einzelnen zueinander, welchen Funktionen nehmen sie wahr, welche Rolle spielen sie bei sportlichen Anforderungen? Es entwickeln sich Hierarchien, Solidargemeinschaften, erotisch getönte, konflikthafte Beziehungen usw.

Eine solche, meist zeitlich begrenzte, aber relativ klare Struktur ist notwendig: will die Gruppe einen Haushalt führen, Bergsteigen oder Kanufahren, kann sie sich nicht in permanentem Beziehungsgerangel erschöpfen. Eine chaotische Funktionsverteilung wäre wie das Spiel „die Reise nach Jerusalem", bei dem jeder darum kämpft, einen freien Stuhl zu ergattern, auf dem er dann doch nicht sitzen bleiben darf.

Das Gegenstück zu dieser Halt gebenden Struktur ist deren permanenter Veränderungsprozess. Ohne ihn gäbe es kaum therapeutische Effekte. Im Idealfall geht er langsam und kontinuierlich voran, in Krisensituationen auch sprunghaft. Jemand beginnt ein neues Verhalten auszuprobieren. Dadurch kommt es zu einer Neuorientierung auch in anderen Beziehungen; die Gruppenstruktur gerät in Bewegung. Durch den Prozess der sozialen Organisation werden interaktionelle Beziehungs- und individuelle Verhaltensmuster fortlaufend ab-, um- und aufgebaut.

Zu jedem Zeitpunkt besteht also eine Struktur, die man fotografieren könnte, und zugleich ist diese Teil einer Entwicklung, die sich nur mit der Filmkamera einfangen ließe. Aus einer Metaposition können Gruppenleiter, die einzelnen Entwicklungskompasse im Kopf, erkennen, welche aktuellen Strukturen und Veränderungsprozesse bestimmten Entwicklungszielen dienlich sind und gestützt oder durch gezielte Interventionen veränderungsrelevant hinterfragt werden sollten.

10.2 Von der Abhängigkeit zum wechselseitigen Bezogen-Sein

In der Phase der sozialen Organisation experimentieren die Gruppenteilnehmer damit, ihren Weg von der Abhängigkeit (Dependenz) zum wechselseitigen Bezogensein (Interdependenz) ein Stück weiterzuverfolgen. Die Entwicklung des Menschen vom abhängigen Säugling über gegenabhängige (kontradependente) und unabhängige (independente) Stadien bis hin zur wechselseitigen Bezogenheit eines reifen Erwachsenen findet ihre Parallele in der Entwicklung von Gruppen. Das gilt sowohl für das Verhalten Einzelner als auch für die Gruppe als Ganzes, wenn auch natürlich zu einer bestimmten Zeit nicht jeder sich vollkommen abhängig oder unabhängig verhält, sondern auch alle anderen Formen mehr oder weniger ausgeprägt vorkommen. Auch wenn interdependentes Verhalten als anzustrebendes Ziel gilt, bieten doch alle diese Formen abhängig vom jeweiligen Entwicklungsziel wertvolle Lernfelder.

Abhängiges Verhalten

Da es alltäglich vorkommt, dass wir in Abhängigkeiten leben, ist ein für alle Beteiligten befriedigender Umgang mit solchen Situationen eine wichtige soziale Kompetenz. Für Gruppenleiter gehört dazu die Fähigkeit, zu erkennen, wann abhängige Verhaltensweisen angebracht bzw. unangebracht sind. Das gilt auch für Situationen, in denen sie möglicherweise selbst dazu beitragen, dass Jugendliche sich ihnen gegenüber situationsunangemessen abhängig verhalten. Aus Angst, die Gunst von Teilnehmern zu verlieren, können Gruppenleiter in Gefahr geraten, sich in einen Abhängigkeitsprozess zu verwickeln. Ebenso wichtig ist es, zu erkennen, wenn sich Jugendliche untereinander in Abhängigkeiten begeben, die ihren Entwicklungszielen entgegenstehen oder wenn die ganze Gruppe oder einzelne Jugendliche die Leiter zu solchen Verhaltensmustern „einladen".

Beispiele für Ausdrucksformen von Abhängigkeitsverhalten in der erlebnispädagogischen Gruppe

- **Versorgungsmentalität:** Auch zum Entscheidungsrahmen der Teilnehmer zählende Entscheidungen werden vom Leitungsteam erwartet: „Wann fangen wir denn an zu kochen?"
- **Gegenüber Regeln und Normen:** Anfangs nutzen manche Jugendliche den offenen, zur Aktivität auffordernden Kontext der erlebnispädagogischen Gruppe nur wenig, da sie sich so verhalten, wie sie glauben, dass dies hier erwartet wird.
- **Rollenklischees,** die z.B. rigide vorschreiben, was Mädchen und Jungen zu tun und zu lassen haben.
- **Zwischen Jugendlichen:** Sie richten sich nach anderen und warten ab, was diese in bestimmten Situationen tun, um sie nachzuahmen oder beteiligen sich erst, wenn andere begonnen haben.
- **Flucht in Zweierbeziehungen,** in der sich beide aneinander festklammern, nur gemeinsam arbeiten, z.B. ein Zelt benutzen. Ist einer nicht da, dann empfindet sich der andere oft als Außenseiter.

Abhängigkeit in Beziehungen kann aber nicht einseitig als regressives Verhalten, als Anpassung oder Unterordnung gesehen werden. Es wird immer auch jemanden geben, von dem man abhängig sein kann, der z.B. Führung oder Schutz anbietet und sich daher progressiv verhält. Gibt es in der erlebnispädagogischen Gruppe Teilnehmer, die den regressiven Part bevorzugen, muss es auch Partner geben, die sich progressiv verhalten. Und auch diese sind abhängig wie der Politiker vom Wähler.

Gegenabhängiges Verhalten

Ausgeprägt gegenabhängiges Verhalten tritt am Anfang einer Gruppe meist selten auf, spielt aber spätestens mit der Auflösung der kooperativen Notstruktur eine tragende Rolle. Wer sich gegenabhängig verhält, will Macht, will sich durchsetzen. Das „Gewinnen" steht im Vordergrund. Jemand, dem es darum geht, sich dagegen aufzulehnen, dass seine Essensvorschläge zu wenig Berücksichtigung finden, wird sich, besonders auf der Ebene der Körpersprache, kämpferischer verhalten als jemand, der sich akzeptiert fühlt, aber keine Käsesauce mag und eine Alternative sucht. Die Inhalte, um die es bei solchen Auseinandersetzungen geht, haben meist nur am Rande Bedeutung und sind oft austauschbar. Die Suche nach Lösungen auf der Sachebene führt daher nur begrenzt zu befriedigenden Ergebnissen. Entscheidender ist es, Fragen nachzugehen, wie: Angenommen wir haben eine, wie auch immer geartete, Lösung gefunden, wie werden sich dann die einzelnen fühlen, wie die Beziehung zueinander erleben? Wie werden die Beteiligten dann miteinander umgehen?

Beispiele für Ausdrucksformen von gegenabhängigem Verhalten in der erlebnispädagogischen Gruppe

- Auf Beiträge des Leitungsteams mit situationsunangemessener Ablehnung oder Störverhalten reagieren.
- Vorschläge abwerten, wegargumentieren und übergehen.
- Heftige körperliche oder verbale Auseinandersetzungen.
- Sich gegen Erwartungen wehren: „Nein, ich übernehme das nicht, das soll die Petra machen."
- Indirekte Verweigerung durch Rückzug ins Schweigen oder „Vergessen" z. B. von Ausrüstung.

Manchmal kommen abhängige und gegenabhängige Verhaltensmodi parallel vor. Peter „meldet" bei einem Gruppenleiter an, dass er einkaufen will, was er eigentlich der Gruppe sagen müsste (abhängig gegenüber dem Gruppenleiter). Gleichzeitig stört er die Besprechung des Kochplans, indem er die anderen mit kleinen Holzstückchen bewirft und dabei verstohlen zu dem Gruppenleiter schielt (gegenabhängig gegenüber den Leitern).

Unabhängiges Verhalten

Wirklich dauerhaft unabhängige Jugendliche kommen in den erlebnispädagogischen Gruppen selten vor, denn unabhängiges Verhalten setzt ein Mindestmaß an Selbstsicherheit und Sachkompetenz voraus, ein starkes Selbstgefühl und dazu genug Unabhängigkeit vom Urteil der Mitwelt. Unabhängiges Verhalten in der erlebnispädagogischen Gruppe zeigt z. B. ein Mädchen, das zeitweise keine bestimmten Beziehungen bevorzugt. Sie wandert mal mit der, mal mit dem, ohne dass sie jemanden besonders mag oder ablehnt. Oder ein Junge tritt als Fachmann im Kochen auf, ohne sich jedoch mit seiner Meinung unbedingt durchsetzen zu wollen oder um die Gunst der anderen zu werben. Ein anderer arbeitet gerne alleine und selbstverantwortlich und sucht weder Unterstützung, noch lehnt er sie ab.

Solche Verhaltensweisen scheinen allerdings oft nur auf den ersten Blick unabhängig zu sein. Bei genauerem Hinsehen zeigt sich vielleicht, dass es darum geht, zwischenmenschliche Begegnungen zu vermeiden.

Beispiele für unabhängiges Verhalten in der erlebnispädagogischen Gruppe

- Ein Mädchen bevorzugt zeitweise keine bestimmten Beziehungen. Sie wandert mal mit der, mal mit dem, ohne dass sie jemanden besonders mag oder ablehnt.
- Ein Junge tritt als Fachmann im Kochen auf, ohne sich jedoch mit seiner Meinung unbedingt durchsetzen zu wollen oder um die Gunst der anderen zu werben.
- Keine Unterstützung suchen oder annehmen, alleine und selbstverantwortlich arbeiten.

Letzteres erscheint allerdings oft nur auf den ersten Blick unabhängig zu sein. Bei genauerem Hinsehen, zeigt sich, dass es darum geht, zwischenmenschliche Begegnungen zu vermeiden.

Wechselseitig bezogenes (interdependentes) Verhalten

In interdependenten Beziehungen sind die Partner nicht zwingend aufeinander angewiesen und doch aufeinander bezogen. Sie verhalten sich autonom und akzeptieren zugleich ihre Angewiesenheit auf andere. Sie sind daran interessiert, tragfähige Beziehungen aufzubauen. Ihr Bedürfnis nach Durchsetzung und sachorientiertem Einfluss ist ihnen ebenso wichtig wie das nach Intimität. Sie gestalten ihre Beziehungen mit gegenseitigem Respekt und toleranter Kooperation. Die Partner kümmern sich nicht nur um ihr eigenes Wohlergehen, sondern auch um die Folgen ihres Verhaltens für andere. In der Jugendhilfe ist das ein hoch gestecktes Ziel, eher ein Wegweiser, der die Richtung angibt.

Interdependente, wechselseitig bezogene Verhaltensweisen

- Jugendlichen regeln ihre Sach- und Beziehungsthemen weitgehend selbst, sodass die Gruppenleiter sich zurückhalten können.
- Bei der Lösungssuche werden eigene und fremde Bedürfnisse berücksichtigt.
- Die Meinungen und Handlungen der Gruppenleiter sind nichts besonderes, sondern werden als gleichberechtigter Beitrag zum Thema gewertet.
- Als Leiter sind sie erst dann gefragt, wenn die Jugendlichen an ihre Grenzen stoßen.

■ Gruppenleiter werden als Begleiter in Konflikten oder Helfer bei Problemen akzeptiert, aber nicht in eine Position gedrängt, gegen die man sich nur auflehnen oder an die man sich anlehnen oder anpassen kann.

Beispiel

Eine Gruppe sitzt am Abend des letzten Tag eines einwöchigen Projektes zusammen und plant. Fest steht, dass eingekauft werden und abends das beladene Transportauto in einem abgelegenen Gebäude untergestellt werden muss. Die Interessen der Einzelnen sind sehr verschieden. Die Gruppe bemüht sich sichtlich, allen gerecht zu werden, zeitlich und personell schwer zu vereinbarende organisatorische Probleme unter einen Hut zu bringen. Untergruppen versuchen, verschiedene Gruppenleiter als Fachleute für ihre gewünschten Aktivitäten zu gewinnen, totales Chaos, eine befriedigende Lösung scheint unmöglich. Dennoch schafft es die Gruppe, nach einer engagierten Debatte, ein für alle annehmbares Programm zu entwickeln, das sich organisieren lässt.

Für diesen Erfolg sind **interdependente Verhaltensweisen** ausschlaggebend: Verschiedene Meinungen, Vorschläge und Einwände werden sachlich gegeneinander abgewogen, ohne dass es zu den sonst üblichen Nebenbemerkungen kommt. Einzelne engagieren sich sehr dafür, einen Teil der Organisation zu übernehmen. Bedürfnisse werden offen vorgetragen und angehört. Wenn das Gesamtergebnis in Gefahr ist oder ein einzelner alles blockiert, wird die Bereitschaft gezeigt, auf ein zweitrangiges Interesse zu wechseln. Es werden Vorschläge zurückgezogen, wenn sich zeigt, dass sie nur sehr schwer umzusetzen sind. Am Ende steht eine Lösung, die zwar äußerst kompliziert erscheint, die aber, wenn auch mit Abstrichen, jedem zu einer bevorzugten Aktivität verhilft.

Ein Instrument zur Mitgestaltung des Gruppenprozesses

Das Dependenzkonzept kann dem Leitungsteam in mehrfacher Hinsicht nützlich sein: Es ist ein Mittel, um Kommunikationsprozesse auf allen Ebenen des Gruppenlebens, von der Gesamtgruppe bis zu Dyaden, einzuschätzen. Dies beinhaltet ebenfalls die Reflektion des eigenen Leitungsverhaltens und dessen Auswirkungen. Es lassen sich Schlüsse für die Beurteilung der aktuellen Situation und die Wirkung zukünftiger Aktivitäten ziehen. Schließlich bieten die unterschiedlichen Kommunikationsformen auch unterschiedliche Lernangebote, somit lassen sich entwicklungszielorientierte Interventionen daraus ableiten.

Die Beobachtung des jeweiligen Dependenzverhaltens kann dem Gruppenleiter wichtige Fragen beantworten:

1. Welche **Dependenzformen** könnten durch eine geplante Aktivität angeregt werden?
   - Wird z. B. die Bootsverteilung dazu benutzt werden, Nähewünsche zu klären und Rivalitäten auszuleben, oder wird es darum gehen, einen Partner zu bekommen, der Sicherheit vermittelt oder die eigene Stärke bestätigt?

2. Welche **Entwicklungsthemen** einzelner Jugendlicher lassen sich beim gegenwärtigen Stand der Gruppe bearbeiten?
   - Legen es Machtkämpfe nahe, Aktivitäten zum Umgang mit Konflikten anzubieten, oder sind solche Aktionen passender, die zu selbstständigem Denken und konstruktivem Handeln anregen?
   - Wird das direkte Ansprechen eines Beziehungsproblems zu abwertenden und herausfordernden Reaktionen führen oder ist mit interdependenten Interaktionen zu rechnen?

3. Welche **Funktion** haben die Gruppenleiter im Gruppenprozess?
   - Werden sie in die Rolle der Mächtigen und Stützenden gedrängt, an die man sich anlehnen möchte?
   - Sollen sie aktive Initiatoren sein, denen sich die Gruppe anschließt?
   - Wie groß ist das Bedürfnis, mit den Gruppenleitern zu rivalisieren und laufen sie Gefahr, sich in Machtkämpfe zu verwickeln?
   - Wollen die Jugendlichen, dass sich das Leitungsteam von der Gruppe absetzt, droht Beziehungsverlust oder wäre das ein Schritt aus der Abhängigkeit heraus?
   - Wird der Beitrag eines Gruppenleiters mit interdependentem Verhalten beantwortet werden oder Abhängigkeits- und Gegenabhängigkeitsreaktionen provozieren?

Formen der Abhängigkeit und Lernanreize

Interdependentes Verhalten ist reifer als abhängiges. Dieser Unterschied bedeutet jedoch nicht, dass ersteres grundsätzlich gut und angemessen ist, letzteres minderwertiger. Dafür ein Beispiel:

Beispiel

Roland versucht immer, in die Position des Überlegenen zu kommen und der dominante Teil zu sein. In Beziehungen, wo das nicht möglich ist, fühlt er sich nicht wohl. In der Schule fällt es ihm schwer, seine Schülerrolle zu akzeptieren. Beim Abseilen macht er eine bahnbrechende Erfahrung. Zwar will er keinesfalls hinter den anderen zurückstehen, ist aber wegen seiner Angst gezwungen, sich der Sicherung eines Gruppenleiters anzuvertrauen. Die Erfahrung, wie entlastend es sein kann, sich einmal halten zu lassen und seine Abhängigkeit zu akzeptieren, war für ihn ein ganz neuer Schritt. Dazu war es nötig, erst einmal den untergeordneten Part in einer abhängigen Beziehung zuzulassen.

Für den nicht altersgemäß an die Mutter gebundenen Franz war es dagegen wichtig, die Einsamkeit der Autonomie auszuhalten und sich eine Zeitlang von den anderen zurückzuziehen, ohne sich an einen Gruppenleiter anzulehnen. Für Inge war es ein Erlebnis, dass die Welt nicht zusammenbricht, wenn sie sich aufmüpfig gegen die Gruppenleiter verhält, für das Einzelkind Laura, dass es sich auch lohnt, zu rivalisieren, wenn sie nicht immer nur das nehmen will, was die anderen übrig lassen.

Interdependente Interaktionen gestatten es, konstruktives Feedback und klärende Konflikte viel intimer zu erfahren, als dies bei anderen Formen der Dependenz möglich ist. Erst dann wird die Möglichkeit und Notwendigkeit erlebbar, mit unterschiedlichen Leuten ganz verschiedene und doch gleichwertige Beziehungen einzugehen. Ein Übungsfeld für den flexiblen Umgang mit Rollen wird eröffnet. An manchen Entwicklungsaufgaben kann erst jetzt gearbeitet werden, weil es den Einzelnen möglich geworden ist, ihre Einstellungen und ihr Verhalten ohne Angst vor Vernichtung in Frage zu stellen und hinterfragen zu lassen. Es macht nicht mehr so große Angst, die Autorität oder die Gefolgschaft zu verlieren. Unterschiede können akzeptiert werden und müssen nicht mehr durch Kampf oder falschen Kompromiss ausgeglichen werden. Konflikte wirken klärend, weil die Beteiligten nicht mehr ausschließlich Durchsetzung, Anlehnung oder Unabhängigkeit anstreben.

Manche Jugendliche bevorzugen, relativ unabhängig vom aktuell ablaufenden Gruppenprozess sowie unterschiedlichen Kontaktpersonen und Aktivitäten, vorrangig eine Form der Abhängigkeit: Sie wollen z.B. der Überlegene, der Umsorgte oder der Bewunderte sein. Es liegt nahe, dass hier stabil gelernte Verhaltensmuster im Spiel sind, die von sozialen Bezügen gestützt werden. Werden die Betreffenden auch in der erlebnispädagogischen Gruppe durch das Setting oder von den anderen in wenig flexiblen und möglicherweise unangemessenen Verhaltensweisen bestärkt, vielleicht gar in diese Rolle hineindrängt, oder herausgefordert Neues auszuprobieren?

Anregungen für das Leitungsteam

Gruppenleiter werden im Wesentlichen interdependent kommunizieren, von wenigen Ausnahmen zur Mitsteuerung des Gruppenprozesses abgesehen. Jugendliche werden jedoch häufig versuchen, Gruppenleiter in Abhängig- und Gegenabhängigkeitsmuster zu verwickeln. Hohe Achtsamkeit für die Entstehung solcher Prozesse und angemessene zwischenmenschliche Reaktionen fördern die therapeutische Wirksamkeit des erlebnispädagogischen Settings erheblich.

Abhängige Interaktionen nutzen. Selbst Jugendliche, die, oberflächlich betrachtet, einseitig darauf aus sind, sich „klein" und untergeordnet zu zeigen, haben innerlich Anteile, die danach streben, kompetent und stark zu sein. Abhängige Interaktionen zu nutzen bedeutet daher, sie nicht als „falsch" zu verurteilen, sondern dieses noch ungelebte Bedürfnis nach Autonomie und dem Einsatz der eigenen Fähigkeiten zu unterstützen. Alle Interventionen, welche die Gruppenleiter aus einer Führungsposition und in die Rolle von beratenden Fachleuten oder persönlich Mitbetroffenen bringen, stellen Abhängigkeiten in Frage. Das gilt auch für solche Interventionen, die Abhängigkeitsmuster zwischen Jugendlichen hinterfragen, unterbrechen und die Teilnehmer unterstützen, als gleichwertige Partner zu handeln.

Abhängige Interaktionsmuster unterbrechen

- Lösungen und Pläne der Jugendlichen nicht von oben herab „benoten", sondern ihre Auswirkungen erfahrbar machen.
- Mangelnde Initiative der Gruppe aushalten, statt sie durch eigene Aktivität zu überspielen.
- Eigene Argumente oder die Bereitschaft, Teilaufgaben zu übernehmen, erst dann einbringen, wenn die Gruppe schon Initiative gezeigt hat.
- Mehrere Ideen einbringen, damit sich die Jugendlichen mit Alternativen beschäftigen müssen und sich nicht einfach einer Autorität anschließen können.
- Eine persönliche Meinung ausdrücklich als solche kennzeichnen und gleichberechtigt neben die der Jugendlichen stellen.
- Jugendliche, die überwiegend zu Erwachsenen Kontakt suchen, können konsequent auf andere Jugendliche verwiesen werden. „Sag es Jan direkt, was du zu seinem Vorschlag denkst."
- Paare, in denen die Zuschreibungen „oben – unten" länger stabil bleiben, zu einem Rollentausch anregen, z. B. der Positionen im Kanadier, oder ihnen Initiativaufgaben anbieten, die beide Muster erfordern.

Gegenabhängige Interaktionen nutzen. Auch das Auftreten gegenabhängiger Interaktionsmuster ist ein hervorragender Anlass, diese mit den Beteiligten auf ihre Auswirkungen hin zu überprüfen. Entsprechen sie den subjektiven Zielen und welches Verhalten oder Ziel wäre gegebenenfalls angemessener? Lassen sich die Gruppenleiter nicht in eskalierende Auseinandersetzungen mit oder zwischen Teilnehmern hineinziehen, erhalten solche Situationen die Wirkung situationsimmanenter Problemstellungen und bieten Alternativen zu Machtkämpfen „wie zu Hause" an.

> **Beispiel**
> Julian will zu einer Radtour (undiskutierbare Rahmenbedingung) mit dem Mofa kommen. Inhaltlich kann das ein Bedürfnis von ihm sein, auf der Beziehungsebene evtl. eine Aufforderung zum Machtkampf. Hier gilt es Präsenz zu zeigen: Ich bin für dich da **und** suche mit dir nach Lösungen, ich stehe den Konflikt mit dir durch, ohne dich besiegen zu wollen. Das schließt den Verzicht auf jede verbale Gewalt aus, auf Drohungen wie wenn-dann, auf Predigen und Debatten, auf wiederholtes Begründen. „Ich akzeptiere, dass du dieses Bedürfnis hast **und** (nicht **aber**!) ich bestehe auf unserem Kontrakt." Die Verantwortung bleibt so bei dem Jugendlichen, doch sein Fahrrad zu nehmen, eine Thematik anzusprechen, die „hinter" dem Mofa liegt, und eine entsprechende Lösung zu finden oder gar den Kontrakt zu brechen. Der präsente Erzieher ringt um die Beziehung, nicht um die Macht.

Vorwürfe und Anordnungen wie, „Das ist hier kein Thema, du bringst dein Fahrrad mit", konfrontieren nicht mit Tatsachen, sondern fordern Unterordnung und können der Einstieg in ein fruchtloses Nein-Doch-Spiel sein. Hier sind oft nicht die Worte entscheidend, sondern ob mit ihnen ein, vielleicht unterschwelliges, Bedürfnis nach Distanz, Überlegenheit, Kontrolle, oder Präsenz im Sinne von selbstsicherer, wohlmeinender Konfrontation ausgedrückt wird.

Manchmal ist es günstig, solche Probleme zum Thema der ganzen Gruppe zu machen. Dann stellt es sich schnell heraus, ob es sich um Julians individuelles Bedürfnis handelt und die anderen vielleicht leichter mit ihm über die Einhaltung des Kontraktes verhandeln können, oder ob er ein allgemeines (Oppositions-)Bedürfnis der Gruppe stellvertretend zum Ausdruck bringt. Oft stellt sich auch heraus, dass es gar nicht um das Mofa geht, sondern einfach darum, dagegen zu sein. Nimmt das Leitungsteam den Machtkampf nicht an, wird die Opposition ihres Objekts beraubt und damit sinnlos. Danach zu fragen, wer gegen wen opponiert, hilft meist nicht weiter, weil eben jeder gegen den anderen ist, und sich beide Verhaltensweisen gegenseitig bedingen und verstärken.

Nebenbeschäftigungen oder gegenseitiges Ärgern während einer Gruppenbesprechung, Interaktionen also, die ein normaler Bestandteil der Gestaltung von Beziehungen sind, bereits als Angriff auf das Leitungsteam zu behandeln, kann bedeuten, dass man sich schon in eine Gegenabhängigkeit begeben hat. Auch hier kann es oft der Gruppe überlassen bleiben, damit fertig zu werden. Stimmt der Rahmen, treten situationsimmanente Auswirkungen ein. Das Leitungsteam hat die Möglichkeit, auf diese hinzuweisen und alles zu unterlassen, was diese verzögern, abschwächen oder verhindern würde. Schwieriger wird es, wenn Gruppenleiter sich persönlich getroffen fühlen, z. B. weil man ihnen aus Jux Asche in das Essen gestreut hat oder ein Erwachsener sich vom Lärm oder davon gestört fühlt, dass dauernd jemand dazwischenredet. Hier ist es angebracht, klar und dennoch wertschätzend Grenzen zu setzen. Das ist eine schwierige, aber wertvolle Situation, um Wege aus Konflikten aufzuzeigen.

Es ist nicht die Aufgabe der Gruppenleiter, dafür zu sorgen, dass nach dem Essen gespült wird, sondern zu erforschen, ob eine Verweigerung einfach aus Bequemlichkeit erfolgt, einer tatsächlichen oder vermeintlichen Gruppenleiter-Forderung gilt, oder Bestandteil einer Auseinandersetzung zwischen Jugendlichen ist. Je nach „Diagnose" lassen Gruppenleiter situationsimmanente Konsequenzen eintreten oder fungieren als außenstehende Berater. Wer jedoch die Arbeit erzwingt, hat sich unnötig in Gegenabhängigkeiten verwickelt und das Problem unter Umständen auf die falsche Beziehungsachse verlagert. Ein Fahrrad ist zu schwach aufgepumpt, Schuhe liegen nachts im Regen vor dem Zelt: alles „wie zu Hause". Die Gruppenleiter haben hier die Chancen, nicht wie Eltern zu „erinnern" oder mit „Ich hab's dir ja gleich gesagt" aufzutrumpfen, wenn etwas nass geworden ist. Solche Reaktionen bedeuten immer den Einstieg in Gegenabhängigkeitsprozesse. Auch hier kann man die situationsimmanente Konsequenz wirken lassen, es sei denn, dadurch entstünde eine Gefährdung für Leib und Leben.

10.3 Gruppenfunktionen und ihr dynamisches Zusammenspiel

Soziale Organisation ist ein Prozess, in dessen Verlauf sich Gruppenstrukturen mit unterschiedlichen Rollen herausbilden. Die Entstehung dieser Rollen ist das Ergebnis von wechselseitiger Einflussnahme, weniger die Folge stabiler Eigenschaften der Personen, die sie aktuell ausüben.

Ein besonders gut geeigneter Leitfaden, um diesen Prozess zu verstehen, und daraus geeignete Interventionen ableiten zu können, ist das Modell der soziodynamischen Rangstruktur nach Schindler (Schindler 2008). Es ermöglicht, einzelne Rollen zu identifizieren und gleichzeitig deren Beziehungsdynamik zu erfassen. Abweichend vom Sprachgebrauch Schindlers werden hier die Begriffe Funktionen statt Positionen verwendet, um deren dynamischen Charakter zu betonen.

10.3.1 Das Modell der soziodynamischen Rangstruktur

Zunächst soll ein Ereignis in einer erlebnispädagogischen Gruppe beschrieben und anschließend mittels des Konzepts der soziodynamischen Rangstruktur analysiert werden (Abb. 11).

Beispiel

Am vorletzten Tag eines einwöchigen Gruppenprojektes entdeckt Andrea gegen 23.00 Uhr, dass zwei Tafeln Schokolade aus dem Proviant für die Rückfahrt fehlen. Sie ruft ihre Entdeckung laut in die verschiedenen Räume hinein, in denen die Gruppenmitglieder sich gerade aufhalten. Als niemand erklärt, die Schokolade bereits verpackt zu haben, fordert sie eine allgemeine Versammlung. Nach einigem Murren und Zögern findet sich schließlich die ganze Gruppe ein. Karin und Michael haben Andrea aktiv beim Zusammentrommeln unterstützt. Andrea eröffnet das Gespräch, fragt noch einmal, ob jemand etwas wisse. Sie äußert ihren Unmut, weil es eigentlich keiner nötig habe zu stehlen. Die vorangegangene Party habe schließlich genug Leckerbissen geboten. Karin, Michael, Arno und Petra stimmen ihr zu. Andrea hält während der Auseinandersetzung meist Blickkontakt mit den sie unterstützenden Teilnehmern. An ihrer Mimik lässt sich ablesen, dass sie sich dadurch bestätigt und aufgewertet fühlt.

Einer der Gruppenleiter fragt, was jetzt geschehen soll. Wieder ist es Andrea, die nach einer Pause spricht: „Der oder diejenige soll die Schokolade herausgeben oder ersetzen, falls schon alles aufgegessen ist." Michael meint, das sei gerecht, und Hubert solle sich selbst etwas einfallen lassen, wenn ihm Andreas Vorschlag nicht gefällt. Es werden viele Vorschläge gemacht, wie Einzelverhör durch einen Gruppenleiter, oder so lange im Gruppenraum zusammen aufbleiben bis der Dieb mürbe wird. An diesem Gespräch sind vorwiegend Petra, Arno, Michael und Karin beteiligt. Berta sagt fast gar nichts, sie möchte schlafen. Hubert gibt sich resigniert, er glaubt nicht daran, dass es jemand aus der Gruppe war, und wenn doch, dass es nie herauskommen wird.

Die Gruppenleiter unterstützen den Gruppenprozess durch Bitten um Konkretisierung von Vorschlägen, Hinweise auf sachliche und zeitliche Folgen, Nachfragen bei unklaren Äußerungen und dadurch, dass sie Einzelne dazu ermuntern, ihre in der heftigen Debatte untergegangenen Ideen noch einmal vorzubringen. Sie machen weder inhaltliche Vorschläge zum Vorgehen, noch fordern sie Initiative. Andrea beschimpft Berta und Hubert wegen ihrer Passivität. Sie schürt das Gespräch immer wieder an durch neue Ideen und Provokationen, wenn der Eifer zu erlahmen droht: „Wer verzichtet morgen auf seinen Teil?"

Fred hat aufmerksam zugehört, gelegentlich eine sachliche Bemerkung zu einzelnen Lösungsvorschlägen geäußert. Schließlich meint er, man müsse „dem Täter" eine Brücke bauen: Er kenne das aus ähnlichen Situationen im Heim. Jeder solle Gelegenheit haben, in der nächsten halben Stunde mit jemandem aus der Gruppe zu reden. Der Dieb könne sich dabei unauffällig zu erkennen geben. Andrea ergreift wieder die Initiative: „Wer soll diese Aufgabe übernehmen?" An der folgenden Diskussion beteiligen sich wieder Arno, Michael, Karin und Petra. Hubert und Berta sitzen aneinandergekuschelt am Tisch und tun so, als schliefen sie. Fred wirft nach einiger Zeit ein, dass noch nicht geklärt sei, was mit dem Dieb geschehen solle, falls er sich stellt, und dass er es für wichtig halte, dass die Lösung von allen akzeptiert wird. Andrea setzt sich schließlich damit durch, dass darüber abgestimmt wird, ob alle für diesen Vorschlag sind. Die Abstimmung fällt positiv aus. Andrea verkündet lautstark das Ergebnis, nachdem Berta und Hubert von Karin „geweckt" wurden: „Jeder kann es jedem sagen, weil keiner auszuschließen ist. Wer es gesagt bekommen hat, teilt es ohne Namensnennung der Gruppe mit. Der Dieb muss die Schokolade morgen wieder beibringen, dann passiert ihm nichts weiter."

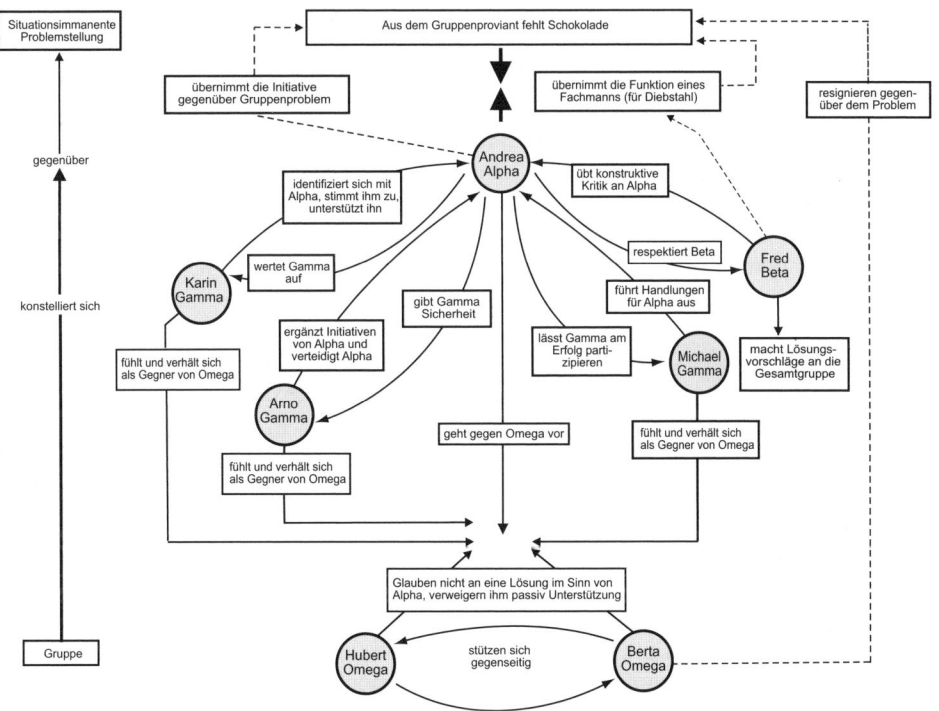

Abb. 11: Soziodynamische Rangstruktur: Auswertung eines Gruppenprozesses

Die soziodynamische Grundformel im Überblick

Nach Schindlers Konzept konstelliert sich die Gruppe immer an einem Gegenüber, an einer Aufgabe, einem gemeinsamen Interesse, einem Problem oder Gegner. Dabei nimmt jeder eine für das dynamische Gleichgewicht der Gruppe nötige Funktion wahr, die Funktionen des Alpha, der Gammas, der Betas oder der Omegas. Bezeichnungen, die den Sinn haben, die Wertneutralität der Analyse im Gegensatz zu Titulierungen wie Führer, Star oder Mitläufer hervorzuheben. Alpha startet Initiativen, regt die Gruppe zum Handeln an, fühlt sich für die Gruppenbelange verantwortlich und sucht dafür Gefolgsleute; er führt die Gruppe an. In diese Funktion gelangt Alpha aber nicht nur kraft seiner Fähigkeiten, seiner Energie und seines Engagements, sondern auch durch die Bestätigung und Unterstützung durch die Gammas.

Die Gammas identifizieren sich mehr oder weniger mit dem Vorgehen von Alpha. Sie sind zwar keine Initianten, arbeiten aber aktiv mit, wenn sie sich auch manchmal durch eigene, meist auf Verbesserung zielende Vorschläge hervortun. Oft kontrollieren sie auch andere Gruppenmitglieder oder Aktivitäten stellvertretend für Alpha. Indem sie sich mit Alpha identifizieren, profitieren sie indirekt von seinem Erfolg. Alpha vermittelt ihnen Sicherheit, traut sich, das zu tun, was sie oft nur zu denken wagen. Alphas und Gammas brauchen sich also gegenseitig.

Neben dieser gegenseitigen Abhängigkeit stehen die Betas. Sie platzieren sich neben der hierarchischen Ordnung der Gruppe. Sie sind weniger auf die Solidarität mit Alpha aus, und brauchen seine Führungskraft auch nicht, um Initiative zu entfalten. Man kann sie eher als Fachleute bezeichnen. Ihre Stärke beziehen sie kaum aus der Bestätigung seitens der Gammas, als vielmehr aus ihrer persönlichen und fachlichen Kompetenz. Manchmal haben sie zu den anderen etwas distanziertere Beziehungen, aber gerade dadurch in verworrenen Situationen einen besseren Überblick als die im Beziehungsgerangel verwickelten Gruppenmitglieder.

Sie sind offen und gleichzeitig kritisch gegenüber den Beiträgen aller Beteiligten. Durch ihren Einfluss sind sie potenzielle Anwärter auf die Alpha-Funktion. Schließen sich ihnen genügend Gammas an, können sie schnell dem gegenwärtigen Alpha Konkurrenz machen.

Bleibt noch die Omega-Funktion – die Funktion dessen, der dem aktuellen Problem lieber ausweicht, sich zurückzieht und ausschließt, der gegen das Engagement votiert. Daher wird er von Alpha und den Gammas bekämpft. Omega lebt oft dem explizitem Gruppenverhalten konträre Bedürfnisse aus, welche die anderen vielleicht auch haben, die sie sich aber entweder nicht eingestehen oder nicht offen vertreten.

Diese Rangordnungsdynamik ließe sich noch weiter ausdifferenzieren. Für die Praxis der Leitung erlebnispädagogischer Gruppen, in der es um Überschaubarkeit und Praktikabilität geht, mag es jedoch genügen.

Analyse des Gruppenprozesses

Durch das Verschwinden der Schokolade hat sich das situationsimmanente Problem ergeben, dass die Gruppe morgen weniger Proviant haben wird als nötig. **Andrea ergreift die Initiative.** Sie aktiviert andere dazu, sich dem Problem zu stellen und vertritt indirekt die Gruppennormen, die besagen, dass man sich von der Gemeinschaftsverpflegung nicht mehr nehmen darf, als einem zusteht, und dass die Gruppe gemeinsam dafür verantwortlich ist. Andere bestärken sie immer wieder darin und folgen so ihrem Appell, sie aktiv zu unterstützen. **Andrea übernimmt die Alpha-Funktion** und handelt als Repräsentantin der gemeinsamen Belange. Aber ihre Initiative ist nur deshalb durchzuhalten, weil sie von vier Jugendlichen nicht nur akzeptiert, sondern überdies laufend als momentane Wortführerin angesprochen und damit gestützt wird.

Petra, Arno, Michael und Karin nehmen diese Gamma-Funktionen wahr. Sie beteiligen sich aktiv an den Initiativen von Andrea (Alpha) und machen sie zu ihrer eigenen Sache (Hilfe beim Zusammenholen der Gruppe), ergänzen ihre Initiative (Karin rüttelt Hubert und Berta auf, damit sie Andrea auch wirklich hören). Hätten sie sich an den ausweichenden und desinteressierten Reaktionen Bertas und Huberts orientiert, dann hätte sich eine ganz andere Gruppenstruktur entwickelt. Möglicherweise wäre es zwischen Andrea und Hubert zu Rivalitäten gekommen, die Andrea vielleicht in die Omega-Funktion gebracht hätten. Jedenfalls wäre sie stärker in Frage gestellt worden.

Aber jetzt haben **Hubert und Berta die Omega-Funktion.** Sie tragen spontan nichts zu den gemeinsamen Belangen bei, und identifizieren sich eher damit, keine Lösung anzustreben. Dafür werden sie von Alpha und Gammas beschimpft.

Fred verhält sich unparteiisch. Er nimmt an diesem Konflikt **als unabhängiger Fachmann** teil und handelt somit in der **Beta-Funktion.**

Abhängigkeitsprozesse und soziodynamische Rangstruktur

Die Interaktionen zwischen Gruppenmitgliedern in ihren jeweiligen Funktionen lassen sich auch als Formen von Abhängigkeit verstehen. So unterhalten Alpha und Gamma ein ausgeprägtes Abhängigkeitsverhältnis, worin Alpha den starkeren und progressiven Teil lebt, Gamma den untergeordneten.

Zwischen Alpha und Omega herrscht ein gegenabhängiges Verhältnis. Alpha geht gegen Omega vor, da dieser die Aktivität der Gruppe und Alphas bremst oder stört, zumindest nicht unterstützt. Entsprechend gegenabhängig verhalten sich Gammas und Omega zueinander, da die Gammas Alphas Lösungsideen vertreten. Omegas Beziehung zur aktuellen Aufgabe der Gruppe, ist abhängig: „Ich kann es nicht" oder „Es geht nicht".

Zur Betafunktion gehören independente und interdependente Beziehungen gegenüber allen Gruppenmitgliedern. Die Betas „beraten" Alpha und Gammas und können zu Omega eine tendenziell unabhängige oder interdependente Haltung einnehmen. Ihr emotionaler Freiraum erlaubt ihnen sach- und zielbezogen zu agieren, auch wenn es um Beziehungsthemen geht. Manche Jugendliche füllen diese Funktion nur mit independenten Beiträgen und vermeiden damit emotionale Nähe. Sie bekommen dann zwar Beachtung, nicht aber Kontakt.

Wenn eine Gruppe erstarrt, verfestigen sich auch die Abhängigkeitsmuster. Teilnehmer in Beta-Position haben dann die größte Chance, für Entwicklung und Veränderung zu sorgen, wenn sie interdependent interagieren. Sie können Jugendliche in Gammafunktion an sich ziehen, die Gegenposition zum bisherigen Alpha einnehmen und seinen Gammas eine gegenabhängige Beziehung ermöglichen. Da die Betas nicht unbedingt in den Kampf gegen Omega verwickelt sind, können sie für ihn das Bindeglied zur Gruppe sein und ihn motivieren, sich zu beteiligen. Eine Betafunktion auszufüllen, bedarf einer gewissen persönlichen Reife, welche die Teilnehmer nur selten haben. Die Jugendlichen agieren daher meist nur punktuell als Betas.

Persönliche Prägungen, erlebnispädagogische Medien und soziodynamische Rangstruktur

Eine bestimmte Funktion der soziodynamischen Rangstruktur ergibt sich aus der Wechselwirkung des Gruppenprozesses mit der Vorprägung der Teilnehmer und dem jeweiligen erlebnispädagogischen Medium. Jeder hat die Tendenz, infolge seiner persönlichen Prägungen in bestimmten Situationen spezielle Funktionen zu bevorzugen. Aber bereits die neue Zusammensetzung einer Untergruppe kann ermöglichen, dass ein Jugendlicher z. B. aus einer Gamma- in eine Alphafunktion wechselt.

Die erlebnispädagogischen Medien beeinflussen die Entstehung soziodynamischer Funktionen beträchtlich. In eine Alpha- oder Betafunktion gelangt leichter, wer eine Aufgabe kompetenter oder aktiver als die anderen angeht. Inhaltlich wechselnde Aktivitäten ermöglichen es daher immer anderen Teilnehmern, sich in neuen Funktionen zu erfahren. Oft verändert sich durch die Einführung eines neuen Erlebnisfeldes das gesamte Gefüge innerhalb der soziodynamischen Rangstruktur. Übernimmt Sonja, wie vorher bei der Planung des Tages, nun auch im Kanadier die Alpha-Position, oder fällt ihr mangels Können ein Sitz in der Mitte zu? Muss sie nach einiger Zeit ihre Rolle als „Steuerfrau" mangels Kompetenz abgeben, oder wird sie von den anderen dabei unterstützt, mit ihrer Aufgabe zurechtzukommen? Unterschiedliche erlebnispädagogische Medien bieten auch verschieden starke Anreize zur Funktionsverteilung: Unstrukturierte Aktivitäten wie

Freizeit, Planung oder Bootsverteilung fördern die Auseinandersetzung um die Gruppenfunktionen erheblich, Ausdaueraktivitäten dagegen lassen dafür weniger Raum.

10.3.2 Gruppenfunktionen als Lernfelder

In jeder Funktion werden Situationen aus einer, ihr typischen Perspektive betrachtet und bewertet, wobei bestimmte Aspekte betont werden und andere in den Hintergrund treten. Das löst unterschiedliche Lernanreize bei den Betreffenden aus (Heigl-Evers/Heigl 1983). Bedeutsame Erfahrungen sind prinzipiell in jeder Funktion möglich. Daher schafft das Handeln aus verschiedenen Funktionen die günstigsten Voraussetzungen für ein vielseitiges und intensives Lernen. Wer die Welt nur aus einer einzigen Perspektive betrachtet, hat nur ein reduziertes Erfahrungsspektrum. Bevorzugt jemand ein Verhaltensrepertoire, das überwiegend nur zu einer speziellen Funktion passt, beschränkt das die Bandbreite seiner sozialen Kompetenz. Es kann daher notwendig sein, bestimmte Jugendliche dabei zu unterstützen, bestimmte Gruppenfunktionen auszuprobieren, andere zurückzustellen.

Erfahrungen in der Alpha-Funktion. Die Funktion eines Parteivorsitzenden charakterisiert in etwa den Blickwinkel des Alpha. Der Anführer steht (allein) an der Spitze. Er gibt die Richtung vor und wird darin zugleich in seinem Sosein bestätigt.

Mögliche Lernerfahrungen in der Alpha-Funktion

- Für Alpha ist sein Handeln vorgezeichnet und er nimmt das wahr, was seine Position festigt.
- Er kann seine Fähigkeiten vertiefen und verfeinern.
- Er lernt Verantwortung zu ertragen, und wie es ist, sich stark zu fühlen, von anderen anerkannt zu werden.
- Er trägt die ganze Last, wenn er an einer Gabelung die anderen von seinem Weg überzeugt und muss den bangen Zweifel aushalten, ob diese Entscheidung nicht doch falsch war.
- Er empfängt Anerkennung, Lob und Bewunderung oder Kritik.
- Er wird zum Objekt von Abwertung und Neid.

Aus dieser Perspektive spielt jedoch das Spannungsgefühl des Nichtkönnens, das nach Abhilfe verlangt, als Lernanreiz nur eine geringe Rolle. Es fällt schwer, Kritik anzunehmen, etwas qualitativ Neues zu lernen oder sich anderen Neuerungen anzuschließen, da dies die eigene Position unterminieren würde.

Beispiel

Mario, der wegen seines aktiven Engagements längere Zeit lang eine Alpha-Funktion innehat, weiß immer eine Story, dass er dieses oder jenes schon einmal erlebt hat. Er alles weiß, z. B. die beste Methode Messer zu schleifen.

Andrea, die bei der Klärung des Schokoladendiebstahls anführt, kann aufgrund ihrer familiären Konflikterfahrungen angstfrei mit Streit umgehen und hat einen offenen Umgang mit Konflikten gelernt. In der erlebnispädagogischen Gruppe kann sie ihre Erfahrungen nun in der Alpha-Funktion anwenden. Sie überträgt ihre Lösungen auf die Gruppe, lernt sie an die neue Lage anzupassen und wirkte als kompetentes Modell auf die anderen, ohne etwas qualitativ Neues zu lernen.

Der Blickwinkel der Gamma-Funktion: Aus dieser Perspektive orientiert man sich am Vorbild des Alphas.

Mögliche Lernerfahrungen in der Gamma-Funktion

- Sich vielleicht zum ersten Mal in der Rolle des Lernenden erfahren. Insofern bietet diese Funktion eine korrigierende Erfahrung für Jugendliche, die Autoritäten pauschal ablehnen und eine „Null Bock"-Haltung kultivieren.
- Man kann aktiv sein, d. h. mitmachen, ohne gleich voll und ganz verantwortlich zu sein.
- Neue Handlungen in einem Schonraum einüben: Eine Teilaufgabe ohne folgenschwere Konsequenzen übernehmen.
- Es ist leichter, einem Vorschlag zuzustimmen, als die anderen von der Richtigkeit eigener Ideen zu überzeugen.
- Die kritische Auseinandersetzung mit den Alphas rückt in den Hintergrund. Kreativität und Kritikfähigkeit werden weniger geübt.

Der Blickwinkel der Omega-Funktion. Dies ist ein ungünstiger Ausgangspunkt für Lernerfahrungen. Aus diesem Blickwinkel erscheinen Probleme als Bausteine zur Bestätigung der eigenen Unzulänglichkeit und Gelegenheiten zur Schwächung des Selbstwertgefühls. Das regt nicht dazu an, an der Gruppe kreativ teilzunehmen. Herausforderungen werden als Überforderung, gar als Zumutung erlebt. Jugendliche in dieser Funktion können aktiv stören. Sie nörgeln oder weichen in Tagträume aus und bringen damit ihre abwehrende, protestierende oder resignierende Einstellung zum Ausdruck.

Oft spüren sie jedoch ein von der Gruppe unterdrücktes oder übersehenes Beziehungs- oder Sachproblem deutlicher als andere. Unter Umständen können sie Vorbehalte und Ängste in der Gruppe stärker als die anderen am eigenen Leib wahrnehmen, benötigen aber Hilfe von außen, um sich auszudrücken.

Der Blickwinkel der Beta-Funktion. Der Abstand, aus dem Beta das Gruppengeschehen betrachtet, ermöglicht es ihm, die sachlich-inhaltlichen und die psychosozialen Aspekte einer Situation kritisch zu beurteilen und sinnvoll einzuordnen.

Mögliche Lernerfahrungen in der Beta-Funktion

- Lernen überwiegend durch Überdenken, Verstehen oder Ausprobieren.
- Eine Metaposition einnehmen.
- Handeln, ohne zu rivalisieren.
- Zwischen Beziehungs- und Inhaltsargumenten unterscheiden.

Je größer allerdings sein Abstand zum Gruppengeschehen und zu den anderen Teilnehmern ist, desto geringer ist seine persönliche emotionale Betroffenheit. Dann kann Beta einerseits andere unvoreingenommen bei der Suche nach Lösungen unterstützen, andererseits hat er es schwerer, Erfahrungen mit nahen Beziehungen und Gefühlen zu machen.

Leitungsteam und Gruppenfunktionen

Es macht einen großen Unterschied, aus welcher Funktion innerhalb der soziodynamischen Rangstruktur die Gruppenleiter handeln. Interventionen können zwar aus allen Funktionen heraus erfolgen, sie werden jedoch jeweils eine andere Wirkung haben. Tabelle 5 gibt einen beispielhaften Überblick über die Zusammenhänge zwischen den Leitungsaufgaben und den Funktionen der soziodynamischen Rangstruktur. Wenn Gruppenleiter nicht aus einer Beta-Funktion handeln, büßen sie immer einen Teil ihres Überblicks ein. Wenigstens ein Mitglied des Leitungsteams sollte daher immer wachsam sein und in der Beta-Funktion verbleiben. Man kann sich leicht ausmalen, wie schnell eine Gruppe chaotisch wird, wenn sich alle Gruppenleiter gleichzeitig verstricken oder sich gar gegenseitig die Alphafunktion streitig machen.

Interventionen zur Weiterentwicklung von Gruppenfunktionen

Gruppenprozesse allein mit diesem Modell verstehen zu wollen, wäre eine unzulässige Vereinfachung. Im Zusammenhang mit den anderen hier beschriebenen Modellen ist es aber gut geeignet, Gruppenprozesse zu analysieren und geeignete Interventionen abzuleiten.

Tab. 5: Gruppenfunktionen und Leitungsaufgaben

Soziodynamische Funktion	Organisator	Erlebnisgefährte	Experte	Prozessbegleiter
Alpha „führen"	Günstigste Funktion, um für die Erstellung und Einhaltung von Rahmenbedingungen und Normen zu sorgen;	In Ausnahmesituationen geeignet, um die Gruppe durch eigene mitreißende Begeisterung zu einer Aktivität zu motivieren;	Unverzichtbar bei Anleitungen und Überprüfung der Sicherheitsstandards; Vorsicht bei „Einladungen" zu Machtkämpfen;	Widerspricht einem ergebnisoffenen Gesprächsstil und bietet keine Voraussetzung für einen gemeinsamen Suchprozess;
Beta „leiten"	Nur bedingt sinnvoll: Wenn Gruppe rationale Argumente „einsieht" und Gruppenleiter nicht in Machtkämpfe verwickelt sind;	Möglich bei allen Aktionen, solange Jugendlichen der Raum überlassen wird, eigene Kompetenzen einzubringen;	Bei Sicherheitsfragen zu wenig Durchsetzung möglich; Ansonsten wirksam, um Jugendliche bei Problemlösungen zu beraten;	Die beste Möglichkeit, Jugendliche bei Gruppen- und Individualprozessen zu unterstützen; Angemessene Distanz und Einfühlung möglich; Guter Überblick;
Gamma „sich anschließen"	Nur dann wirksam, wenn Gruppenleiter als Gamma jugendlichen Alpha stützt, der für Einhaltung von Normen sorgt;	Gute Möglichkeit, um Jugendliche zu unterstützen, eine Alpha-Funktion auszuüben, oder ihnen den Vortritt zu überlassen, wenn diese eine besondere Fertigkeit gut beherrschen;	Passt nicht zu dieser Aufgabe;	Auch eine Möglichkeit, zieldienliches Verhalten bei Jugendlichen zu verstärken.
Omega „sich ausschließen"	Zu machtlos, um etwas undiskutierbar vorzugeben.	Kompetentes Modell sein, wenn ein Gruppenleiter selbst in die Lage kommt, Hilfe zu brauchen oder sich selbst aus dieser Lage befreit.	Würde die Gruppe verwirren und Zweifel an der Kompetenz eines Gruppenleiters wecken.	Keiner vertraut sich jemandem an, der verunsichert und hilflos ist.

Anregungen zur Weiterentwicklung von Rangstrukturen

- Einführen neuer Aktivitätsformen, Untergruppen, Planungsmodi.
- Verweigern der Alpha-Funktion, wenn diese von Jugendlichen nicht besetzt wird, und die Lähmung der Gruppe droht.
- Interaktion auf der verbalen Kommunikations- und Handlungsebene zwischen Gammas zweier rivalisierender Alpha-Bewerber fördern. Das regt eine Änderung von Richtung und Inhalt der Auseinandersetzungen an.
- Blockieren sich Jugendliche immer dann gegenseitig, wenn einer versucht die Initiative zu ergreifen, so kann das sowohl ein Rivalisierungsprozess unter ihnen sein, als auch eine Herausforderung der Gruppenleiter mit scheinbar gegensätzlichen Rollen. Mögliche Intervention: Versachlichen und Auswirkungen herausarbeiten.
- Einzelne Teilnehmer gezielt ansprechen und sie bestärken, eine für ihre Entwicklungsaufgaben günstige Funktion auszuprobieren.
- Omegas einbeziehen: Wer denkt, fühlt, wünscht auch ein kleines bisschen so wie Omega? Was glaubst du („Omega"), müsste hier anders sein, damit du das mittragen könntest, was glauben die anderen?
- Omega konfrontieren: Wenn du aussprichst, was du (über diese Situation) denkst, wer meinst du, würde das verstehen, wer eher nicht?
- Omegas dabei unterstützen, mit Angriffen aus der Gruppe sinnvoll umzugehen.

Zwei Beispiele sollen verdeutlichen, wie die Analyse der soziodynamischen Rangstruktur unerwünschte Effekte eines an sich positiven Gruppenverlaufs erkennen und verhindern lässt.

Beispiel

Auch eine arbeitsfähige Gruppe kann die Weiterentwicklung Einzelner behindern: Eine Gruppe eher ängstlicher, unsicherer und teilweise schwächer begabter Jugendlicher zeigt wenig Eigeninitiative. Mario, ein körperlich leistungsstarker Jugendlicher mit Gruppenerfahrung, füllt dieses Vakuum, indem er z.B. zum Schreibblock greift und die anderen auffordert, ihre Vorschläge zu machen, Arbeitsaufträge direkt einteilt oder selbst erledigt. Dass er als Boss auftritt, wird dankbar angenommen.

Mario besitzt außerhalb der Gruppe keine Freunde und zieht sich auch hier zurück, wenn es ihm persönlich zu nahe wird. Die Alpha-Funktion bringt ihm zwar Anerkennung, stabilisiert jedoch sein Vermeidungsverhalten in Bezug auf Nähe. Die anderen fühlen sich darin bestätigt, dass sie untüchtig sind. Die Gruppe funktioniert auf Kosten der Weiterentwicklung aller.

Soll sich daraus ein den Entwicklungsaufgaben aller dienliches Lernfeld entwickeln, so kann eine Veränderung der soziodynamischen Rangstruktur dazu beitragen, indem

- alle Gammas unterstützt werden, die auch nur kleinste Ansätze zur Initiative zeigen,
- innerhalb des Schonraumes einer Untergruppe jemand bestärkt wird, eine Alpha-Funktion wahrzunehmen,
- eine Aktivität angeboten wird, in der auch andere kompetent sind,
- die Alpha-Rolle Marios in eine für ihn weniger attraktive „Dienerrolle" umgedeutet wird,
- ihm ausdrücklich zugestanden wird, sich auch einmal zurücklehnen zu dürfen,
- Mario unterstützt wird, zu erleben, worauf er verzichtet, und ihm Alternativen angeboten werden,
- Mario behutsam Nähe offeriert wird.

Beispiel

Das in der Alpha-Funktion fixierte Leitungsteam: Die Jugendlichen, sind zwar körperlich sehr ausdauernd und geschickt, ihre Motivation zu eigenverantwortlichem Handeln, Einlassen auf neue natursportliche Aktivitäten und die soziale Kompetenz sind jedoch niedrig. Das Leitungsteam umwirbt sie durch raffinierte Strukturierungen und motiviert sie durch demonstrative eigene Begeisterung. Um schnell zu spannenden Aktionen zu kommen, ordnen die Gruppenleiter vieles an oder erledigen es selbst. Die Jugendlichen honorieren dies, indem sie über die sportiven Gruppenleiter ins Schwärmen geraten und mitmachen.

Unter dem Blickwinkel der soziodynamischen Rangstruktur war Folgendes geschehen: Die Gruppenleiter übernahmen die Alpha-Funktion und wurden darin massiv bestärkt, während die Jugendlichen es sich in der Gamma-Funktion bequem machten. Die sportlichen Anforderungen waren zu hoch, als dass die Jugendlichen selbst Alpha- oder Beta-Funktionen hätten wahrnehmen können; außerdem wurden diese Plätze von den Gruppenleitern besetzt.

Eine wichtige Entwicklungsaufgabe dieser Gruppe ist der Aufbau von sozialer Kompetenz. Das Leitungsteam hat jedoch den indirekten Auftrag der Gruppe angenommen, Beziehungsthemen zu vermeiden. Ein solches Setting kann die motorisch Schwächeren aus der Gruppe treiben oder sie ins Abseits drängen. Mögliche Alternativen:

- Die Gruppenleiter nehmen ihre eigenen Spannungsgefühle in dieser Gruppensituation wahr und klären deren Ursache.

- Sie reflektieren, aus welcher Funktion sie aktuell vorwiegend handeln und welche geeigneter ist, soziale Kompetenz wirkungsvoll zu fördern.
- Sie lassen zu, dass Langeweile entsteht und beraten die Gruppe aus der Beta-Funktion, dafür selbst eine Lösung zu finden.
- Aus der Gamma-Funktion können erste Initiativansätze verstärkt werden.
- Das Angebot von Aktivitäten, die viel Interaktion erfordern, könnte den Beziehungen der Jugendlichen untereinander mehr Gewicht geben.

Interventionsschwerpunkte und Gruppenfunktionen

Die Bedeutung von Alpha liegt nicht so sehr darin, was dieser tatsächlich tut, sondern darin, dass er die Initiative ergreift und zur Aktivität anregt. Daher ist es oft sinnvoll, seine Ideen auch dann zu unterstützen, wenn sie nicht optimal sind. Betas, also auch die Gruppenleiter, können immer noch Feinheiten korrigieren, wenn situationsimmanente Auswirkungen nicht greifen. Stellen Gruppenleiter das Verhalten eines Alphas in Frage, ist das immer ein sehr sensibler Prozess. Ein Großteil der Gruppe identifiziert sich ja mit ihm und fühlt sich dann auch kritisiert. Gammas bekommen Angst, ihre (vielleicht nur vorgestellten) Initiativen würden nicht wohlwollend aufgenommen. Alphas Aktivität ist also prinzipiell positiv zu sehen. Ausnahme: Sie führt in eine destruktive Richtung, z.B. durch einen Tyrannen, der die Gruppe unter Druck setzt und nur auf seinen Vorteil aus ist. Dann brauchen die anderen Jugendlichen Unterstützung, um ihre Bedürfnisse zur Geltung zu bringen. Die Gruppenleiter können exemplarisch zeigen, wie mit nicht gemäßen Ansprüchen umzugehen ist, sie können aber auch die Gammas dazu anleiten, die ja ihre Stellung nicht aus eigener Entscheidung, sondern aus Angst eingenommen haben. Notfalls bleibt den Gruppenleitern nur die Möglichkeit, den Tyrannen in seine Grenzen zu verweisen, um die Gruppe zu schützen.

Gilt eine Intervention den Gammas, hat sie immer Folgen für Alpha, denn deren Vorstellungen spiegeln ihn, er führt aus, was sie wünschen und ebenfalls tun möchten. Dazu ein Beispiel:

Beispiel
Martin (Alpha) und Anne (Gamma) gehen zum Zeltplatz zurück, als andere noch eine schwierige Kletterroute wagen wollen. Als Martin direkt gefragt wird, ob er nicht auch aus Angst gegangen sei, verneint er heftig. Abends spricht jemand Anne darauf an, die ihre Angst bekennt. Am nächsten Tag sagt Martin zum ersten Mal, wie schwer ihm eine bestimmte Kletterstelle gefallen ist.

Das Beispiel zeigt, wie schwierig es für einen Jugendlichen in Alpha-Funktion ist, sich mit etwas auseinanderzusetzen, was seine Stellung zu bedrohen scheint. Es hilft ihm oft mehr, wenn er miterleben kann, wie die Gruppenleiter an seinem Thema mit Jugendlichen in Gamma-Funktion arbeiten und ihm so indirekt eine integrierbare Erfahrung ermöglichen. Interventionen, die auf das Verhalten der Gammas zielen, wirken sich darüber hinaus insofern auf die Alphas aus, als sie ihre Gefolgschaft vermehren oder vermindern und sie derart indirekt bestätigen oder in Frage stellen.

Jugendlichen in Omega-Funktion bedürfen einer besonders aufmerksamen Beachtung, da bei ihnen die Gefahr besteht, dass sie den Anschluss verlieren, oder sich solange als Omega verhalten, bis aus einer flexiblen Funktion eine starre Position geworden ist. Wirkungsvoll können hier direkte Kontaktangebote durch die Gruppenleiter sein und Anregungen zu Interaktionen zwischen Gammas, Betas und Omegas auf Ebenen, die weniger von Alpha dominiert werden.

Jugendliche in der Omega-Funktion, die von der Gruppe verbannte Gedanken, Wünsche und Ängste spüren, lassen sich auch integrieren, indem die Gruppenleiter dieses Verbannte thematisieren. Die Auseinandersetzung darüber, kann die gesamte Gruppe stark beleben und den Omegas den Anschluss ermöglichen, weil nun ihre Themen im Vordergrund stehen.

Die Grenzen des Modells

Die soziodynamische Rangstruktur entwickelt sich nach Schindler (2008) aus dem spezifischen Beitrag der Einzelnen zur Bewältigung gemeinsamer Aufgaben. Damit wird Leistung zum zentralen Thema, was wiederum dem Leitungsteam eine überwiegend leistungsorientierte Wahrnehmung und Hierarchisierung der Teilnehmer nahe legen kann. Nähe-Distanz-Prozesse werden nicht erfasst. Die Praxis zeigt allerdings, dass die Entwicklung soziodynamischer Strukturen auch vom Grundbedürfnis nach Intimität erheblich mit beeinflusst wird.

Aus dem Blickwinkel der soziodynamischen Rangstruktur beachtet man, wie die Einzelnen im Hinblick auf ihr Engagement bezüglich der Gesamtgruppenthemen miteinander reagieren. Interaktionsmuster, z.B. innerhalb von Dyaden in Gamma-Funktion oder zwischen Gammas und Betas, vermag das Konzept der soziodynamischen Rangstruktur nicht zu reflektieren, besonders wenn es um Nähe-Distanz-Themen geht.

10.4 Kollektives Anliegen und implizite Themen

Wer hätte sich nicht schon nach einem unbefriedigenden Gespräch oder Gruppentreffen verwirrt gefragt, worum es dabei eigentlich gegangen ist? Jeder spürt, dass etwas nicht stimmte, dass man um den heißen Brei herumgeredet hat und Wesentliches nicht zur Sprache kam. Das Verhalten einzelner oder der Gruppe scheint unlogisch und irrational gewesen zu sein.

Beispiel

Als eine Gruppe aus zunächst nicht einsichtigen Gründen das vereinbarte Kochen um eine geschlagene Stunde verzögert und darum streitet, wer dabei welche Aufgabe übernimmt, waren es in Wahrheit zwei Themen, die gleichzeitig behandelt wurden. Um die Organisation, das explizite Thema, ging es nur vordergründig, obwohl scheinbar alle nur davon sprachen. Das eigentliche, implizite Thema, die Klärung der Nähe-Distanz-Verhältnisse zu Daniela und damit auch der Beziehungen der anderen untereinander, wurde zunächst nicht angesprochen. Wahrscheinlich war es nicht einmal allgemein bewusst. Als dann die unausgesprochenen Nähewünsche und heimlichen Rivalitäten ausgesprochen wurden, wirkten die Reaktionen der Teilnehmer auf einmal nicht mehr unverständlich und irrational, sondern situationsangemessen und folgerichtig.

Das implizite Thema ist mit dem expliziten regelrecht verwoben, und manchmal sind beide bis zur Ununterscheidbarkeit miteinander verflochten. Gelegentlich wird das explizite als Haupt- und das implizite als Nebenthema bezeichnet; das könnte fälschlich eine unterschiedliche Wichtigkeit suggerieren. Im obigen Beispiel war das therapeutisch bedeutendere Thema ein implizites: die Klärung von Beziehungswünschen.

In jeder Gruppe herrscht zu jedem Zeitpunkt eine bestimmte Atmosphäre, ein mehr oder weniger vages Gefühl, das, wenn auch mit Abweichungen, von allen geteilt wird. Es resultiert, bewusst oder unbewusst, aus gemeinsamen Bedürfnissen, Vorstellungen oder Ängsten. Dieses kollektive Anliegen (Pagès 1974), an dem jeder ein individuell gefärbtes Interesse hat, an dessen indirekter Darstellung jedes Gruppenmitglied mit individuellen Beiträgen beteiligt ist, kann ebenso Beziehungen gelten wie den Bedürfnissen gegenüber Sachaufgaben und körperlichen Anforderungen.

Implizite Themen können ganz oder teilweise unbewusst sein, aber sie werden immer in den Beiträgen der Teilnehmer, oft gut verpackt, kommuniziert. In erlebnispädagogischen Gruppen kann es nicht darum gehen, individuell unbewusstes oder verdrängtes Material, das die impliziten Themen ebenfalls enthalten können, ins Bewusstsein zu heben, sondern darum, Gruppenprozesse zu verstehen, und sie als wertvolle Erfahrungsfelder zu nutzen.

Implizite Themen und Gruppenverhalten

Das folgende Protokoll eines Vorbereitungstreffens und seine Auswertung beleuchten den Einfluss eines impliziten Themas auf die Interaktionen.

Eine Gruppe im Übergang zur sozialen Organisation trifft sich vor einem einwöchigen Zeltlager zu dessen Vorbereitung. Die Gruppe plante, mit Fahrrädern zu einer Wiese fahren, dort Zelte zur Überprüfung aufzubauen und einen Kochplan auszuarbeiten.

Das Treffen. Dirk verpasst den Zug und kommt eine halbe Stunde zu spät. Alfons und Hans fehlen, und keiner weiß warum. Maria, Holger und Petra haben kleine Zerrungen. Die Anwesenden warten zunächst ab und unterhalten sich. Dabei stellt sich nebenbei heraus, dass mehrere die Räder „vergessen" haben. Die Abwesenheit von Alfons wird von den Jugendlichen nicht angesprochen. Ein Gruppenleiter fragt nach einer Weile, wie die Gruppe darauf reagieren will. Es wird beschlossen, dass Hans angerufen werden soll, was ein Gruppenleiter auf Wunsch der Gruppe übernimmt. Hans hat das Treffen schlicht und einfach vergessen. Die Jugendlichen beschließen, dass die Zelte nächste Woche aufgebaut werden. Die Planung der Rezepte und des Einkaufs sollen jetzt erfolgen, und zwischendurch ein Bewegungsspiel trotz der „Verletzungen" gemacht werden.

Die Gruppenleiter fühlen sich zwar angespannt, nehmen aber ihre Hilflosigkeit erst bei der anschließenden Auswertung im Leitungsteam wahr. Keiner der Jugendlichen ergreift so recht die Initiative, oder will zielgerichtet vorbereiten. Die Gruppenleiter rufen immer wieder zu einer sachlichen Planung auf. Paul ergreift mehrfach kurzfristig die Initiative und regt zum Handeln an, indem er halb im Ernst, halb clownhaft im Kommandoton Vorschläge abruft und aufschreibt. Die Gruppenleiter unterstützen Pauls Vorschläge, der jedoch zwischen seinen zielgerichteten Initiativen mehrfach eine Polsterschlacht inszeniert. Ähnlich verhalten sich die anderen; es wird viel herumgealbert. Mittendrin ruft Dirk in das Getümmel hinein, ob er heute nicht schon früher gehen könne. Rolf und Holger entscheiden sich nicht, die Verantwortung für eine Essenszubereitung übernehmen. Ihnen wird die Zubereitung eines Abendessens von der Gruppe vorgeschrieben. Holgers Reaktion: „Wenn es nichts wird, seid ihr schuld." Rolf sagt fast nichts, hebt bei der Abstimmung die Hand, spielt jedoch aktiv mit. Petra und Maria bringen zwar so nebenbei einige Ideen vor, aber ihre Unterhaltung ist ihnen eindeutig wichtiger. Ein Gruppenleiter legt sich massiv mit Paul an und äußert vehementen Unmut über das destruktive Verhalten. Ein anderer erinnert Dirk vorwurfsvoll an den vereinbarten Zeitrahmen.

Auswertung. Die programmatischen Inhalte waren bereits beim letzten Treffen festgelegt worden, aber zuerst beschäftigte sich die Gruppe mit den situativ entstandenen Themen. Das programmatische Thema war durch

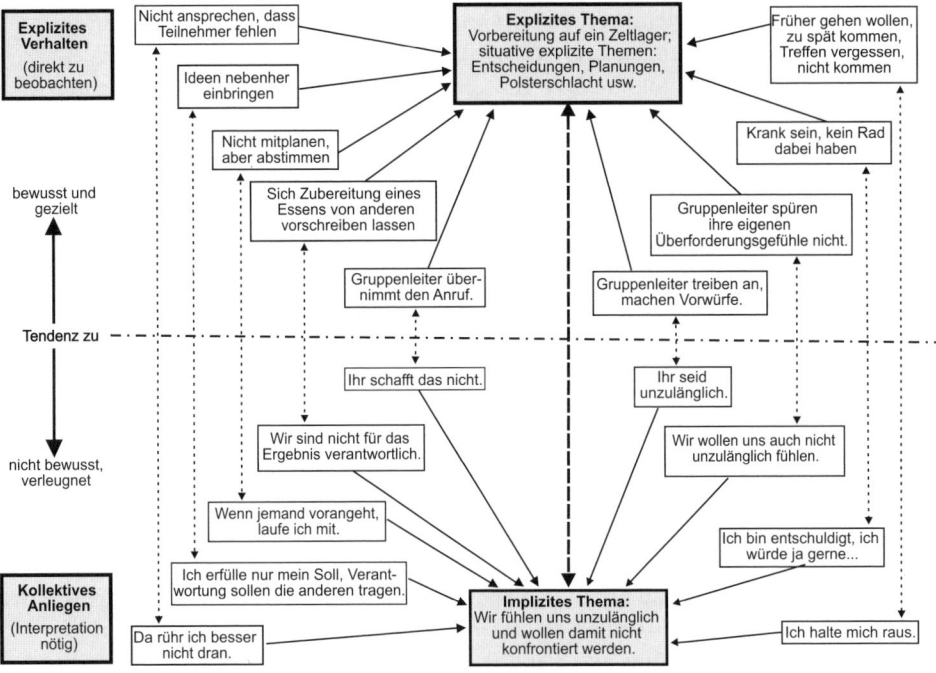

Abb. 12: Explizites Verhalten und kollektives Anliegen

den Rahmen und gemeinsame Vereinbarungen vorgegeben, das zweite entstand durch das Fehlen von Teilnehmern und Rädern. Beides sind explizite Themen. Die Art, wie die Jugendlichen mit diesen Inhalten umgingen, führt jedoch zu einem weiteren, nicht offensichtlichen Thema, dem impliziten.

Alle Verhaltensweisen der Jugendlichen deuten auf Rückzug hin, das kollektive Anliegen dieser Gruppe scheint darin zu bestehen, etwas zu vermeiden. Aber trotzdem sind die meisten gekommen, und sie wollen offensichtlich miteinander zu tun haben. Die Jugendlichen weichen auf das Herumalbern aus, die Gruppenleiter versuchen mit geringem Erfolg, sie zum expliziten Programm zurückzuführen. Niemand spricht aus, dass etwas nicht stimmt. Alle übergehen die manifeste Vermeidung.

Was da in Wirklichkeit vermieden wird, lässt sich erst bei genauem Hinsehen erkennen, wenn man kleine, scheinbar unzusammenhängende Äußerungen auf ihren gemeinsamen Nenner untersucht (Abb. 12). Im Zusammenhang und aus der Distanz betrachtet ergibt sich eindeutig, dass keiner das Risiko eingehen mag, Verantwortung zu übernehmen.

Darauf weisen auch viele Kompromissbildungen hin: Die „Verletzungen" signalisieren, dass man gerne aktiver wäre, aber leider nicht kann. Sie legitimieren den Rückzug; man ist zwar da, aber engagieren will man sich nicht. Besonders Paul verhält sich kompromisshaft. Er schwankt beständig zwischen Engagement und Stören. Und selbst sein verantwortliches Verhalten spiegelt seine Ambivalenz: Es ist inhaltlich zielgerichtet, aber der Form nach clownhaft.

Das Beziehungsverhalten liegt auf der gleichen Linie; es gibt Sicherheit vermittelnde Paarbildungen, oder die Verantwortung wird an die Gruppe abgetreten. Auch hier wird alles getan, um nicht verantwortlich zu sein. Dahinter steht das implizite und kollektive Anliegen, nicht mit eigenen vermuteten Unzulänglichkeiten konfrontiert zu werden. Diese Angst wird unterschiedlich bearbeitet, durch individuelle Vermeidung oder durch Solidarisierung in Form der Polsterschlacht und des Spiels. Das implizite Thema bestimmt das allgemeine Verhalten weitaus stärker als das explizite, und es konnte selbst dann dominieren, als sich die Gruppe ihren gemeinsamen Aufgaben zuwandte.

Welchen Part spielen die Gruppenleiter? Ihr einseitiger Fokus auf die inhaltlichen Aktivitäten verschärft das Dilemma und verdeutlicht das implizite Problem, indem es Ausweichaktivitäten provoziert. Die Leiter versuchen das Vermeidungsverhalten direkt zu unterdrücken: Dirk bekommt Vorwürfe zu hören, Paul ebenfalls. Dass es gerade diese zwei trifft, ist kein Zufall. Dirk drückt als erster und stellvertretend für die anderen ein allgemeines Bedürfnis aus; Paul hat Alpha-Funktion, denn ihm gelingt es am besten, den Kompromiss zwischen Vermeidung und „Dabeisein" die ganze Zeit aufrecht zu halten. Er vertritt damit ein Gruppenbedürfnis, das die Gruppenleiter negativ bewerten. Ansonsten trägt das Leitungsteam auf seine Weise zum Vermeidungsverhalten bei. Es vermeidet die Wahrnehmung der Gefühle eigener Hilflosigkeit ebenfalls und kommt nicht auf den Gedanken, die Unlustsymptome der Gruppe anzusprechen.

Die Interventionen führen dazu, dass die Gruppe ihr implizites Thema, in den Hintergrund drängt und weiterhin zwischen Vermeidung und Engagement wechselt. Das implizite Thema, „wir sind überfordert und wollen damit nicht konfrontiert werden", wird zu einem späteren Zeitpunkt wiederkommen.

Anregungen zur Erfassung eines impliziten Themas

- Auch scheinbar unzusammenhängende Verhaltensweisen und Beiträge können Bestandteile eines gemeinsamen, noch nicht offen ausgesprochenen Themas sein.
- Verschiedenste Verhaltensweisen können das gleiche implizite Thema spiegeln: Motorik (Umherlaufen, Körperhaltung, Gestik und Mimik, Reden, Schweigen), kognitive Inhalte (Lösungsvorschläge, Normen, Ziele oder Verfahrensweisen), unmittelbar ausgedrückte Gefühle und Bedürfnisse.

- Manchmal drücken Einzelne scheinbar Gegensätzliches aus, was jedoch – genauer betrachtet – nur sich ergänzende Beiträge zum gleichen impliziten Thema darstellt: Zwei Untergruppen diskutieren heftig, ob Boot gefahren oder geklettert werden soll. Implizites Thema könnte sein: Angst, denn solange diskutiert wird, muss keiner klettern oder Kanu fahren.
- Implizite Themen können auch aus Beziehungsdefinitionen erschlossen werden, die bei der Interaktion zwischen Teilnehmern zu beobachten sind (Watzlawick/Beavin/Jackson 2007). Der sachliche Gehalt einer Äußerung kann außerdem eine Aussage über den Sprecher oder eine indirekte Handlungsaufforderung an den Empfänger beinhalten. (Schulz von Thun 1998).
- In jeder Gruppenphase treten ihr eigene implizite Beziehungsthemen bevorzugt auf: Diese stehen dann im Zusammenhang mit Prozessen von Zugehörigkeit, Steuerung, Zuneigung oder bestimmten Abhängigkeitsformen.
- Spontane, während des Gruppengeschehens auftretende Gefühle, Absichten und Bedürfnisse der Gruppenleiter können als Sensoren für implizite kollektive Anliegen dienen: Achtung, spüre ich da nur mich oder auch den Gruppenprozess?

Bei Gruppen, die mit Leitungsteams arbeiten, lassen sich häufig Spiegelphänomene beobachten: Beziehungsmuster und implizite Themen, die in der einen Gruppierung vorkommen, treten auch in der anderen auf. Ungeklärte, gar verdeckte Konflikte im Leitungsteam schlagen sich im Gruppenprozess nieder. Themen und Gefühle zwischen Teilnehmer können auch im Leitungsteam auftauchen. Wenn, wie in der erlebnispädagogischen Gruppe, keine starre Abgrenzung zwischen Team und Teilnehmern besteht, fallen solche Spiegelphänomene zwar weniger prägnant aus, sind aber dennoch vorhanden.

Beispiel

Eine Gruppe wird von einer Frau und einem Mann geleitet. Während einer Tagesaktion ziehen sich die Jugendlichen im Gegensatz zu früheren Unternehmungen auffällig oft aus der Gesamtgruppe in Zweierbeziehungen zurück. Bei der Auswertung des Tages stellen die Gruppenleiter dies in einem Soziogramm dar, in dem sie selbst, unabhängig voneinander, auf alle Jugendlichen zugehen. Ein Mädchen legt unter Grinsen ein dickes Seil zwischen die beiden Teamer. Deren uneingestandenes (implizites), jedoch in der Situation nicht gelebtes Bedürfnis, etwas ohne Gruppe miteinander zu machen, war von den Jugendlichen aufgenommen worden.

Arbeiten mit impliziten Themen

Wenn ein explizites Thema, eine Aktivität und ein implizites Thema einander entsprechen, also parallel verlaufen, kann dies den Gruppenprozess positiv beeinflussen. Kein Programm und kein Gruppenleiter kann sich jedoch auf Dauer gegen die Impulse durchsetzen, die von einem impliziten kollektiven Anliegen ausgehen. Dieses kann zu allgemeinem Unbehagen, zur Lähmung der Gruppeninitiative, zu Attraktivitätsverlust sonst beliebter Tätigkeiten oder zu verschärften Konflikten führen.
Für alle transparent zu machen, was die Quelle dieser Prozesse ist, belebt jedoch den Gruppenprozess und vermittelt neue Lernschritte:

- Die Fähigkeit, eigene und fremde Reaktionen, Gefühle und Absichten klarer wahrzunehmen und zu berücksichtigen,
- die Kompetenz, bisher indirekt ausgelebte Bedürfnisse usw. offen anzusprechen,
- die Sensibilität, bereits kleine Spannungen in alltäglichen Beziehungen wahrzunehmen und angemessen damit umzugehen.

Die Beachtung der impliziten Anliegen bestärkt das Vertrauen in die Gruppe, die Kohäsion und die allgemeine Handlungsfähigkeit. Konflikte sind leichter zu bewältigen, wenn unausgesprochene Gedanken, Gefühle und Bedürfnisse transparent werden.

Anregungen für gezielte Interventionen

Die gezielte Arbeit mit impliziten Themen erfordert Einfühlungsvermögen bei gleichzeitiger Distanz zum Geschehen. Wer zu nahe dran ist, sieht den Balken im eigenen Auge nicht mehr.

Manchmal merken Teilnehmer selbst, worum es eigentlich geht und legen die Karten auf den Tisch: Petra und Herbert werden von fast allen bedrängt, das Kochen zu übernehmen, und sie weigern sich. Jemand sagt, „Ihr wollt doch nur, dass ihr dann über das Essen der beiden lästern könnt". Das Thema Kochen ist damit vorübergehend vom Tisch, es dreht sich nun um das Verhalten gegen Schwächere und den Umgang mit den eigenen Schwächen.

Zumeist sind jedoch stützende Interventionen nötig. Wenn ein implizites Thema einen derart starken Einfluss auf das Gruppengeschehen nimmt, dass die Bearbeitung einer expliziten Aufgabe unmöglich, problematisches Verhalten Einzelner bestätigt wird oder das Gruppenklima sich negativ entwickelt, dann heißt die Maxime, implizite Themen explizit zu machen.

Beispiele für Interventionen

- Versuche einstellen, das explizite Programm durchzuführen.
- Das Unbehagen, auch eigene Gefühle und Bedürfnisse, und das Vermeidungsverhalten der Gruppe wahrzunehmen und auszusprechen.
- Eigene Beobachtungen nüchtern, ohne jedes Werturteil, mitteilen und Stellungnahmen anfordern.
- Das implizite Thema als akzeptabel bewerten und es damit öffentlichkeitsfähig machen.
- Zum Thema machen, was als problematisch erlebt wird, und gemeinsam nach Lösungen suchen.
- Einzelne direkt dazu auffordern, ihre Meinungen und ihre Bedürfnisse auszusprechen.
- Mit einem sicher identifizierten impliziten Thema direkt konfrontieren und z.B. eine Auseinandersetzung in der Gruppe fordern.
- Angst abbauende Vorschläge oder andere konkrete Hilfen geben, durch die das unausgesprochene Problem überschaubar und handhabbar wird.
- Abwarten, bis das implizite Thema unübersehbar wird, falls es von der Gruppe noch gar nicht wahrgenommen werden kann oder zu beängstigend erscheint.
- Durch behutsame Intervention zum Ausdruck von Gedanken, Gefühlen und Absichten ermutigen, in denen es sich indirekt zeigt.
- Das implizite Thema vorübergehend ruhen lassen, wenn das Ansprechen die Gruppe überfordern würde oder es nicht unbedingt sofort bearbeitet werden muss.
- Manchmal haben Interventionen, die sich an die Gruppe als Ganzes wenden, zur Folge, dass diese mit kollektivem Rückzug reagiert, weil die Angst noch gesteigert wird. Dann ist es wirksamer, auf Einzelne zuzugehen, oder die Interventionen so zu gestalten, dass es jeder merkt, wenn er persönlich angesprochen ist.

11 Schluss – Blick über den Zaun

Das hier dargestellte Konzept hat sich im Kontext des Psychotherapeutischen Beratungsdienstes, einer ambulanten Beratungsstelle für Erziehungs-, Jugendlichen- und Familienberatung, entwickelt. In diese Gruppen wurden auch Jugendliche und Kinder aus dem Therapeutischen Heim des Überregionalen Beratungs- und Behandlungszentrums Würzburg des Sozialdienstes kath. Frauen und anderer stationärer und ambulanter Jugendhilfeeinrichtungen aufgenommen. Die Erfordernisse der Jugendlichen, die vorhandenen Ressourcen, die spezifische Qualifikation der Mitarbeiter, die Möglichkeit, Studierende der Fachakademie für Heilpädagogik als Ko-Leiter einzusetzen und die organisatorischen Bedingungen haben wesentliche Elemente dieses Konzeptes mitgeprägt.

So stellt sich die Frage, wie es sich in anderen Kontexten, in denen z. B. mit Großgruppen, mit Familien, mit anderem Klientel gearbeitet wird, umsetzen bzw. modifizieren lässt. Oder: Welche Aspekte lassen sich dort wirkungsvoll einsetzen? Exemplarisch werden zum Schluss zwei unterschiedliche erlebnispädagogische Handlungsfelder skizziert und daraufhin untersucht.

Erlebnispädagogik mit Familien

Dies kann z. B. in einem Rahmen erfolgen, in dem die ganze Familie oder gezielt ausgewählte Mitglieder an einer erlebnispädagogischen „Sitzung" teilnehmen. Entwicklungsziele werden dann nicht von einem Familienmitglied ausgehend entwickelt, sondern betreffen z. B. die Interaktion innerhalb der Familie, familiäre Hierarchien, Mythen, Beziehungskonstellationen, Zuschreibungen und verdeckte Ressourcen. An die Stelle der gruppendynamischen und gruppentherapeutischen Konzepte treten familientherapeutische und systemische. Als sehr wirkungsvoll hat es sich erwiesen, Inhalte, die während einer familientherapeutischen Sitzung relevant werden, mit einer erlebnispädagogischen Aktivität weiterzuverfolgen oder dies für eine folgende Sitzung zu vereinbaren.

An erlebnispädagogischen Medien ist einsetzbar, was sich zur Darstellung, Veränderung oder Stabilisierung familiärer Muster eignet. Vor allem aus ökonomischen Gründen eignen sich für das jeweilige Thema modifizierte Kooperationsaufgaben oder z. B. die Kletterwand in der nahen Turnhalle. Die Funktion des Erlebnisgefährten passt in diesem Setting nicht, denn ein Berater kann nie Teil einer Familie sein. Grenzerlebnisse können trotz der kurzen Zeitspannen und der eher geringen Outdoor-Qualität sehr intensiv sein, weil das Herausfordern familiärer Muster oft zu massiven emotionalen Reaktionen führt und einzelne Familienmitglieder völlig unerwartet damit umgehen. (Fürst 2006)

Eine besondere Herausforderung sind erlebnispädagogische Familiengruppen, in denen etwa zweistündige Treffen und Wochenendaktionen kombiniert werden, mit der Gesamtgruppe, mit einzelnen Familien und mit getrennten Eltern- bzw. Kindergruppen gearbeitet wird. Da passt dann das ganze Spektrum erlebnispädagogischer Medien und nahezu die ganze Palette der in den vorherigen Kapiteln dargestellten Konzepte. Hinzu kommen noch interfamiliäre Prozesse. Besonderes Gewicht hat eine klare Absprache über Zuständigkeiten von Leitern und Eltern um einerseits letztere nicht in ihrer Autorität zu untergraben und andrerseits die notwendigen Sicherheitsstandards zu gewährleisten. (Fürst 2007)

Die Trophy

„Erlebnispädagogik stellt sich in immer mehr Facetten dar, zuweilen geben einem die unterschiedlichsten Fachartikel den Eindruck, dass eine ehemals handlungsorientierte Pädagogik an den Rändern immer mehr ausfranst.

Ehemals handlungsorientiert nenne ich eine wichtige reformpädagogische Methode, weil die verbalen Anteile scheinbar überhand nehmen." (Mastalerz 2009). Für die Jugendlichen des Raphaelshauses Dormagen wurden deshalb verschiedene Modelle mit einer sehr leistungsbezogenen Erlebnispädagogik entwickelt. Eines davon ist die Trophy.

„Das Prinzip ist immer gleich: Vier Kinder und Jugendliche versuchen mit einem begleitenden Pädagogen im Wettbewerb natursportliche Aktivitäten zu bewältigen, optimalerweise zu gewinnen. Dies geht von den einfachsten Problemlösungsaufgaben über Klettertouren im Fels bis hin zu Schneeschuhrennen mit anschließendem Iglubau. Es stehen viele Teams im Wettkampf und der Leistungsdruck wird möglichst hoch gehalten. Dies kann zum Beispiel dadurch geschehen, dass, wenn es mehrere Wettkampfwochenenden gibt, an jedem die schlechtesten Teams ausscheiden. Die Wettkampfdichte ist so hoch, dass die Jugendlichen an ihre psychische und physische Belastungsgrenze kommen und gemeinsam mit dem begleitenden Pädagogen dies während und nach dem Wettkampf bearbeiten. Es werden im eigentlichen Sinne endlich wieder Grenzen begangen, durchaus auch überschritten und anschließend mit diesem Erlebnis gearbeitet." (Mastalerz 2009)

Trophies haben einen sehr hohen Aufforderungscharakter für viele Jugendliche. Sie enthalten sowohl Komponenten primärer wie auch sekundärer Handlungsfelder (Kap. 2.5). Dabei stehen leistungsbezogene Entwicklungsziele im Vordergrund: „Gerade Jugendliche aus der Erziehungshilfe haben wenig Chancen auf dem Arbeitsmarkt, aber durch die in Wettbewerben erlernten Strategien können sie diese verbessern. Im Wettbewerb lassen sich Schlüsselqualifikationen wie Fairness, Frustrationstoleranz und Ehrgeiz hervorragend trainieren." Als Wirkfaktor gilt: *The Mountains speak for themselves*. (Mastalerz 2009)

Trophies fordern primär das Verhältnis Jugendlicher zur Leistung heraus. Entwicklungsziele, die auf der Ebene von zwischenmenschlicher Nähe liegen, können sekundär innerhalb der wetteifernden Teams zur Darstellung kommen. Es liegt dann an den begleitenden Erwachsenen, diese wahrzunehmen und die Jugendlichen bei deren Bewältigung zu unterstützen. Bei den Grenzerlebnissen (Kap. 4) stehen Handlungsmuster vom Typ des Durchbeißens und Ertragens im Vordergrund. Für das Erforschen von Selbstbegrenzungen und das Gestalten von Kontaktgrenzen lässt der Zeitdruck während des Wettbewerbes wenig Raum, es sei denn, die Begleiter fokussieren auf diese Themen.

Die Leitungsfunktionen (Kap. 7) sind aufgeteilt. Die Verantwortung für die Gestaltung der Rahmenbedingungen und die Auswahl der Aktivitäten unter Berücksichtigung der Sicherheitsstandards obliegen einem übergeordneten Leitungsteam. Der begleitende Pädagoge kümmert sich während der Aktivitäten um die Sicherheit. Er hat sehr gute Möglichkeiten, die Funktion als Begleiter von Erfahrungsprozessen wahrzunehmen, z. B. wenn es um das Reparieren eines Fahrrads, um die beste Kooperationsstrategie oder um Konflikte innerhalb der Gruppe geht. Allerdings hat er dabei manchmal einen Spagat zwischen zwei möglichen Zielen zu leisten: zwischen einer möglichst guten Platzierung seines Teams, also einer schnellen und Punkte bringenden Lösung, und dem Berücksichtigen des aktuellen und individuellen Bedarfs Einzelner, also einer prozessorientierten Lösung, die oft ein langsameres Zeitmaß oder aus Wettbewerbssicht „zweitbeste" Lösungen erfordert. Oft wird das Arbeiten mit solchen individuellen Themen erst im Alltag nach dem Wettbewerb erfolgen. Inwieweit der begleitende Pädagoge Erlebnisgefährte ist, hängt davon ab, ob er sich als einen für den Sieg mitkämpfenden Teilnehmer begreift oder als außerhalb der Gruppe stehender „Schutzengel".

Erlebnispädagogik lebt vom immer Neuen, Unerwarteten, Kreativen. Daher zum Schluss einen Leitsatz in Anlehnung an Fritz B. Simon (1990): Flirte mit vielen Konzepten, aber heirate sie nicht.

Literatur

Anderson, H. (2008): Kollaborative Praxis – Eine Antwort auf unsere sich schnell ändernde Welt. In: Systema 3/2008. Institut für Familientherapie, Weinheim

Beltz, H. (1992): Kooperative Arbeitshaltung durch individuelles Selbstbewusstsein und Reflexion auf der Grundlage der Themenzentrierten Interaktion (TZI). In: Beltz, H. (Hrsg.): Auf dem Weg zur arbeitsfähigen Gruppe. Grünewald, Mainz

Bundesverband katholischer Einrichtungen und Dienste der Erziehungshilfe e. V. (Hrsg.) (2005): Individualpädagogische Hilfen im Ausland – Indikation und Qualitätsanforderungen, Freiburg

Cornell, J. B. (1991): Mit Freude die Natur erleben. Naturerfahrungsspiele für alle. Verlag an der Ruhr, Mülheim

Crowther, C. (2005): City Bound. Erlebnispädagogische Aktivitäten in der Stadt. Ernst Reinhardt, München/Basel

Dziewas , H. (1980): Instrumentelle Gruppenbedingungen als Voraussetzung des individuellen Lernprozess. In: Grawe, K. (Hrsg.): Verhaltenstherapie in Gruppen. Urban & Schwarzenberg, München/Wien/Baltimore

Farau, A., Cohn, R. (2001): Gelebte Geschichte der Psychotherapie. Klett-Cotta, Stuttgart

Feldenkrais, M. (2008): Bewusstheit durch Bewegung. Suhrkamp, Frankfurt/M.

– (2007): Die Entdeckung des Selbstverständlichen. Suhrkamp, Frankfurt/M.

Fürst, W. (2007): Erlebnispädagogische Aktivitäten mit Familien. In: Fortschreibung der Sicherheitsstandards in der Erlebnispädagogik. Praxishandbuch für Einrichtungen und Dienste der Erziehungshilfe. Bundesverband katholischer Einrichtungen und Dienste der Erziehungshilfen e. V.

– (2006): Handlungsorientierte Beratungsformen für aufmerksamkeitsgestörte Kinder und ihre Familien. In: Landesarbeitsgemeinschaft und Fachverband für Erziehungs-, Jugend- und Familienberatung Bayern e. V. (Hrsg.), Heft 2

– (2005): Wenn schon in die Luft gehen, dann gleich richtig. In: Beck, N., Warnke, A., Adams, G., Zink-Jakobeit, K. (Hrsg.): Krisen im Kindes- und Jugendalter. Pädagogisch-therapeutische Interventionen. Papst Science Publishers, Lengerich

Gass, M. A. (1993): Adventure Therapy. Therapeutic Applications of Adventure Programming. Kendall/Hunt, Dubuque

Gergen, J. G. (2005): Therapie als soziale Konstruktion. In: Systema 3. Institut für Familientherapie, Weinheim, 256–266

Gilsdorf, R. (2004): Von der Erlebnispädagogik zur Erlebnistherapie. Edition Humanistische Psychologie, Bergisch Gladbach

Gilsdorf, R., Kistner, G. (2004): Kooperative Abenteuerspiele. Praxishilfe für Schule und Jugendarbeit Band I + II. Kallmeyersche Verlagsbuchhandlung, Seelze-Velber

Guardini, R. (2007): Tugenden. Matthias-Grünewald, Ostfildern

Heckmair, B., Michl, W. (2008): Erleben und Lernen. Einführung in die Erlebnis-pädagogik. Ernst Reinhardt, München/Basel

Heigl-Evers, A., Heigl, F. (1973): Gruppenposition und Lernmotivation. In: Heigl, A.: Gruppendynamik. Vandenhoeck & Rupprecht, Göttingen

Hovelynck, J. (1998): Handlungstheorien erkennen und erforschen. In: Erlebnis-therapie. Ein innovativer Weg in der psychotherapeutischen Arbeit. Beiträge zur 2. Fachtagung Erlebnistherapie in der Fontane-Klinik

Illhard, A. (2002): Ich hab's doch nicht im Kopf. Kurzzeittherapie bei Kindern und Jugendlichen mit chronisch körperlichen Krankheiten im Krankenhaus. In: Vogt-Hillmann, M., Burr, W. (Hrsg.): Lösungen im Jugendstil. Systemisch-lösungsori-entierte kreative Kinder- und Jugendlichentherapie. Borgmann, Dortmund

Johnson, J. E., Burlingame, G. M., Strauß, B., Bormann, B. (2008): Die therapeuti-sche Beziehung in der Gruppenpsychotherapie. In: Gruppenpsychotherapie und Gruppendynamik 44/1. Vandenhoeck & Rupprecht, Göttingen

Karl, R. (2008): Erlebnis Berg: Zeit zum Atmen. Bruckmann, München

Kimball, R. O., Bacon, S. B. (1993): The Wilderness Challenge Model. In: Gass, M. A. (2004): Adventure Therapy. Therapeutic Applications of Adventure Pro-gramming. Kendall/Hunt, Dubuque

Krumbolz, J. D., Potter, B. (1980): Verhaltenstherapeutische Techniken für die Ent-wicklung von Vertrauen, Kohäsion und Zielorientierung in Gruppen. In: Grawe, K. (Hrsg.): Verhaltenstherapie in Gruppen. Urban & Schwarzenberg, München/Wien/Baltimore

Kundera, M. (1987): Die unerträgliche Leichtigkeit des Seins. Fischer, Frankfurt/M.

Kurtz, R. (2002): Körperzentrierte Psychotherapie: Die Hakomi-Methode. Synthe-sis Verlag, Essen

Langmaack, B. (2004): Einführung in die Themenzentrierte Interaktion. Leben rund ums Dreieck. Beltz, Weinheim/Basel

Libermann, R. (1980): Verstärkung der Kohäsion in der Gruppentherapie. In Grawe, K. (Hrsg.): Verhaltenstherapie in Gruppen. Urban & Schwarzenberg, München/Wien/Baltimore

London, J. (2004): Der Ruf der Wildnis. Dtv, München

Luckner, J. L., Nadler, R. S. (1997): Processing the Experience. Strategies to Enhance and Generalize Learning. Kendall/Hunt, Dubuque

Mastalerz, D. (2009): Information zum Kurt-Hahn-Pokal 2009. Jugendhilfezent-rum Raphaelshaus, Dormagen. Unveröffentlichtes Manuskript

Miles, M. B. (1965): Learning to Work in Groups. Teachers College Press, New York. Zitiert in: Milowitz, W., Käfer, L. (1989): Das Mikado-Prozessmodell für Gruppen. Gruppenpsychotherapie und Gruppendynamik 2/25. Vandenhoeck & Rupprecht, Göttingen

Moreno, J. L. (2007): Gruppenpsychotherapie und Psychodrama. Einleitung in Theorie und Praxis. Klett-Cotta, Stuttgart

Muff, A., Engelhard, H. (2007): Erlebnispädagogik und Spiritualität. Ernst Rein-hardt, München/Basel

Nemetschek, P. (2000): Das Lebensflussmodell. In: Holtz, K. L., Mrochen, S., Ne-metschek, P., Trenkle,B.: Neugierig aufs Großwerden. Praxis der Hypnotherapie mit Kindern und Jugendlichen. Carl-Auer, Heidelberg

Omer, H., Schlippe, A. von (2002): Autorität ohne Gewalt. Coaching für Eltern von Kindern mit Verhaltensproblemen. Vandenhoeck & Ruprecht, Göttingen

–, – (2004): Autorität durch Beziehung. Die Praxis des gewaltlosen Widerstandes in der Erziehung. Vandenhoeck & Ruprecht, Göttingen

Pagès, M. (1974):Das affektive Leben der Gruppen. Klett-Cotta, Stuttgart

Panchyrz, D. (2006): Zen-Klettern. Books on Demand, Norderstedt

Perschke, H., Flosdorf, P. (2003): Sicherheitsstandards in der Erlebnispädagogik. Juventa, Weinheim/München

Prior, M. (2007): MiniMax-Interventionen. Carl-Auer, Heidelberg

Schellenbaum, P. (1993): Das Nein in der Liebe. dtv, München

Schindler, R. (2008): Das Verhältnis von Soziometrie und Rangordnungsdynamik. In: Gruppenpsychotherapie und Gruppendynamik 44/1. Vandenhoeck & Rupprecht, Göttingen

Schlippe, A. von, Schweitzer, J. (2003): Lehrbuch der systemischen Therapie und Beratung. Vandenhoeck & Rupprecht, Göttingen

Schuh, G., Fürst, W. (2003): Von der Freizeitgestaltung zur Erlebnistherapie. In: Flosdorf, P., Patzelt, H. (Hrsg.): Therapeutische Heimerziehung. Entwicklungen, Konzepte, Methoden und ihre Evaluation. Schriftenreihe des Instituts für Kinder- und Jugendhilfe, Band 5

Schulz von Thun, F. (1998): Miteinander reden. Störungen und Klärungen. Rowohlt, Reinbek bei Hamburg

Sepperl, H. (1985): Lernen durch Handlung und Erleben. In: Materialien aus der Fortbildung. Erlebnispädagogik. Bayerisches Landesjugendamt, München

Simon, F. B. (1990): Meine Psychose, mein Fahrrad und ich. Zur Selbstorganisation der Verrücktheit. Carl-Auer, Heidelberg

Teske, W., Fürst, W. (2003): Gruppe als Erfahrungsfels für Kinder und Jugendliche. In: Beck, N., Warnke, A., Adams, G., Zink-Jakobeit, K. (Hrsg.): (Heil)pädagogische und therapeutische Hilfen in der Kinder- und Jugendhilfe und in der Kinder- und Jugendpsychiatrie. Tagungsband 5.

Vogt, M., Caby, F. (2002): Das Ganze ist mehr als die Summe der Teile – systemisch-lösungsorientierte Gruppentherapie mit Kindern und Jugendlichen. In: Molter, H., Hargans, J. (Hrsg.): Ich – du – wir und wer sonst noch dazu gehört. Systemisches Arbeiten mit und in Gruppen. Borgmann, Dortmund

Vogt-Hillmann, M. (2002): Ressourcen- und Kompetenzsterne in der Diagnostik von Kindern und Jugendlichen. In: Lösungen im Jugendstil. Systemisch-lösungsorientierte Kreative Kinder- und Jugendlichentherapie. Borgmann, Dortmund

Walter, H.-J. (1994): Gestalttheorie und Psychotherapie. Zur integrativen Anwendung zeitgenössischer Psychotherapiemethoden. Westdeutscher Verlag, Opladen

Watzlawick, P. , Beavin, J. H., Jackson, D. (2007): Menschliche Kommunikation. Hans Huber, Bern

Willi, J. (1990): Die Zweierbeziehung. Rowohlt, Berlin

Yalom, I. D.(2007): Theorie und Praxis der Gruppenpsychotherapie, Klett-Cotta, Stuttgart

Sachregister

Bernd Heckmair / Werner Michl
Erleben und Lernen

Einführung in die Erlebnispädagogik
(erleben & lernen; 2)
6., überarb. und erw. Aufl. 2008. 354 Seiten.
(978-3-497-01963-2) kt

Das Standardwerk zur Erlebnispädagogik bietet eine breit
angelegte Einführung und ist gleichzeitig ein wichtiges
Nachschlagewerk: von Rousseau bis Kurt Hahn, von Erleb-
nisprojekten in der Schule bis zur Arbeit mit behinderten
Menschen, von Outdoor-Trainings für Manager bis zu Vision
Quest und City Bound. In dieser überarbeiteten, sechsten
Auflage wurden aktuelle Trends aufgenommen, ebenso wurden Ergebnisse der Neurowissenschaften berücksichtigt.
Für Lehrende, Studierende und auch Praktiker ist der Band
zu einer unverzichtbaren Grundlage geworden. Ein Anhang
mit kommentierten Internet-Adressen rundet den Überblick
ab.

℞/ reinhardt
www.reinhardt-verlag.de

Hajo Bach / Tobias Bach
Erlebnispädagogik im Wald

Arbeitsbuch für die Praxis
(erleben & lernen; 12)
2008. 224 Seiten. Mit 53 Zeichnungen und Fotos
(978-3-497-01961-8) kt

Handys müssen draußen bleiben. Und dann: hinein ins Abenteuer! Denn richtig spannend wird's erst, wenn kaum Hilfsmittel aus der Zivilisation zur Verfügung stehen. Im Naturcamp übernachten die Kinder und Jugendlichen in selbstgebauten Hütten. Sie hangeln sich an Seilen über Schluchten und Gewässer, fangen Fische ohne Angel und lernen, giftige von essbaren Pflanzen zu unterscheiden.
Für den Ernstfall proben die Kinder, wie sie Kranke transportieren können. Lagerfeuerabende runden das Naturerlebnis ab. Wildnistrainings gibt es für Eltern mit Kindern und für Erwachsene. Die Autoren, beide Erlebnispädagogen und Survival-Trainer, geben auch für Führungskräfte Hinweise, wie Teambildung und Problemlösungen unter erschwerten Bedingungen trainiert werden können.

 reinhardt
www.reinhardt-verlag.de

Jürgen Einwanger (Hrsg.)
Mut zum Risiko

Herausforderungen für die Arbeit mit Jugendlichen
Mit einem Vorwort von Alexander Huber
(erleben & lernen; 10)
2007. 287 Seiten. 67 Abb. 5 Tab. Empfohlen vom Österreichischen
Alpenverein. (978-3-497-01934-2) kt

Absolute Sicherheit gibt es nirgends – zum Glück! Gerade
Jugendliche suchen das Risiko und den Nervenkitzel, um ihre
Grenzen auszutesten und neue Erfahrungen zu sammeln.
Für die Erwachsenen ist dies oft eine Gratwanderung: Wie
können Jugendliche lernen, Verantwortung für sich selbst
und andere zu übernehmen? Wie lassen sich handlungsorientierte Aktivitäten mit Jugendlichen spannend und dennoch
risikobewusst gestalten? Wie kann Risiko- und Folgenab-
schätzung trainiert werden?
Das Buch bietet neben wichtigen Grundlagen Einblicke in
gelungene Projekte und konkrete Übungen zur Wahrneh-
mungs-, Beurteilungs- und Entscheidungskompetenz.

 **reinhardt**
www.reinhardt-verlag.de